Ginés de Rus

Análisis coste-beneficio

Análisis coste-beneficio

Evaluación económica de políticas públicas y proyectos de inversión

Ginés de Rus

Antoni Bosch editor, S.A.U.
Manacor 3, 08023 Barcelona, España
Tel. (+34) 93 206 0730
info@antonibosch.com
www.antonibosch.com

© Ginés de Rus, 2021
© de esta edición: Antoni Bosch editor, S.A.U., 2021

ISBN: 978-84-122443-3-5
Depósito legal: B. 11889-2021

Diseño de la cubierta: Compañía
Maquetación: JesMart
Corrección: Olga Mairal
Impresión: Prodigitalk

Impreso en España
Printed in Spain

Índice

Prefacio

El análisis coste-beneficio es una herramienta económica muy útil para informar las políticas públicas. Sus fundamentos están en la economía del bienestar, y su objetivo es ayudar al gobierno a elegir los proyectos de inversión y las políticas que contribuyan al interés general. La filosofía que sustenta esta metodología de evaluación es consecuencialista. Los proyectos se evalúan identificando y midiendo sus consecuencias sobre el bienestar de los individuos, sus beneficios y costes sociales expresados en términos monetarios. Podría decirse que el análisis coste-beneficio es más que una herramienta de evaluación. Es una forma de pensar, la del economista.

La finalidad de este libro es la de analizar la manera en la que los economistas evalúan las consecuencias de las decisiones públicas sobre el bienestar social; como, por ejemplo, cuando se invierte en infraestructuras, se subsidia un producto o se protege un parque natural. Nuestra experiencia en la enseñanza de estudiantes de grado y posgrado, así como en el asesoramiento a organismos públicos, revela dos requisitos fundamentales para que esta metodología de evaluación económica cumpla con su finalidad original de ayudar a tomar decisiones públicas informadas en beneficio de la sociedad.

El primero es la importancia de tener un modelo. El análisis coste-beneficio entendido como un conjunto de instrucciones puede perder su potencial si no comprendemos de dónde proceden dichas recetas. Existen muchas reglas generales y recomendaciones para la aplicación del análisis coste-beneficio, pero estas reglas a veces se toman de diferentes marcos de análisis y, al mezclarlas, pueden dar lugar a errores graves. Se necesita un modelo básico del que se deriven un conjunto de reglas coherentes para una evaluación robusta de los proyectos, evitando errores conceptuales y doble contabilización.

El segundo es el papel crucial que juega el tipo de gobernanza donde se realiza la evaluación. La separación entre quién decide y quién evalúa, y el poder y la independencia de la agencia evaluadora es, probablemente, hoy más importante que la metodología en sí. No cabe esperar una influencia significativa del análisis coste-beneficio sobre qué proyectos y políticas se aprueban, a menos que se haya establecido previamente la arquitectura institucional adecuada. Un diseño institucional incorrecto puede esterilizar el poder de la herramienta económica, limitando su papel a un procedimiento administrativo más para obtener fondos de la agencia pública correspondiente.

Este libro es una traducción de la segunda edición de *Introduction to Cost-Benefit Analysis: Looking for Reasonable Shortcuts.*[1] Está escrito no sólo para economistas, sino también para cualquier persona interesada en los efectos económicos de los proyectos y las políticas públicas, comúnmente financiadas con dinero público. Hemos contado con valiosos comentarios de estudiantes y profesionales que han permitido una revisión del libro para su segunda edición. En esta nueva versión hemos corregido algunos errores, simplificado algunas secciones y omitido algunas explicaciones, actualizando los capítulos con nuevo material. Esperamos que el libro sea más legible y útil ahora.

Se puede estar interesado en el análisis coste-beneficio por diferentes razones. Algunas personas tienen que decidir qué proyectos se llevarán a cabo, otros tienen que informar a quienes deciden sobre el valor social de estos proyectos, o tal vez alguien necesita argumentos más fuertes para defender su posición como representante de un grupo de interés, para estar mejor informados para las próximas elecciones, o simplemente porque disfrutan con la perspectiva que da el análisis económico.

No es necesario ser economista para entender los fundamentos del análisis coste-beneficio, pero algunos conocimientos previos de economía ayudan. Una base de microeconomía es claramente una ventaja, no sólo para beneficiarse más de este libro, sino también para la interpretación y mejor comprensión de muchos aspectos de la economía y la vida cotidiana.

El libro no es muy técnico, y la exposición es simple y fácil de seguir, o al menos eso es lo que hemos intentado. Su cobertura no es completa, pero esperamos que los elementos esenciales para entender y aplicar el análisis coste-beneficio hayan sido incluidos y tratados debidamente. Aunque no se trata de un libro teórico, es analítico en el sentido de que trata de seguir la lógica de los argumentos utilizando algunos modelos básicos, que se hacen explícitos en sus supuestos, limitaciones e implicaciones.

El análisis coste-beneficio ha experimentado un desarrollo formidable en las últimas décadas, pero los principios económicos básicos detrás de esta herramienta permanecen inalterados. Además, a pesar del desarrollo de nuevas técnicas para la valoración económica de los bienes para los que no hay mercado, el perfeccionamiento de las técnicas de predicción de la demanda o la integración de beneficios

---

[1] Edward Elgar, 2021.

económicos más amplios, los profesionales actuales en el campo comparten la misma aspiración que sus colegas en el pasado: alcanzar un grado razonable de confianza sobre la contribución del proyecto al bienestar social.

Este libro comenzó como notas de clase para cursos de grado y posgrado en la Universidad de Las Palmas de Gran Canaria y la Universidad Carlos III de Madrid. Quiero dar las gracias a mis estudiantes, y a muchos otros participantes en seminarios y cursos cortos sobre análisis coste-beneficio, que leyeron mis notas de clase y me ayudaron a decidir cómo convertirlas en este libro. Estoy en deuda con muchas personas: Pino Betancor, Ofelia Betancor, Javier Campos, Pilar Socorro, Eduardo Dávila, Doramas Jorge, Aday Hernández, Gustavo Nombela y Enrique del Moral, por su ayuda durante el proceso de producción de sucesivos borradores. Desde un principio, mi colega Jorge Valido no sólo ha ayudado con correcciones, sino que también ha aportado comentarios valiosos a través de largas y fructíferas discusiones.

Por último, mi más profunda gratitud a Chris Nash, Peter Mackie y Ken Gwilliam, de la Universidad de Leeds, y a Per-Olov Johansson, de la Stockholm School of Economics. Le debo a Chris la introducción a esta materia y también, junto a Peter y Ken, la pasión por la economía como instrumento para alcanzar una sociedad mejor. Antes de conocer y trabajar con Per-Olov, su libro *Cost-Benefit Analysis of Environmental Change* era para mí la biblia sobre el tema, por lo que es fácil comprender lo afortunado que me siento de nuestra colaboración académica y amistad. Chris y Per-Olov me han proporcionado valiosos comentarios y sugerencias. Estoy en deuda con ellos por su paciencia, generosidad y aliento.

Para todas las personas mencionadas anteriormente, y para bastantes más que no aparecen aquí, de los que he aprendido durante todos estos años de enseñanza y práctica del análisis coste-beneficio, tomo las palabras de George Stigler sobre la vida universitaria.[2]

> La asociación con un grupo de colegas capaces es una gran ventaja que un profesor suele tener sobre un economista no académico. Los intercambios frecuentes con mentes decididas y de poderosa imaginación científica, que tienen una comprensión profunda del problema con el que uno está lidiando, son invaluables para descubrir errores y eliminar perspectivas extrañas que se arrastran en el trabajo.

Por último, deseo dar las gracias a Sara Sánchez y a los profesionales de Antoni Bosch por su ayuda y consejo en la preparación del manuscrito.

---

[2] *Memorias de un economista no regulado*. Basic Books, Inc., Publishers. Nueva York, 1988, p. 36.

1. Introducción

En principio, el análisis coste-beneficio es sencillo. Cualquier proyecto de inversión puede ser considerado como un cambio en la economía con respecto a lo que habría ocurrido si el proyecto no se hubiese llevado a cabo. Para evaluar si el proyecto debe llevarse a cabo, habría que examinar los niveles de consumo de todos los individuos, de todos los bienes y en todos los momentos del tiempo en las dos situaciones diferentes. Si todos los individuos están mejor con el proyecto que sin él, entonces debe ser aceptado (si existe una función individualista de bienestar social). Si todos los individuos están peor, entonces debe ser rechazado. Si algunos están mejor y otros peor, la decisión dependerá de la ponderación que se le dé a las ganancias y pérdidas de los diferentes individuos. Aunque este es obviamente el procedimiento «correcto» a seguir en la evaluación de proyectos, no es práctico; el problema del análisis coste-beneficio consiste ni más ni menos que en la búsqueda de atajos razonables.

(Atkinson y Stiglitz, 2015, p. 398)

1.1. La lógica del análisis coste-beneficio

El análisis coste-beneficio no trata sobre el dinero. Tampoco sobre los inputs utilizados ni sobre los outputs obtenidos. Trata sobre el bienestar social. El valor de esta herramienta económica es ayudar en la selección de los mejores proyectos y políticas en beneficio de la sociedad. El dinero es central en el análisis financiero, pero sólo instrumental en la evaluación económica de proyectos. El dinero es meramente la unidad compartida en la que los economistas expresan los costes y beneficios sociales de proyectos.[1] El volumen de agua potable, los accidentes evitados, el ahorro de tiempo, o la energía y la mano de obra utilizada se miden en diferentes unidades físicas, y necesitamos una unidad de medida común para expresar todos estos elementos heterogéneos en un flujo homogéneo comparable. Este es el papel del dinero en el análisis coste-beneficio, un instrumento para resolver el problema de convertir algo inobservable (bienestar) en algo medible (disposición a pagar). Sin embargo, el proceso no es inocuo, ya que el nivel de

---

[1] En este libro, el término «proyecto» se utiliza indistintamente para proyectos y políticas.

renta en la sociedad no es uniforme y, por lo tanto, votar con dinero refleja tanto la intensidad de las preferencias como el nivel de ingresos del individuo.

La creación de puestos de trabajo se presenta con frecuencia como un beneficio de los proyectos, pero la mano de obra es un input, no un output. Una autopista, por ejemplo, no se construye para crear puestos de trabajo, sino para el desplazamiento de personas y mercancías. Los trabajadores que construyen y mantienen una autopista suponen un coste de oportunidad social, medible como el valor neto perdido en la mejor alternativa disponible para dichos trabajadores. Es cierto que si un trabajador está desempleado, la sociedad no pierde tanto como en el caso de un trabajador similar ya empleado, pero esto sólo demuestra que el coste de oportunidad varía con las circunstancias.

El output de un proyecto es más fácil de medir que sus efectos sobre el bienestar social. Las empresas y organismos públicos informan de sus actividades con indicadores como pasajeros, agua, electricidad, o el número de estudiantes matriculados en un programa de capacitación, pero el análisis coste-beneficio no ve la producción como fin sino como un medio para aumentar el bienestar. El éxito de una nueva infraestructura no puede medirse por el número de usuarios, ya que, por ejemplo, es posible subvencionar los precios para inducir a la gente a utilizar la nueva instalación sin aumentar el bienestar social. El análisis coste-beneficio está interesado en el valor social obtenido a partir del output del proyecto, para compararlo con el valor social de otros bienes a los que ha habido que renunciar para que este proyecto en particular se lleve a cabo.

El análisis coste-beneficio trata sobre el bienestar de las personas afectadas por el proyecto y no del número de usuarios de una instalación deportiva o del consumo de agua residencial. El cambio en el bienestar es lo que los economistas querrían medir, tarea bastante difícil si se tiene en cuenta que el bienestar no es medible directamente. Para resolver este problema, los economistas han encontrado una alternativa: usar el dinero como expresión del bienestar. No sé cuánta utilidad[2] obtiene un individuo en particular al conducir su coche en un trayecto determinado, en una fecha y hora en particular, pero si podemos determinar la cantidad de dinero que habría que cobrarle para que quedase indiferente entre realizar este viaje conduciendo su vehículo o no realizar el viaje, entonces se pueden decir cosas interesantes. El análisis coste-beneficio no trata sobre dinero, pero el dinero ayuda a realizar el análisis.

El análisis coste-beneficio concebido como una herramienta para la selección de proyectos, en beneficio del interés general de la sociedad, presupone la existencia de un planificador social benevolente que compara beneficios y costes sociales antes de dar luz verde a un proyecto. Muchos economistas, y no economistas, con-

---

[2] Utilizamos los términos utilidad individual, satisfacción y bienestar individual como sinónimos.

sideran esta visión un tanto ingenua. Una perspectiva alternativa explica la acción del gobierno por la presión de diferentes grupos de interés que compiten por influir en las decisiones políticas.[3] Las subvenciones a la agricultura, por ejemplo, posiblemente tengan una explicación más plausible por la presión de los agricultores que por una evaluación del gobierno de los beneficios y costes sociales de la política agrícola.

¿Necesitamos creer en la existencia de un gobierno benevolente para practicar el análisis coste-beneficio? La respuesta es no. Si creemos que los actos de un gobierno se explican mejor por la influencia de los grupos de presión, el análisis coste-beneficio puede mostrar quiénes se benefician y quiénes salen perjudicados como resultado del proyecto, y las magnitudes de dichas ganancias y pérdidas. Esta evaluación puede ser muy útil para explicar qué políticas se adoptan o incluso para influir en las decisiones del gobierno. «El análisis coste-beneficio puede ayudar en la batalla contra la información engañosa difundida por los grupos de presión que defienden sus propios intereses. En particular, estos análisis pueden influir en los resultados políticos haciendo que suficientes votantes sean conscientes de los verdaderos efectos de las diferentes políticas» (Becker, 2001, p. 316).

Para presentar los fundamentos conceptuales y los métodos de análisis coste-beneficio procederemos *como si* el gobierno buscara los mejores proyectos en beneficio del interés general de la sociedad. Aunque conocemos muchos casos que muestran que tal supuesto no es realista, tal simplificación no afecta los resultados del análisis. A medida que avancemos en la identificación de los beneficios y costes, ganadores y perdedores, y tratemos de medir y valorar los principales efectos del proyecto sujeto a evaluación, el análisis no cambia cualesquiera que sean nuestras ideas particulares sobre qué motiva al gobierno.[4]

La existencia de un gobierno benevolente no es el único supuesto simplificador en este libro. De hecho, no hay manera de abordar el análisis de la economía si no es mediante el uso de supuestos simplificadores, reemplazando el mundo real por un modelo que refleje la esencia de la realidad más compleja que queremos entender.

Para avanzar, necesitamos aclarar lo que se entiende por actuar en beneficio del interés general de la sociedad. Consideremos que nuestro gobierno benevolente está evaluando un proyecto consistente en la construcción de una presa y una central hidroeléctrica. El gobierno duda sobre la rentabilidad social de dicho proyecto. Al emprender el proyecto, la región obtendría electricidad a un coste

---

[3] George Stigler, Gary Becker y Sam Peltzman están entre los principales economistas que promueven el modelo de competencia entre grupos de interés.

[4] Sin embargo, si estamos interesados en la relevancia de análisis coste-beneficio en el mundo real, tenemos que abordar explícitamente el diseño institucional y el conflicto de intereses de los distintos agentes (véase el capítulo 10).

menor que sin el proyecto, beneficios recreativos, tanto en el embalse en sí (por ejemplo, navegación) como aguas abajo (por ejemplo, pesca y *rafting*). Además, se crearían puestos de trabajo tanto en el momento de su construcción como durante su explotación. Además, se generaría un efecto multiplicador, ya que el proyecto crearía una nueva actividad económica inducida por los gastos asociados con la construcción y operación del proyecto.

Nada es gratis, y los economistas que evalúen dicho proyecto señalarán que de los beneficios descritos anteriormente se deben deducir algunos costes. En primer lugar, los de construcción y mantenimiento, iguales a los beneficios sociales netos de otras necesidades alternativas que no han sido atendidas al destinar los recursos públicos al complejo hidroeléctrico. También argumentarán que la mano de obra es un input, no un output, por lo que es un coste del proyecto, aunque su magnitud dependerá de lo que la sociedad pierda cuando el trabajador se destine al proyecto. En cuanto al efecto multiplicador, si existe, resultará ser irrelevante en la evaluación, ya que generalmente será común a las alternativas que no se ejecuten.

En segundo lugar, también deberán ser contabilizados todos los demás costes relacionados con la reubicación de los habitantes de la zona donde se construiría la presa, y con la pérdida de utilidad de las personas afectadas negativamente por la alteración del caudal y el curso del río. La magnitud de estos costes podría ser significativa, aunque no figurase en ninguna contabilidad empresarial.

El gobierno considerará todos los beneficios y costes relevantes, independientemente, en principio, de quiénes sean los beneficiarios y los perjudicados (supongamos para simplificar que todos los efectos ocurren dentro del país), y decidirá emprender el proyecto si, dada la información disponible, el beneficio social neto estimado es positivo. Su decisión no deberá basarse en los argumentos de las empresas privadas que construyen tanto la presa como la central eléctrica, ni en la campaña de los que se oponen al proyecto. La decisión tendrá en cuenta a toda la sociedad, con el bienestar social como objetivo principal. El desafío para nuestro gobierno benevolente es cómo valorar todos los beneficios y costes, y cómo compararlos dado que los beneficiarios y perjudicados son individuos con diferentes ingresos, educación, salud, etc., y se ven afectados con distinta intensidad y en diferentes momentos durante la vida del proyecto.

Este proyecto, como cualquier otra infraestructura pública (por ejemplo, parques, ferrocarriles, autopistas o puertos), así como la introducción de políticas públicas (como las regulaciones medioambientales), puede interpretarse como una perturbación en la economía que desencadena un cambio en la misma, afectando al bienestar de diferentes personas en diferentes momentos del tiempo en comparación con la situación sin el proyecto. «Sin el proyecto» no significa necesariamente el *statu quo*, sino lo que habría sucedido en ausencia del proyecto o política. Por lo tanto, la evaluación de los efectos del proyecto requiere un punto de referencia. Es necesario comparar el mundo *con* y *sin* el proyecto: recrear un mundo alternativo, el llamado contrafactual.

Los profesionales del análisis coste-beneficio tienen que resolver dos problemas principales. En primer lugar, tienen que construir el contrafactual, y esto significa replicar el mundo sin el proyecto, un mundo dinámico que evoluciona sin la perturbación introducida por dicho proyecto. Esta no es una tarea fácil porque el período de tiempo que cubre este ejercicio puede ser bastante largo, 30, 50 o más años, y los valores de las variables clave seguramente cambiarán durante estos años. En segundo lugar, el evaluador tiene que imaginar el mundo con el proyecto, pronosticando los principales cambios con respecto al contrafactual que ha creado previamente.

Los cambios predichos cuando el proyecto se ejecuta son el resultado de la comparación con el contrafactual: cuanto peor sea el contrafactual mejor será el resultado derivado de la ejecución del proyecto. Por eso es tan importante explicitar todos los supuestos e informar de la naturaleza de los datos utilizados para llevar a cabo este ejercicio. La transparencia y la evaluación ex-post pueden ayudar a evitar errores inocentes y tergiversaciones estratégicas.

Supongamos que el contrafactual y la situación con el proyecto han sido correctamente trazados y se han estimado los cambios esperados: ahorro de tiempo, mejora de la calidad del agua o una reducción en el número de accidentes mortales. Ahora, el analista tiene que convertir estos valores en unidades monetarias ($),[5] obviamente suponiendo que esto sea técnicamente posible y moralmente aceptable.

En resumen, se quieren medir los cambios en el bienestar de los individuos que componen la sociedad; sin embargo, el bienestar no puede medirse de la misma manera que la cantidad de electricidad producida o el número de personas desplazadas para construir la presa. Para decidir sobre el valor social del proyecto necesitamos medir algo que no es observable. Además, lo que es observable –la producción de electricidad, el número de individuos involucrados, la extensión de la superficie inundada, etc.– no es muy útil si no convertimos las unidades físicas en una unidad de medida común relacionada con los cambios en la utilidad individual, que permita la comparación entre lo que se gana y lo que se pierde.

Por lo tanto, aunque la forma ideal de medir el impacto de nuestro proyecto sea a través de funciones de utilidad (mediríamos el cambio en el bienestar de cada individuo), estas funciones y los cambios de utilidad asociados no son observables. La conversión de los cambios de utilidad no observables en unidades

---

[5] Utilizamos el símbolo $ como representación de una unidad monetaria indefinida sin ninguna relación con el valor real de mercado del dólar.

monetarias observables, mediante un «tipo de cambio» entre la utilidad y la renta, es una vía para calcular el impacto del proyecto sobre el bienestar.

Los economistas saben que la valoración monetaria de los cambios en la utilidad no es inocua, básicamente porque el «tipo de cambio» es diferente para individuos diferentes. El precio monetario que un individuo está dispuesto a pagar por la construcción de la central hidroeléctrica refleja el cambio en la utilidad marginal y su nivel de renta.

Una alternativa podría ser someter el proyecto a un referéndum y aceptar el resultado: es decir, aceptar el criterio de la mayoría. Veamos esta aproximación con más detalle. En el cuadro 1.1 se recoge la información (expresada en unidades monetarias) de los beneficios y costes de los afectados por la construcción de la presa y la central hidroeléctrica. Nuestra sociedad está formada por cinco individuos.[6]

Cuadro 1.1. Beneficios y costes de una central hidroeléctrica
(valores en $)

Individuo	Beneficios	Costes	Beneficio neto
A	7	0	7
B	2	8	−6
C	3	4	−1
D	9	1	8
E	1	6	−5

El individuo B, por ejemplo, se beneficia de energía más barata (+$2) pero también pesca aguas abajo y la disminución del caudal de agua ocasionado por la construcción de la presa le impide practicar su deporte favorito en las condiciones iniciales (−$8). El resultado es una pérdida neta de $6 para B. Podríamos interpretar los valores de la columna «beneficio neto» como la compensación monetaria necesaria para, ejecutado el proyecto, dejar indiferente a cada individuo con relación a la situación sin proyecto: por ejemplo, el individuo A estaría dispuesto a pagar $7 y el individuo B estaría dispuesto a aceptar $6.[7]

---

[6] Suponemos que el individuo es el mejor juez de su propio interés; por lo tanto, ignoramos los problemas derivados de falta de información, racionalidad limitada o preferencias distorsionadas (véanse, por ejemplo, Sunstein, 2014; Adler y Posner, 2001).

[7] Suponemos aquí para simplificar que la disposición a pagar y la disposición a aceptar coinciden. Para un análisis técnico sobre por qué difieren estas medidas monetarias de utilidad, véase el capítulo 11.

La columna «beneficio neto» permite anticipar que el proyecto sería rechazado en un referéndum. Los individuos *A* y *D* votarían a favor, mientras que los individuos *B, C* y *E* votarían en contra. ¿Sería una buena decisión rechazar la construcción del proyecto? Para responder a esta pregunta, tenemos que comprobar si la construcción del complejo hidroeléctrico es una mejora social, y para ello necesitamos un criterio de decisión.

Un posible criterio es la mejora paretiana. Pasar de una situación a otra es una mejora social (en el sentido de Pareto) si al menos un individuo mejora sin que nadie empeore. Algunos ganan y nadie pierde. Hemos visto que el referéndum conduce a rechazar el proyecto. ¿Sería posible, en estas circunstancias, alcanzar una mejora de Pareto a pesar del resultado de la votación?

Aunque parece claro que el proyecto en discusión no sería aprobado en un referéndum, la sociedad podría beneficiarse del proyecto si, como sucede en este caso, los beneficios ($22) superan los costes ($19). Supongamos que el proyecto se lleva a cabo y parte de los beneficios se utilizan para compensar a los individuos *B, C* y *E,* de modo que el beneficio neto de estos tres individuos sea nulo, dejándolos indiferentes. El cuadro 1.1 muestra que, después de la compensación, existe un beneficio neto de $3 para compartir según se acuerde. Si se rechaza el proyecto, esta ganancia neta se perdería.

Por otro lado, al comparar los beneficios y costes del proyecto, la magnitud de las ganancias y pérdidas cuenta. El individuo *C* está en contra del proyecto porque le impone un coste neto de $1, mientras que *D* está a favor porque obtiene beneficios de $8. Si se ignoran la intensidad de las preferencias, como en un referéndum, se pierden las ganancias potenciales derivadas del proyecto.

Tal como hemos indicado, el criterio de mejora paretiana exige que no haya perdedores (es decir, si los hubiere, que estos reciban una compensación real y completa). Esto rara vez sucede en el mundo real, ya que, en muchos casos, la situación es similar a la descrita pero sin una compensación que deje a los afectados indiferentes.[8] Si un proyecto tiene un saldo agregado positivo de beneficio para la sociedad en su conjunto y hay perdedores que, por alguna razón, no pueden ser compensados plenamente, es una práctica normal aprobar un proyecto de este tipo (los ganadores podrían haber compensado a los perdedores y seguir ganando).

Este criterio, en el que la compensación es hipotética, se conoce como el criterio de compensación potencial, o criterio de Kaldor-Hicks.[9] Si los perdedores son compensados, la mejora es paretiana. En la práctica, exceptuando los casos en

---

[8] Como ocurre con las compensaciones en los casos de expropiación forzosa.

[9] Boadway señaló que una suma positiva de variaciones compensatorias, por ejemplo, no equivale a que los ganadores puedan compensar a los perdedores. Este problema, conocido como la paradoja de Boadway, consiste en que el hecho de compensar podría afectar a los precios relativos y, por lo tanto, a la utilidad de los individuos (véanse Boadway, 1974; Jones, 2002).

los que los proyectos tienen consecuencias distributivas indeseables, la evaluación económica suele apoyarse básicamente en el criterio de compensación potencial que acabamos de describir.

Para ser más precisos, lo que necesitamos es ponderar el beneficio monetario del individuo (o grupo) i con su utilidad marginal de la renta, y con la utilidad social marginal que se atribuya a i, de acuerdo con la función de bienestar social. Por lo tanto, la utilidad social marginal de la renta que corresponda a i depende de qué función de bienestar social[10] se considere y también de la distribución de la renta (véanse los capítulos 2 y 11).

Podemos multiplicar la utilidad social marginal de la renta por la valoración monetaria del proyecto (disposición a pagar o disposición a aceptar) de cada individuo y sumar para todos los individuos. Por tanto, si la distribución de la renta de la que partimos es óptima (pudiendo la utilidad marginal de la renta variar entre individuos), la utilidad social marginal de la renta es la misma para todos. Entonces la evaluación de un proyecto pequeño que no afecta a la distribución de la renta puede evaluarse simplemente agregando la disposición a pagar y la disposición a aceptar de los individuos.

Frecuentemente, en la práctica, la justificación del criterio de compensación de Kaldor-Hicks se basa en que la redistribución se puede realizar de manera más eficiente a través del sistema fiscal y en que, en general, dada la gran cantidad de proyectos diferentes que se llevan a cabo, los efectos distributivos positivos y negativos tienden a compensarse entre sí, ganando todos en el largo plazo; o, por contra, dichos efectos distributivos son insignificantes, o bien los costes de identificar a los ganadores y perdedores y de establecer los mecanismos de compensación exceden a los beneficios.

1.2. Etapas del análisis coste-beneficio y visión general del libro

La evaluación económica de los proyectos de inversión y las políticas públicas debe ser lo suficientemente flexible como para capturar las características específicas de cada caso estudiado. Sin embargo, existen algunos pasos que deben seguirse independientemente de los elementos singulares del proyecto objeto de evaluación. Estos se describen a continuación.

---

[10] Para una sociedad utilitarista, la utilidad social marginal o ponderación de bienestar es igual a uno para todos los individuos; para una sociedad rawlsiana es igual a cero para todos menos para el individuo peor situado.

(i) Objetivo del proyecto y examen de las alternativas relevantes

Antes de evaluar el proyecto, su objetivo (el problema a resolver) debe estar claramente definido y las alternativas pertinentes identificadas. Analizar un proyecto aislado sin tener en cuenta su papel dentro del programa o la política a la que pertenece puede llevar a conclusiones erróneas. Además, antes de trabajar con datos y aplicar la metodología de evaluación económica, es esencial considerar las mejores alternativas disponibles que permitan la consecución del mismo objetivo. Pasar por alto algunas alternativas relevantes puede conducir a errores importantes.

Hay dos tipos de aproximaciones en el proceso de evaluación: en primer lugar, cuando el analista tiene que evaluar un proyecto concreto, por ejemplo, una reducción de precios en un servicio público financiado con subvenciones públicas; en segundo lugar, cuando el objetivo del proyecto es reducir precios, pero hay disponibles diferentes alternativas. En este caso, la subvención de precios es una opción más, existiendo otras políticas para alcanzar el mismo objetivo. Una alternativa podría consistir en introducir un sistema de incentivos que compensase los esfuerzos realizados en la reducción de los costes y que dicho esfuerzo se tradujera en reducciones de precios. Otra política podría ser una concesión privada del servicio público.

Considerar diferentes proyectos para lograr el mismo objetivo constituye una etapa anterior a la identificación y cuantificación de beneficios y costes, dado que no tener en cuenta alternativas relevantes es perder la oportunidad de obtener mejores resultados. No basta con que el proyecto tenga beneficios sociales netos positivos; se requiere que esos beneficios sean mayores que los que se podrían obtener en la mejor alternativa posible. Si la solución que se está considerando es una inversión, la pregunta a la que hay que responder es si esta inversión en particular es la mejor manera de resolver el problema. Debe analizarse siempre la posibilidad de otras opciones, especialmente si son reversibles, como otro tipo de gestión o un cambio en la regulación.

En la etapa de búsqueda de alternativas es muy útil para el economista escuchar a otros especialistas más familiarizados con la tecnología o el campo relacionado con el proyecto. El objetivo de este paso es evitar errores debido a la falta de información precisa sobre métodos más eficientes para lograr el mismo objetivo. Un mayor refinamiento en la metodología de evaluación sería inútil si no se hubieran explorado las mejores alternativas disponibles.

Por último, no es conveniente definir proyectos con un alcance demasiado amplio, porque una evaluación positiva del conjunto puede ocultar proyectos separables con rendimientos esperados negativos. Por lo tanto, su inclusión, sin diferenciación, en un programa o en un proyecto más global, puede llevar a conclusiones equivocadas. Establecer los límites de un proyecto no siempre es fácil, pero una discusión cuidadosa del proyecto con expertos puede permitirnos distinguir la complejidad intrínseca del mismo, y la inclusión de obras o actuaciones que no son estrictamente necesarias para el proyecto.

También es incorrecto evaluar un proyecto definido de forma aislada, cuando su funcionamiento no es posible sin acciones complementarias. Supongamos que un proyecto de inversión se compone de dos partes principales (por ejemplo, un puerto y una carretera de acceso) donde el beneficio social neto del proyecto es negativo. La estrategia de los promotores podría ser evaluar sólo la construcción del puerto omitiendo las vías de acceso para posteriormente, y una vez construido, solicitar la infraestructura complementaria para conectar el puerto con la red vial. En este caso, el proyecto de carretera probablemente será socialmente rentable porque el coste de inversión del puerto ya existente es ahora irrelevante en la evaluación de la construcción de la carretera, un razonamiento que no es aplicable a los beneficios perdidos si el puerto no puede ser operado por la falta de la vía de acceso.

(ii) Identificación de costes y beneficios

Una vez definido el proyecto, hay que identificar los beneficios y costes derivados de su implementación. En algunos casos, esta etapa no debe entrañar mayores dificultades cuando los efectos significativos del proyecto son sólo los directos (capítulo 2) y los efectos indirectos pueden ser ignorados. Por el contrario, la identificación de los costes y beneficios de un proyecto con efectos importantes en los mercados secundarios es más compleja.

La aproximación más razonable, cuando el análisis no se lleva a cabo dentro de un marco de equilibrio general, consiste en identificar los principales mercados secundarios afectados por el proyecto, como sería el caso de la evaluación de una nueva línea ferroviaria que reduce la demanda de un aeropuerto existente (capítulo 3).

En el análisis financiero, la identificación es mucho más simple: los beneficios son los ingresos y los costes son los inputs valorados a precios de mercado. Sin embargo, en la evaluación económica, los beneficios son aquellos de los que disfruta cualquier individuo en la sociedad, con independencia de la traducción de dicho bienestar en dinero, y los costes son beneficios sociales netos perdidos por no haberse llevado a cabo la mejor alternativa posible.

Por último, es necesario decidir «quién cuenta» en el análisis coste-beneficio. Por lo general, las fronteras de los países delimitan quién debe ser incluido. La nacionalidad es la referencia cuando el proyecto no tiene efectos significativos más allá de las fronteras nacionales. A veces depende de quién financie el proyecto. En un proyecto cofinanciado con fondos supranacionales no sería razonable excluir a los ciudadanos de los países que contribuyen con sus impuestos a la financiación del proyecto. También hay que advertir de la mala práctica de evaluar proyectos locales sin incluir los beneficios y costes en otros lugares del propio país.

(iii) El contrafactual

En el análisis coste-beneficio hay que comparar dos situaciones: *con* el proyecto y s*in* el proyecto. Esta última se denomina el contrafactual, el mundo cambiante en ausencia del proyecto. Para esta tarea es importante evitar una comparación del proyecto con un contrafactual irrelevante. Por ejemplo, cuando se compara con la situación *antes* del proyecto, un beneficio social neto elevado puede estar ocultando el hecho de que *sin* el proyecto esa situación no permanece constante. Hay políticas de mantenimiento o una renovación mínima de los equipos, que podrían implementarse *sin* el proyecto. Por lo tanto, en la evaluación de la construcción de una línea ferroviaria, por ejemplo, debemos utilizar un contrafactual en el que cambia la demanda y la oferta del ferrocarril y de los demás modos de transporte.[11]

La situación *sin* el proyecto también se conoce como el caso *base*. Tenemos que distinguir entre no hacer nada (*do nothing*) y una intervención mínima (*do minimum*). El *do minimum* consiste en el tipo de actuaciones que tendrían lugar en la situación *sin* proyecto. Esta distinción puede ilustrarse con un ejemplo. Si el objetivo del proyecto es sustituir las tuberías de la red de suministro de agua de la ciudad, debido a las fugas excesivas, el caso base razonable es un *do minimum* porque, sin el proyecto, se realizarían operaciones de mantenimiento y acciones selectivas para evitar mayores daños. Ahora considere que el proyecto consiste en un plan de mantenimiento en lugar de invertir en una nueva red de tuberías. En este caso, el caso base recomendable sería un *do nothing*.

(iv) Medición de beneficios y costes

Los beneficios de los proyectos se pueden medir a través de la disposición a pagar de los individuos (o la disposición a aceptar). A veces, una medida monetaria del cambio de utilidad que se deriva del proyecto se puede obtener observando el comportamiento de los consumidores en el mercado, es decir, a partir de datos de mercado. Este es el caso de la medición de los beneficios directos en el mer-

---

[11] La comparación con una alternativa irrelevante puede ser un error del analista o una estrategia para conseguir la aprobación del proyecto.

cado primario afectado por el proyecto (capítulo 2), los efectos indirectos en los mercados secundarios relacionados con el mercado primario (capítulo 3), y en la valoración de los bienes para los que no hay mercado cuando el analista puede encontrar un mercado «aliado» en el que se revela información útil sobre la disposición a pagar por el bien del mercado primario para el que no se dispone de información (capítulos 7 y 8).

En otras ocasiones, los economistas tienen que estimar los beneficios del proyecto preguntando directa o indirectamente a los individuos por su disposición a pagar (preferencias declaradas). Esta aproximación consiste en realizar preguntas a los individuos que permitan inferir las cantidades monetarias que reflejan el cambio en su bienestar como consecuencia del proyecto. Este procedimiento se utiliza para bienes para los que no hay mercado, como el medio ambiente (capítulo 8).

En general, los proyectos y las políticas públicas requieren recursos para su implementación. Un proyecto típico de inversión implica costes de construcción, materiales de mantenimiento, mano de obra, equipo y energía (costes que se miden desde el punto de vista financiero a partir de la cantidad de los inputs requeridos valorados a sus respectivos precios). Desde el punto de vista económico, el coste del uso de los inputs es el beneficio social neto perdido en la mejor alternativa disponible. Los precios de mercado a veces serán una buena aproximación del coste de oportunidad, pero en otras ocasiones será necesario introducir algún ajuste en los precios de mercado para aproximar el coste de oportunidad social de los recursos utilizados, y esto es lo que se denomina precio sombra (capítulo 4).

(v) Agregación de beneficios y costes

Los beneficios y costes ocurren en diferentes períodos de tiempo y afectan a diferentes individuos. La agregación requiere homogeneidad, pero los beneficios y costes que ocurren en años sucesivos o afectan a individuos con diferentes condiciones sociales están lejos de ser homogéneos. Si se suman directamente, la ponderación implícita asociada a cada beneficio y coste es unitaria: a una unidad de beneficio neto se le estaría dando el mismo valor social con independencia de quién lo obtiene y cuándo ocurre.

Muchos proyectos de obra pública de ingeniería civil tienen una vida útil muy superior a los 30 años. Además, en el caso de políticas públicas como los programas educativos o de salud, tienen una duración ex-ante infinita. Descontar los beneficios y costes futuros es un proceso de homogeneización que permite la comparación. El descuento se realiza utilizando un tipo mayor que cero, implicando que el valor de los beneficios y costes disminuye con el tiempo. La idea básica consiste en el hecho de que los individuos generalmente dan más valor al consumo presente que al consumo futuro y, por lo tanto, las futuras unidades de consumo se contabilizan con un valor actual más bajo (capítulos 5 y 6).

Los costes y beneficios del proyecto tienen su impacto en el bienestar de los individuos. Pasar de la utilidad individual al beneficio social agregado conlleva efectos redistributivos. Si la sociedad da, por ejemplo, más peso a los efectos sobre los pobres, entonces los beneficios y costes de un proyecto no pueden sumarse sin una ponderación social. Idealmente, el beneficio social neto del proyecto se obtendría de la suma ponderada de los beneficios netos individuales. La práctica de la evaluación económica es bastante más modesta en este campo (capítulos 2 y 11).

(vi) Interpretación de resultados y criterios de decisión

La tarea del técnico que lleva a cabo el análisis coste-beneficio de un proyecto es obtener una cifra que recoja los beneficios y costes de todos los afectados durante la vida del proyecto. Esta cifra es el *VAN* del proyecto, y ayuda con la decisión de aceptar-rechazar o de elegir entre un conjunto de proyectos.

Obtener una cifra única no siempre resulta fácil. Hay impactos positivos y negativos que resisten la conversión monetaria, como es el caso de algunos impactos medioambientales. Hay situaciones en las que puede ser apropiado limitarse a una descripción cualitativa de algunos efectos, y luego adjuntar esta información al *VAN* obtenido con los efectos que pudieron ser expresados como valores monetarios. Otro enfoque útil es adoptar algunos valores monetarios relacionados para comparar los beneficios o costes cualitativos con dichas referencias.

Cuando se descuentan los flujos de beneficios y costes de un proyecto y el *VAN* es positivo, la ejecución de ese proyecto aumentará el bienestar social, especialmente cuando sus efectos redistributivos sean positivos o insignificantes. Sin embargo, un *VAN* positivo no es una condición suficiente para aprobar un proyecto, ni un *VAN* mayor lo es para la elección entre proyectos. Puede ser necesario homogeneizar antes de elegir el proyecto con el *VAN* más alto en el caso de proyectos mutuamente excluyentes con diferente duración; o en el caso de que sea posible posponer el comienzo del proyecto, será necesario analizar el momento óptimo (capítulos 5 y 6).

Los resultados deben estar sujetos a un análisis de riesgo con el fin de determinar la sensibilidad del *VAN* a cambios en las variables principales. Es preferible calcular una distribución de probabilidad del *VAN* en lugar de obtener una cifra única. El análisis de riesgo permite al responsable de la toma de decisiones disponer de información sobre la probabilidad de los posibles resultados. El análisis de riesgo no elimina el riesgo del proyecto, sino que facilita la decisión al responsable de la toma de decisiones al hacer más evidente el alcance del riesgo real del proyecto (capítulo 9).

(vii) Rentabilidad económica y viabilidad financiera

El análisis coste-beneficio se ocupa de la rentabilidad social de los proyectos en contraste con el análisis financiero, que utiliza los ingresos en lugar de los beneficios sociales y los costes privados en lugar de los sociales. En cualquier caso, es importante que el evaluador entregue un informe que no sólo incluya la rentabilidad económica o social del proyecto, sino también el resultado financiero o viabilidad comercial del proyecto.

Es perfectamente posible que un proyecto o política pública genere beneficios sociales que superen los costes sociales y, al mismo tiempo, presente un resultado financiero negativo. Consideremos, por ejemplo, el caso de una política de reforestación que reduce la erosión de la tierra y ofrece nuevos espacios para uso recreativo. Además, la agencia pública responsable obtiene algunos ingresos por cobrar por el estacionamiento cerca de la zona de recreo. Es probable que este proyecto presente un *VAN* social positivo y un resultado financiero negativo. El analista debe presentar ambos resultados al responsable de la toma de decisiones por dos razones principales.

En primer lugar, las restricciones presupuestarias son habituales en el mundo real; por lo tanto, es verdaderamente útil que el organismo público tenga información sobre el beneficio social neto del proyecto, así como sobre la proporción de los costes cubiertos por los ingresos generados por dicho proyecto. En segundo lugar, muchos proyectos presentan un amplio abanico de valores actualizados netos en función de la política de precios aplicada. Es habitual que los proyectos que admitan la posibilidad de cobrar a los usuarios presenten diferentes combinaciones posibles de *VAN* social y *VAN* financiero. Por ejemplo, un proyecto de carretera se puede evaluar con acceso gratuito o con peaje. Si se elige la segunda opción, existen varias estructuras de precios posibles: es posible discriminar por horario, tipo de vehículo o intensidad de uso. Es probable que los beneficios sociales disminuyan con el peaje y, sin embargo, los ingresos recaudados contribuyan a la viabilidad financiera del proyecto. Informar de las diferentes opciones disponibles y su *VAN* social y financiero aumenta la utilidad del análisis coste-beneficio.

Una evaluación económica de proyectos y políticas requiere estimar los efectos de la intervención pública. Renunciar a bienestar presente a cambio de beneficios futuros esperados requiere un ejercicio riguroso de identificación y valoración de dichos beneficios futuros. El intento de predecir los cambios futuros causados por el proyecto está plagado de dificultades. El analista debe comparar dos mundos diferentes, *con* y *sin* el proyecto. Ambos son hipotéticos. Ambos pertenecen al futuro. Es cierto que podemos recopilar información de proyectos anteriores para tratar de reconocer los intervalos donde se espera que las variables se muevan y reducir la probabilidad de equivocarnos, pero la naturaleza del ejercicio es irremediablemente especulativa, particularmente en los casos de proyectos con una larga vida. Una manera de lidiar con este problema es trabajar con variables aleatorias, como se ha dicho con anterioridad. En lugar de utilizar valores deterministas para algunas variables clave (por ejemplo, demanda anual), es preferible trabajar con algunos intervalos plausibles para esas variables y las probabilidades de que ocurran, tal como hacemos en el capítulo 9.

1.3. Análisis coste-beneficio ex-post

El cálculo de la rentabilidad social del proyecto se puede realizar una vez completada su vida económica, o cuando haya transcurrido un período de tiempo suficientemente prolongado como para ver los efectos reales de la intervención. Esta evaluación se denomina análisis coste-beneficio ex-post, en general tanto para referirse a proyectos ya cerrados como para los que aún están operativos (*in media res*). El análisis ex-post es también de utilidad para el ex-ante, ya que proporciona evidencia empírica cuando un nuevo proyecto similar va a ser evaluado.

El análisis ex-post puede realizarse repitiendo el ex-ante, utilizando los valores reales en lugar de los estimados. Asimismo, es útil para proporcionar información para futuras evaluaciones en caso de que el proyecto ya se haya completado, así como para introducir correcciones en el caso de proyectos en curso. La evaluación ex-post de proyectos ha permitido identificar un patrón común en muchos proyectos consistente en la subestimación de los costes y la sobreestimación de los beneficios, resultando en un cálculo de rentabilidad social esperada sesgado al alza.[12]

La debilidad de esta forma de análisis coste-beneficio ex-post es que estamos utilizando el mismo marco teórico (Graham, 2014) y, por lo tanto, la reevaluación con los datos reales no puede revelar la validez del modelo subyacente para explicar los efectos económicos relevantes del proyecto. Alternativamente, es posible una estimación econométrica con datos observados y buscar relaciones de causalidad para entender el efecto de intervenciones pasadas. Sin embargo, el

---

[12] Es el denominado sesgo estratégico, consistente en desviaciones no aleatorias de los valores predichos que resultan en una rentabilidad social ex-ante elevada, con el objetivo de conseguir apoyo financiero de la agencia pública correspondiente (véase, por ejemplo, Flyvbjerg, 2014).

ejercicio econométrico ex-post también tiene sus propias debilidades. La primera, y la tarea más difícil, es que no estamos tan interesados en lo que ha sucedido con el proyecto, sino en lo que sucede en comparación con lo que podría haber sucedido sin el proyecto, es decir, estamos interesados en comparar el cambio que se ha producido con respecto al contrafactual.[13]

En su famoso artículo sobre los ferrocarriles y el crecimiento económico, Fogel (1962) sostiene que la alta correlación observada entre la construcción del ferrocarril en EE. UU. y el crecimiento es simplemente eso, correlación, que no implica necesariamente causalidad: «La evidencia es impresionante pero sólo demuestra una asociación entre la construcción de la red ferroviaria y el crecimiento de la economía. No establece una relación causal entre el ferrocarril y la reorganización regional del comercio, el cambio en la estructura de la producción, el aumento de la renta per cápita o los diversos cambios estratégicos que caracterizaron la economía estadounidense del siglo pasado. No establece ni siquiera *prima facie* que el ferrocarril fuera una condición necesaria de estos cambios. Tal conclusión no depende exclusivamente de la evidencia tradicional, sino también de los supuestos implícitos y su interpretación».

Según Fogel, para el triunfo de los ferrocarriles sobre los canales (la alternativa existente) sólo se requiere proporcionar un servicio a coste menor, y esta es la única inferencia que podemos obtener de los datos. Sólo con una pequeña reducción de los precios, la desviación del tráfico puede ser muy grande, pero esto no significa que el efecto en la economía vaya a ser significativo, ya que esto depende del valor absoluto del ahorro en los costes de transporte.

Algo similar sucede hoy en día con los efectos de la inversión ferroviaria de alta velocidad en muchas de sus rutas. El hecho de que muchas líneas hayan captado la mayoría de los pasajeros del transporte aéreo, así como el hecho de que las ciudades con estaciones ferroviarias de alta velocidad estén asociadas a un mayor empleo y actividad económica, no demuestran la rentabilidad social de esas líneas. La visión de Fogel apunta a la compatibilidad de la desviación de tráfico desde otros modos de transporte con beneficios sociales negativos. Una subvención al precio del billete, de magnitud suficiente para cambiar marginalmente los precios relativos, puede alterar de manera radical las cuotas de

---

[13] «¿Es legítimo que el historiador considere posibilidades alternativas a los acontecimientos que han ocurrido? [...] Decir que algo sucedió de la manera en que lo hizo no es en absoluto esclarecedor. Podemos entender la importancia de lo que sucedió sólo si lo comparamos con lo que podría haber sucedido». Esta es la frase de Cohen (filósofo, abogado y jurista) que abre el artículo de Fogel (1962) sobre el papel de los ferrocarriles en el crecimiento económico estadounidense. Este trabajo es instructivo y deja claro cuál debe ser el enfoque del analista que busca evaluar los efectos de una intervención pública.

mercado en favor del tren incluso en el caso de que el nuevo equilibrio suponga una pérdida social (De Rus, 2011).

La inferencia causal requiere comparar la situación con y sin el proyecto, y esto requiere comparar individuos o áreas geográficas afectadas por el proyecto con un grupo de control para revelar causalidad. El análisis coste-beneficio ex-post basado en la inferencia estadística causal necesita comparar las ciudades con estaciones de alta velocidad (el grupo de tratamiento) con las ciudades sin alta velocidad (el grupo de control). El problema es que en esta búsqueda el analista se enfrenta con el sesgo de selección, sin poder recurrir a los experimentos aleatorizados en el caso de grandes proyectos de infraestructura y similares. Afortunadamente, disponemos de un conjunto de herramientas econométricas para analizar los efectos de los proyectos cuando los experimentos aleatorizados no están disponibles.[14]

Ideas para recordar

- El análisis coste-beneficio es una herramienta para ayudar en la selección de los mejores proyectos. El criterio básico es el aumento del bienestar social, para lo cual hay que medir el cambio en la utilidad o bienestar individual. Como la utilidad no es observable, los economistas utilizan una valoración monetaria del cambio en la misma. Este es el papel del dinero en el análisis coste-beneficio.
- La evaluación económica de un proyecto es una tarea compleja. Los beneficios y costes deben ser identificados y valorados, y su agregación implica la comparación de ganancias y pérdidas experimentadas por diferentes individuos y en diferentes momentos de tiempo.
- En la evaluación de un proyecto es necesario comparar el mundo con y sin el proyecto: concebir un mundo alternativo, el denominado contrafactual. El analista se enfrenta a dos retos: conjeturar el mundo dinámico que evoluciona sin la perturbación introducida por el proyecto, y prever el mundo con el proyecto, prediciendo los cambios con respecto al contrafactual que ha creado previamente. La transparencia y la evaluación ex-post pueden ayudar a evitar errores inocentes y tergiversaciones estratégicas.
- El criterio básico para decidir si un proyecto es socialmente deseable es el criterio de compensación de Kaldor-Hicks. Su lógica es simple: el proyecto es socialmente deseable si los ganadores pudieran compensar a los perde-

---

[14] Para una descripción de las herramientas econométricas disponibles para estimar los efectos de los proyectos con datos observados, véanse Angrist y Pischke (2015) y Athey e Imbens (2017).

dores y seguir ganando. La compensación es hipotética. El criterio de compensación potencial pasa por alto la equidad. Un proyecto que satisface el criterio podría tener consecuencias distributivas indeseables.

- La justificación común del criterio de Kaldor-Hicks se basa en dos ideas: la redistribución puede lograrse de manera más eficiente a través del sistema fiscal, y el gran número de proyectos diferentes implementados por el sector público terminará beneficiando a todos a largo plazo. En cualquier caso, el valor actual neto de un proyecto se puede complementar con una lista de los ganadores y perdedores probables, aunque la identificación de los beneficiarios finales no sea una tarea fácil y pueda resultar costosa.

- El análisis coste-beneficio es para el gobierno lo que el análisis financiero es para una empresa privada. Mientras que el primero compara los beneficios y costes sociales, el segundo se concentra en los ingresos y los costes de la empresa, sin tener en cuenta ningún efecto externo sobre otros agentes que no repercuta en las cuentas de la empresa. Sin embargo, en general, el analista debe informar tanto del resultado económico como del financiero del proyecto, ya que las restricciones presupuestarias están normalmente presentes.

- Tanto el análisis coste-beneficio ex-ante como el ex-post tienen un papel que desempeñar en las políticas públicas. La estimación del beneficio social neto de cualquier intervención gubernamental es un input clave en la selección de proyectos y políticas. El análisis ex-post también es útil para recopilar información sobre los efectos reales de los proyectos y para mejorar la evaluación ex-ante.

2. LA EVALUACIÓN ECONÓMICA DE LOS BENEFICIOS SOCIALES

Nos gusta el criterio coste-beneficio en primer lugar porque creemos que su aplicación hace que casi todo el mundo mejore en el largo plazo, y en segundo lugar, porque es fácil de aplicar. En otras palabras, los beneficios son elevados y los costes bajos. El razonamiento puede ser ligeramente circular, pero el criterio coste-beneficio se recomienda con fuerza a sí mismo.

(STEVEN E. LANDSBURG, 1993, p. 105)

2.1. Introducción

La medición de los cambios en el bienestar social y los criterios de decisión en la evaluación económica de proyectos y políticas se pueden abordar modelizando la economía como un conjunto de individuos que, dadas sus preferencias, tratan de maximizar su utilidad bajo dos restricciones: los recursos disponibles y la tecnología. Un proyecto cambia el equilibrio en los mercados en los que los individuos participan como consumidores, propietarios de factores de producción, contribuyentes o afectados por externalidades, y el análisis coste-beneficio intenta medir el cambio que se produce en el bienestar de los individuos para evaluar si el proyecto representa una mejora para el agregado que denominamos sociedad.

Dada la limitación de recursos, los individuos suelen verse obligados a elegir entre diferentes usos, y la tecnología disponible limita la cantidad, variedad y calidad de los bienes producidos a partir de esos recursos. En una sociedad donde lo que importa es el bienestar de sus individuos, lo determinante no es el aumento de la producción, aunque ambos objetivos estén estrechamente relacionados. En este sentido, las preferencias limitan la utilidad que los individuos pueden alcanzar de la producción obtenida desde una determinada dotación de recursos y la tecnología existente, lo que es particularmente relevante en las decisiones que tome el sector público al margen de la disciplina del mercado.

Además de las decisiones de los individuos, el gobierno también interviene con proyectos que alteran el equilibrio inicial de la economía y afectan al bienestar social. Sus decisiones afectan a la cantidad, calidad y composición de los bienes y servicios y a su distribución. Este capítulo presenta algunos conceptos económicos útiles para construir un marco de referencia para el análisis práctico de costes y beneficios.[1]

El modelo básico se describe en la sección 2.2, donde suponemos que la sociedad está integrada por los siguientes grupos: consumidores, propietarios de factores de producción, contribuyentes y los individuos afectados por las externalidades, que denominaremos «resto de la sociedad», para englobar a todos aquellos afectados por los efectos externos del proyecto. El excedente de los consumidores y el excedente de los productores, conceptos esenciales en el análisis coste-beneficio, se explican en la sección 2.3, donde se aborda la distinción entre precio, coste y valor.

Para decidir si un proyecto debe ser aprobado, tenemos que comparar sus beneficios sociales con sus costes sociales, previamente identificados y medidos. Posteriormente, necesitamos, en primer lugar, cuantificar en términos monetarios los cambios en la utilidad de los individuos con respecto al contrafactual, es decir, el mundo tal como sería sin el proyecto; segundo, utilizar determinados criterios para la agregación de los beneficios y costes que afectan a individuos diferentes y en diferentes momentos de tiempo; y, finalmente, utilizar unos criterios de decisión para aceptar-rechazar, posponer o seleccionar entre un conjunto de proyectos.

En este capítulo centramos principalmente la atención en los beneficios, aunque nos referiremos a los costes cuando la argumentación lo requiera (el tratamiento detallado de los costes se encuentra en el capítulo 4). Uno de los temas principales del presente capítulo es la distinción de dos procedimientos alternativos para evaluar los beneficios netos (sección 2.4): la suma de los cambios que como consecuencia del proyecto se producen en los excedentes de los diferentes grupos que componen la sociedad, y la suma de los cambios en la disposición a pagar y en los recursos reales (ahorrados o utilizados), ignorando transferencias. Esta distinción resulta ser muy útil en la práctica del análisis coste-beneficio, y seguirla cuidadosamente ayuda a evitar errores comunes en la evaluación de los proyectos.

Por otra parte, la eficiencia no es el único criterio de valoración en la sociedad. Quiénes sean los que ganan o pierden con un proyecto o una política importa en la toma de decisiones públicas. La sección 2.5 analiza la conversión de la renta en utilidad individual y posteriormente en bienestar social.

Además, hay que subrayar que los procedimientos de evaluación contenidos en este capítulo se aplican a proyectos «pequeños». Este requisito es necesario para simplificar, para centrarnos en el impacto del proyecto en el mercado primario

---

[1] Para un tratamiento formal, véase el capítulo 11.

y en los mercados secundarios afectados más directamente. La construcción de una planta de tratamiento de aguas residuales es un proyecto cuyos efectos sobre la inflación y el déficit público no se espera que sean significativos. Los proyectos «grandes» que afecten a las variables macroeconómicas deben analizarse, siempre que sea posible, con modelos de equilibrio general.[2]

A menos que se diga lo contrario, trataremos con las funciones de demanda de mercado. Aunque lo ideal sería trabajar con demandas compensadas, los resultados obtenidos utilizando las cantidades observadas en el mercado son, en general, aceptables (véase el capítulo 11). En este libro suponemos que se cumplen las condiciones requeridas para utilizar las demandas del mercado para medir en unidades monetarias los cambios en la utilidad de los individuos.

2.2. El marco de análisis

Una economía simplificada

Un proyecto puede ser contemplado como una perturbación en la economía que afecta al bienestar de sus miembros. El impacto del proyecto se produce en el mercado primario (el mercado directamente afectado), y también en los llamados mercados secundarios, relacionados con el primario porque los productos que en ellos se intercambian son complementarios o sustitutivos del bien del mercado primario (véase el capítulo 3). En cuanto a la duración de los cambios, hay que tener en cuenta que pueden ser de largo plazo, como en el caso de proyectos de ingeniería civil, impactos medioambientales y políticas que modifican la estructura del mercado.

La construcción de un proyecto de riego o una infraestructura de transporte, la inversión en educación y la mejora de la calidad del aire tienen en común el efecto en el bienestar de las personas afectadas por el proyecto. Algunas personas salen ganando y otras perdiendo, y además viven en una determinada localización, siendo dicha ubicación relevante para decidir si el cambio en su bienestar se incluye o es ignorado. Estamos ante la cuestión de *quién cuenta* en el

---

[2] Por pequeño puede entenderse aquí que se trata de un proyecto infinitamente pequeño. Entonces puede utilizarse el teorema de la envolvente que implica que los efectos secundarios se cancelan. Por ejemplo, si cambiamos el precio de un bien (ceteris paribus) obtenemos la función de oferta (a partir de la función de beneficio) menos la función de demanda, ambas multiplicadas por la utilidad marginal de la renta si tenemos una economía individual (o Robinson Crusoe). Otras ofertas y demandas se verán afectadas por el cambio en el precio, pero estos efectos se cancelan. Esto es así al menos en ausencia de distorsiones fiscales. Alternativamente, uno podría considerar una perturbación como una aproximación lineal. El proyecto es tan pequeño que se pueden ignorar los efectos de orden superior, lo que conduce a la misma regla de coste-beneficio de equilibrio general.

análisis coste-beneficio. Por lo general, la nación establece los límites de quién cuenta, pero a veces es el tipo de proyecto, como es el caso de la preservación de especies en peligro de extinción en todo el mundo. En otras ocasiones, la cofinanciación de las agencias supranacionales determina los países que deben incluirse. Aunque el sentido común puede ayudar en muchos casos, las dificultades podrían ser significativas en algunos proyectos con externalidades globales. Para hacer el problema manejable, simplificaremos todo lo que podamos, trabajando con un modelo sencillo de la economía como el que se describe a continuación.[3]

En nuestra economía simplificada, en la que tendrá lugar la evaluación de proyectos, hay tres propietarios de factores de producción: en primer lugar, los «propietarios de capital» (O), generalmente denominados productores, que disponen de un conjunto de equipos, infraestructuras e instalaciones donde se producen bienes y servicios; en segundo lugar, los «propietarios de mano de obra» (L), o trabajadores, grupo en el que incluimos a todos los empleados de diferentes cualificaciones y productividad; y, por último, los «propietarios de la tierra».

El factor de producción «tierra» se define en un sentido amplio, incluyendo no sólo el terreno para la agricultura o el suelo para usos residenciales o industriales, sino también los recursos naturales y medioambientales como el clima, el agua, el aire, la flora y la fauna y los paisajes, que pueden verse afectados por la ejecución de un proyecto. Hay que distinguir entre la tierra sujeta a propiedad privada y los recursos naturales que son de propiedad pública. Distinguiremos entre los «propietarios de suelo» (R), y los recursos naturales y medioambientales de propiedad común (también denominados «capital natural»), los cuales incluiremos en el grupo denominado «resto de la sociedad» (E) cuando terceros se vean afectados por externalidades.

La combinación de factores de producción crea un flujo de bienes y servicios. Añadiendo a los «consumidores» (C) y al gobierno que ingresa y gasta, «contribuyentes» (G), nuestra sociedad simplificada queda compuesta por seis grupos de individuos. Obviamente, una misma persona puede ser miembro de más de uno. Además, añadiremos a esta sociedad otra característica: el valor de una unidad de beneficio (o coste) es el mismo independientemente de quién sea el destinatario (este supuesto se relaja en la sección 2.5).

---

[3] A veces los individuos pueden ser altruistas en el sentido de que se preocupan por el daño causado por sus actividades en otros seres humanos u otras especies, o en el medio ambiente de otros países. Por ejemplo, supongamos que el país A sustituye la electricidad hidroeléctrica por electricidad producida por centrales de carbón del país B. Los ciudadanos de A podrían, aunque no necesariamente, incluir el impacto medioambiental negativo en sus funciones de utilidad (véanse los capítulos 7 y 8). Para un análisis de quién cuenta en el análisis coste-beneficio, véanse Zerbe (2018) y Johansson y De Rus (2019).

En este mundo poco sofisticado, el excedente social (*SS*) es la suma de los excedentes de los individuos:

$$SS = CS + OS + LS + RS + GS + ES, \qquad (2.1)$$

donde el excedente de los consumidores (*CS*) es la diferencia entre lo que los consumidores están dispuestos a pagar por los bienes que adquieren y lo que pagan. El excedente de los propietarios de capital (*OS*) es igual a los ingresos de las empresas menos los costes variables. Los excedentes de los trabajadores (*LS*) y los propietarios del suelo (*RS*) son iguales al salario y a la renta de la tierra, respectivamente, menos la remuneración mínima que están dispuestos a aceptar por su factor; es decir, su coste de oportunidad privado. Hay que subrayar que la remuneración del suelo, como ocurre con cualquier otro factor fijo, es generalmente lo que los individuos están dispuestos a pagar por la actividad que requiere el uso de dicho factor, y no por el coste de oportunidad de este.

El excedente de los contribuyentes (*GS*) es igual a los ingresos fiscales menos el gasto público. Por último, el excedente del resto de la sociedad (*ES*) incluye el valor para los individuos de los bienes para los que no hay mercado, como los efectos del proyecto sobre el paisaje, el aire, el clima o el nivel de seguridad, que pueden cambiar cuando un proyecto se lleva a cabo, neto de pagos de compensación. Por ejemplo, la externalidad negativa de una central eléctrica que contamina localmente y contribuye al calentamiento global, o la externalidad positiva de una inversión en fuentes de energía alternativas que la reduce, neto de cualquier compensación.

La decisión del gobierno de invertir en un proyecto destinado a cambiar precios, costes o calidad, afecta al excedente de los grupos sociales a lo largo de los años durante los cuales el proyecto continúa produciendo sus efectos positivos y negativos, de modo que el impacto total del proyecto pueda expresarse como el agregado de cambios en los excedentes de los individuos:

$$\Delta SS = \sum_{t=0}^{T} \delta^{t}(\Delta CS_t + \Delta OS_t + \Delta LS_t + \Delta RS_t + \Delta GS_t + \Delta ES_t), \qquad (2.2)$$

donde Δ denota una variación en el excedente de los diversos agentes (positiva o negativa) y δ^t es el factor de descuento que nos permite expresar en valor presente el flujo de beneficios y costes a lo largo de la vida útil del proyecto. El factor de descuento es un factor central en el análisis coste-beneficio porque los individuos suelen preferir una unidad de consumo hoy que en el futuro. Por ejemplo, si un individuo es indiferente entre \$95 en el presente (año cero) y \$100 dentro de un año (sin inflación), el factor de descuento que convierte el beneficio en el año 1 en unidades comparables a los beneficios en el año cero es igual a 0,95 (véanse los capítulos 5 y 6).

La existencia de un factor fijo como el suelo, aunque no cambia el valor del resultado final de la ecuación (2.2), puede modificar completamente la distribución del excedente social. Es bien sabido que el suelo puede capitalizar la mayoría de los beneficios de las mejoras en infraestructuras como parques o accesibilidad. En el caso de una oferta infinitamente elástica de trabajadores homogéneos, el excedente de cada grupo en la ecuación (2.2), exceptuando a los propietarios del suelo, sería nulo, ya que los propietarios del suelo recibirían el excedente total a través de precios más altos del suelo. Este hecho exige estar alerta tanto para evitar errores de doble contabilización como de predicción engañosa de quiénes son los beneficiarios finales de un proyecto.

Por otra parte, el mercado del suelo puede ser muy útil para medir beneficios observando los cambios de precios en el mercado inmobiliario. Por ejemplo, para medir el valor de una inversión en zonas verdes cercanas a viviendas o del ruido asociado a una inversión aeroportuaria (véanse los capítulos 7 y 8). También puede ser de utilidad para diseñar fórmulas de financiación de infraestructuras públicas que no descansen exclusivamente sobre los contribuyentes.

En el caso del excedente social urbano generado por los proyectos de transporte que aumentan la proximidad al centro de la ciudad, Collier y Venables (2018) han demostrado que con heterogeneidad, tanto en la productividad laboral como en la demanda de vivienda, los trabajadores pueden obtener una parte significativa del excedente. La implicación para la evaluación económica de este tipo de proyectos es que, aunque el proyecto aumenta los valores del suelo en torno a los lugares afectados por la mejora, sólo en algún caso extremo el aumento de los valores del suelo reflejaría los beneficios totales, porque una parte de esos beneficios son captados por el factor trabajo.

Por lo tanto, cuando se relaja el supuesto de oferta infinitamente elástica de trabajadores homogéneos, los beneficios de los proyectos de mejora de la accesibilidad no pueden medirse exclusivamente observando los cambios en los precios del suelo en el mercado inmobiliario competitivo. La capitalización de los beneficios del proyecto en el precio del suelo sería incompleta y subestimaría el excedente social del proyecto.

Con el fin de ilustrar el cambio en el excedente social como consecuencia de una intervención pública, consideremos el caso de un servicio público regulado operado por un concesionario privado, como se muestra en la figura 2.1. Los costes anuales del servicio (p. ej., una instalación deportiva) tienen un componente fijo (K), independientemente del número de usuarios, y uno variable (wL), donde L es la cantidad de empleados y w el salario. Bajo estos supuestos, el coste variable medio (c) mostrado en la figura 2.1 es igual a wL/x, donde x es el número de usuarios.

La demanda D tiene una pendiente negativa, lo que indica que si el precio p baja (sube), el número de usuarios x aumenta (disminuye). Los superíndices 0 y 1 representan la situación sin y con el proyecto, respectivamente. Para simplificar, empezamos suponiendo un solo período de tiempo.

El gobierno planea reducir el precio regulado de p^0 a p^1. Veamos el cambio en el excedente social una vez que se aplica esta reducción. Sin el proyecto, el precio inicial es p^0 y la demanda es igual a x^0. Los ingresos totales están representados por el área p^0ax^00 y el coste total por los variables (cdx^00) más el coste fijo K. Por lo tanto, los beneficios netos de la empresa que presta el servicio público están representados por p^0adc menos K.

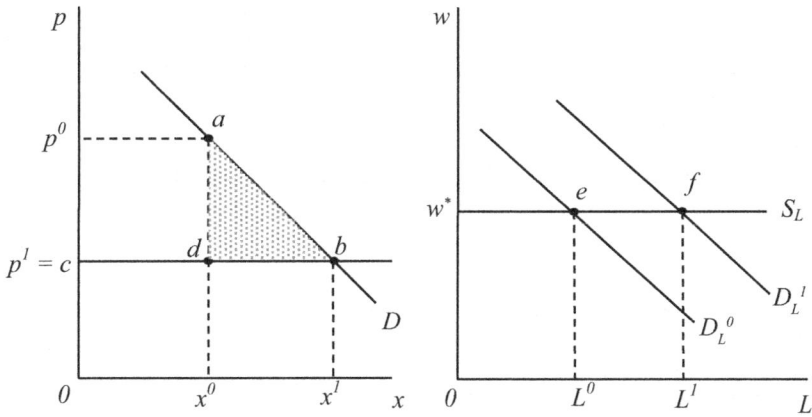

Figura 2.1. Reducción de precios en un servicio público.

Examinamos el cambio en el excedente social fruto del proyecto. El aumento del excedente del consumidor es igual a p^0abc y la reducción del excedente del productor está representada por p^0adc. Por lo tanto, el cambio en el excedente social es igual a abd. Si el gobierno compensara al productor por la pérdida de excedente a consecuencia del proyecto, el cambio en el excedente social (abd)[4] permanecería constante porque en este caso el excedente del productor permanecería igual que sin el proyecto, y el cambio en el excedente de los contribuyentes sería negativo e igual al importe de la compensación (p^0adc). El cambio en el exceden-

---

[4] Un individuo puede pertenecer a cualquier grupo en la expresión (2.1). Suponemos que el individuo es capaz de distinguir, cuando se le pregunta sobre su disposición a pagar por un proyecto que afecta al precio de un producto (y a los beneficios de la empresa), el efecto en su excedente como consumidor y como productor, de manera que al agregar el cambio en el excedente de consumidor y en el excedente del productor no incurrimos en una doble contabilización. Para el efecto de este sesgo en las preferencias declaradas, véase Johansson (1993).

te de los consumidores no se ve afectado. Por lo tanto, el cambio en el excedente social sigue representado por el área *abd* una vez que se incluye el cambio en el excedente de los contribuyentes. Las transferencias de renta no modifican los resultados si los impuestos adicionales necesarios para la transferencia de ingresos pueden efectuarse sin costes adicionales (es decir, los efectos distorsionadores de los impuestos).

¿Y qué ocurre con el excedente de los trabajadores? Tal como se aprecia en la figura 2.1 (derecha), el aumento de la producción provoca un cambio en la demanda de trabajadores de D_L^0 a D_L^1, generando un aumento en el número de empleados $(L^1 - L^0)$. ¿Debemos contar los ingresos de los trabajadores adicionales como parte del excedente social? Si la respuesta fuese afirmativa, tendríamos que añadir $efL^1 L^0$ al área *abd* en la figura 2.1 (izquierda).

Sin embargo, la respuesta es que no hay que añadir estos ingresos, porque si bien estos trabajadores adicionales reciben un salario que no recibían con anterioridad, ahora pierden el valor neto de lo que hacían antes de ser empleados, esto es, su coste de oportunidad, que en las condiciones representadas por la oferta de mano de obra S_L es exactamente igual a los salarios que reciben $(efL^1 L^0)$. En las circunstancias descritas, los trabajadores son indiferentes entre trabajar y no trabajar al salario w y, por lo tanto, el cambio en su excedente (ΔLS) es cero.[5]

2.3. Beneficios privados y sociales

Precio, coste y valor

Merece la pena profundizar tanto el concepto de disposición a pagar como en el de coste utilizados en la sección 2,2, para el cálculo del excedente de cada grupo y en relación con las funciones de demanda y coste de la figura 2.1.

Cuando una empresa privada que opera en un mercado competitivo evalúa si una actividad determinada es rentable, compara ingresos y costes atribuibles a dicha actividad (análisis financiero). Se puede argumentar que, en general, el valor por unidad de producto para la empresa coincide con el precio neto del producto vendido, y el coste unitario es igual al coste interno para la empresa en términos del uso de materiales, mano de obra y otros inputs. Sin embargo, el precio no es necesariamente igual al valor, el valor privado no coincide necesariamente con el valor social, y el coste privado no es necesariamente igual al coste social.

---

[5] El excedente de los nuevos trabajadores aumenta cuando el salario es superior a su coste de oportunidad (véase el capítulo 4).

Un parque natural de acceso gratuito tiene un coste de mantenimiento y gestión y, aunque no se cobre por su disfrute, su uso tiene valor para las personas que lo visitan. La distinción entre precio, valor y coste, y entre privado y social en los dos últimos conceptos, facilita la tarea de valorar los bienes en la evaluación de proyectos.[6]

Aunque el máximo que un individuo está dispuesto a pagar por un bien que se puede adquirir en el mercado refleja su valor económico (expresado en términos monetarios), este máximo raramente coincide con lo que paga: el usuario de un centro deportivo puede estar dispuesto a pagar una cantidad de dinero superior a la tarifa existente para el uso de las instalaciones.

El valor privado del bien para un individuo coincide con el valor social del bien a menos que haya costes o beneficios externos. Una campaña de vacunación es beneficiosa no sólo para los usuarios del servicio, sino también para la sociedad en su conjunto dada la reducción de la propagación de la enfermedad. Esto es lo que se denomina una externalidad positiva.

También hay que distinguir entre el valor total y el marginal. El primer concepto se refiere a lo que un individuo estaría dispuesto a pagar por el consumo de todas las unidades, mientras que el segundo se refiere al valor de la última unidad consumida. El caso del consumo de agua ilustra la diferencia entre los dos conceptos: el valor total es muy alto para cualquier individuo, mientras que el valor marginal de la última unidad consumida suele ser muy bajo, al menos en sociedades sin problemas de escasez. En una primera aproximación, el valor total de la sociedad se obtiene sumando la disposición a pagar de los individuos que la componen (para cuestiones distributivas, véase la sección 2.5).

El precio de un bien es lo que se cobra en el mercado por su consumo. Si no hay discriminación de precios, el precio no coincide con la valoración que los individuos hacen de las distintas unidades demandadas exceptuando la última, cuyo valor marginal coincide con el precio, como se verá más adelante. El hecho de que el precio de mercado sea sólo igual al valor marginal de la última unidad intercambiada en el mercado pone de manifiesto el error de utilizar los ingresos como los únicos beneficios sociales. Cuando se cobra un precio único, el valor total o beneficio social del bien es, por lo tanto, superior a los ingresos totales, ya que todas las unidades previas tienen valores superiores al precio.

El coste de un bien es el beneficio perdido en la mejor alternativa disponible; es decir, el valor neto de otros bienes a los que uno debe renunciar para obtener

---

[6] El valor total de los bienes medioambientales incluye el valor de uso, y también el valor de uso pasivo o no uso. El valor de uso pasivo refleja lo que los individuos están dispuestos a pagar porque el bien esté disponible ahora o en el futuro, o simplemente por el mero hecho de su existencia. La interpretación económica de estos conceptos y su medición se discuten en los capítulos 7 y 8.

dicho bien (el coste de oportunidad). En los mercados competitivos, no distorsionados por subvenciones o impuestos, el precio de los factores de producción utilizados para producir un bien es el coste de oportunidad de dicho bien. La distinción entre el coste privado y el coste social también es necesaria en los casos en que la producción requiera no sólo inputs comercializados en el mercado, sino también bienes para los que no hay mercado (por ejemplo, recursos medioambientales), o cuando genera externalidades positivas o negativas que la empresa no internaliza; es decir, que recaen sobre el «el resto de la sociedad».

La diferencia entre estos conceptos se puede ilustrar con el siguiente ejemplo: una empresa de suministro de agua sirve a una ciudad, incurriendo en un coste total con dos componentes: un coste fijo para todo el sistema de producción y distribución (K) y un coste variable constante por unidad de agua producida y distribuida (c). La figura 2.2 muestra la demanda[7] de agua de la empresa y cómo al precio p_b los consumidores demandan la cantidad x_b. También muestra cómo cada unidad de agua tiene una valoración diferente.

Las primeras unidades de agua se utilizan para satisfacer las necesidades básicas, por lo que su valoración es muy alta. El precio máximo de reserva, al que la empresa no vendería agua, podría ser el precio de un sistema de suministro alternativo, por ejemplo, el de la entrega de agua en un camión cisterna. A medida que aumenta el consumo de agua, el valor de cada unidad adicional disminuye, reflejando que las siguientes unidades de agua están destinadas a cubrir necesidades menos valiosas.

Cada unidad de agua a la izquierda de x_b se valora por encima del precio p_b; por lo tanto, la valoración por parte del usuario de una unidad de agua sólo coincide con el precio en el caso de la última unidad de la cantidad x_b. Dado que el coste variable del suministro de una unidad de agua es igual a c, la diferencia entre los ingresos, los beneficios sociales y los costes privados resulta evidente. El valor de uso del agua consumida, igual a la suma de los valores de cada unidad, se representa mediante la distancia entre el eje horizontal y la demanda ($\gamma + \dots + a + \dots + b + \dots + e + \dots$). Con un precio igual a p_b, la suma de todos los valores unitarios es igual al área entre 0 y x_b por debajo de la demanda del mercado $p = p(x)$, es decir, el área $\gamma b x_b 0$. Los ingresos ($p_b b x_b 0$) son una parte del valor total y el coste privado es igual a $K + c x_b$.

Para calcular el beneficio social de una política que cambia el consumo de agua, es incorrecto utilizar los ingresos como beneficios sociales ya que hemos visto que los ingresos son sólo una parte de ellos. Obsérvese que a la derecha de x_b en la figura 2.2 hay consumidores cuyas valoraciones marginales están por

---

[7] Suponemos que la demanda de agua en el mercado coincide con la demanda compensada (véase el capítulo 11).

encima del coste (por ejemplo, en el punto *d*). Cuando el precio es igual al coste marginal, el valor marginal coincide con el coste variable medio y el precio, dado que el coste marginal es constante en la figura 2.2, pero los costes fijos no están cubiertos. Más allá del punto *e*, los consumidores valoran las unidades del bien por debajo de su coste marginal. Producir a la derecha de x_e es ineficiente ya que el valor del bien para los individuos está por debajo de su coste de oportunidad.

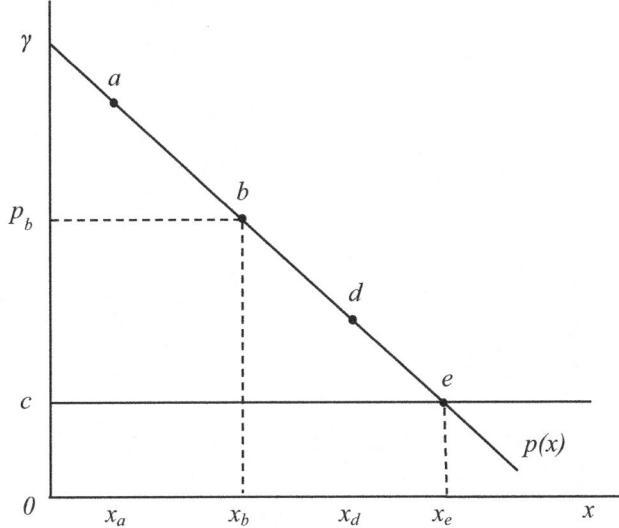

Figura 2.2. Valor, precio y coste.

Excedente del consumidor y excedente del productor en un mercado competitivo

La figura 2.3 muestra un mercado competitivo en equilibrio. Las empresas en el mercado son precio-aceptantes y no hay barreras de entrada ni de salida. La demanda del mercado $x_d = x(p_d)$ es la suma horizontal de las demandas individuales y recoge información sobre las cantidades que los consumidores están dispuestos a comprar a diferentes precios. La inversa de esta función, $p_d = p(x_d)$, representa lo que los consumidores están dispuestos a pagar por diferentes unidades del bien. Esta función refleja aproximadamente las valoraciones subjetivas del bien y, en ausencia de externalidades, otras distorsiones o problemas de equidad, el beneficio social de intercambiar diferentes cantidades de ese bien.[8]

_____
[8] Suponiendo que el efecto renta no es significativo.

En la figura 2.3, los consumidores están dispuestos a pagar por la cantidad x_m el área $\gamma_d x_m 0$. Si el precio es p_0, el máximo que están dispuestos a pagar está representado por el área $\gamma_d b x_0 0$. Obsérvese que el precio determina el valor total del bien para los individuos. En el caso de la figura 2.3, los consumidores pagan p_0, consumen x_0 y el valor total del bien para ellos es $\gamma_d b x_0 0$. Puesto que pagan $p_0 b x_0 0$, obtienen un excedente igual al área $\gamma_d b p_0$. Este es el concepto de excedente de los consumidores (CS), que se define como igual a la diferencia entre lo que los individuos están dispuestos a pagar (WTP) y lo que realmente pagan (los ingresos, el precio multiplicado por la cantidad). Para la cantidad x_0 y el precio correspondiente $p_0(x_0)$:

$$CS(x_0) = WTP(x_0) - p_0 x_0. \tag{2.3}$$

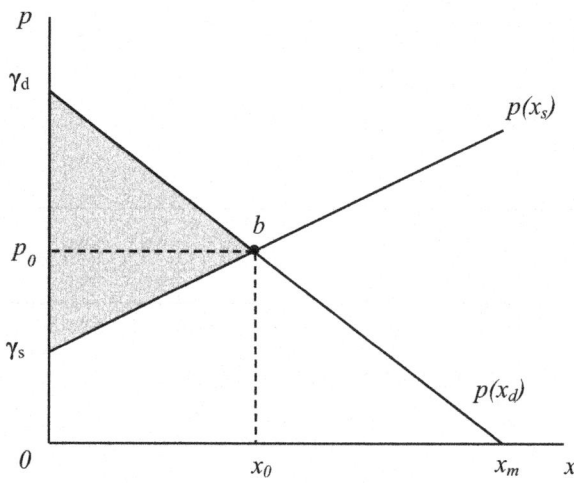

Figura 2.3. Excedente social en un mercado competitivo.

La curva de oferta $x_s = x(p_s)$ representa lo que los productores están dispuestos a ofrecer a diferentes precios. Se obtiene mediante la suma horizontal de las funciones de oferta de todas las empresas que operan en el mercado. La inversa de esta función $p_s = p(x_s)$ representa el coste marginal de producción. Hasta x_0, el coste total de producción (para simplificar suponemos que todos los costes son variables) está representado por el área entre 0 y x_0 y la función de oferta. Esta área ($\gamma_s b x_0 0$) representa el coste de oportunidad de producir la cantidad x_0. Los productores venden x_0 a un precio p_0, lo que genera un excedente del productor igual al área $p_0 b x_0 0 - \gamma_s b x_0 0$. El excedente de productor (PS), que corresponde a x_0, es igual al área $p_0 b \gamma_s$ y puede expresarse como:

$$PS(x_0) = p_0 x_0 - C_0, \tag{2.4}$$

donde C_0 es el coste variable de producir x_0.

Si el mercado está en equilibrio a largo plazo, los beneficios tienden a cero y el excedente del productor que aparece en el gráfico podría ser la compensación de algún factor que permanece fijo en el largo plazo, por ejemplo, la tierra. Los productores obtienen beneficios nulos, ya que las empresas pujarían por el factor fijo, y el precio de la tierra aumentaría para absorber el excedente del productor. Por lo tanto, para obtener el excedente social, tendríamos que añadir el excedente de los propietarios de los factores fijos. Ambos procedimientos conducen al mismo resultado, siempre y cuando el excedente no se contabilice dos veces.

En mercados competitivos sin distorsiones ni factores que permanecen fijos en el largo plazo, el excedente social en (2.1) puede expresarse como la suma de los excedentes de los consumidores y productores, o alternativamente (para cualquier circunstancia) como la disposición a pagar neta de recursos:

$$SS(x_0) = CS(x_0) + PS(x_0) = WTP(x_0) - C_0, \tag{2.5}$$

donde el término $p_0 x_0$ en (2.3) y (2.4) se cancela, ya que es un gasto para los consumidores y un ingreso para los productores (es decir, una transferencia de renta).

La expresión (2.5) se representa en la figura 2.4 y muestra el excedente social neto que se genera en el mercado, representado por el área sombreada en la figura 2.3. En ausencia de distorsiones, el área representada en la figura 2.4 es el excedente máximo que la sociedad puede obtener de este mercado dadas las preferencias de los consumidores, la dotación de recursos y la tecnología existente. Por lo tanto, cualquier distorsión, como la introducción de un impuesto o la presencia de poder de mercado, reduce el excedente potencial. Esta reducción es el coste social de la distorsión.[9]

Aunque la figura 2.4 se asemeja a una función de demanda, representa el valor social neto de todas las unidades consumidas. Obsérvese que la diferencia entre lo que los consumidores están dispuestos a pagar por cada unidad y el coste de oportunidad de la misma es lo que representa la figura 2.4. La relación con la figura 2.3 es la siguiente: la primera unidad intercambiada en la figura 2.3 proporciona un excedente social igual a la diferencia $\gamma_d - \gamma_s$. En la figura 2.4 esta diferencia es la ordenada en el origen. Cuando la oferta es igual a la demanda, x_0 en la figura 2.3, la sociedad no obtiene beneficio de la última unidad, ya que el beneficio so-

---

[9] Más los costes adicionales del mecanismo elegido. Por ejemplo, en el caso del impuesto, el tiempo perdido en la realización de las declaraciones, el pago al personal dedicado a la recaudación de impuestos y persecución del fraude fiscal, etc.

cial neto de esta última unidad es cero, como se muestra en la figura 2.4. A la derecha de x_0 el excedente (marginal) es negativo. A la izquierda este es positivo, y podría aumentarse el excedente total si se aumenta la producción. Es por eso por lo que x_0 es la cantidad óptima. En el capítulo 3 utilizamos este argumento para justificar el no tener en cuenta los efectos indirectos de los proyectos cuando estos efectos sólo implican cambios marginales en mercados competitivos.

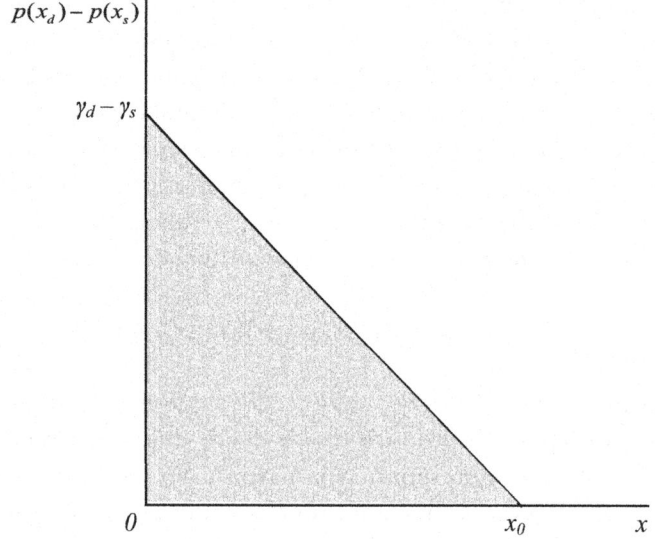

Figura 2.4. Excedente social.

El análisis anterior también es útil para ver los dos efectos principales de la introducción de un impuesto: la transferencia de renta y la pérdida de eficiencia. Suponiendo que los costes administrativos de la recaudación de impuestos sean nulos, la introducción de un impuesto específico (τ) en el mercado competitivo anterior puede verse en la figura 2.5, que muestra el coste en términos del excedente perdido (bx_0x_1) en el que la sociedad incurre a cambio de aumentar la recaudación fiscal en la cuantía (τbx_10). Este ejemplo ilustra lo que se llama la pérdida irrecuperable que supone el impuesto y por qué los costes de inversión y operación del proyecto financiados con impuestos a veces han de multiplicarse por un factor de conversión para reflejar su coste de oportunidad (en la figura 2.5, los costes de inversión representados por una transferencia de ingresos igual a τbx_10 tienen un coste social adicional de bx_0x_1).

Ahora supongamos que no hay impuesto y analicemos el coste social de las externalidades negativas con la ayuda de la figura 2.6. El consumo y la producción de bienes no sólo generan beneficios y costes para los individuos que los consumen o producen. La oferta de un bien puede producir externalidades positivas o negativas para otras personas y empresas; por ejemplo, el productor que contamina un río reduce el bienestar de pescadores y caminantes.

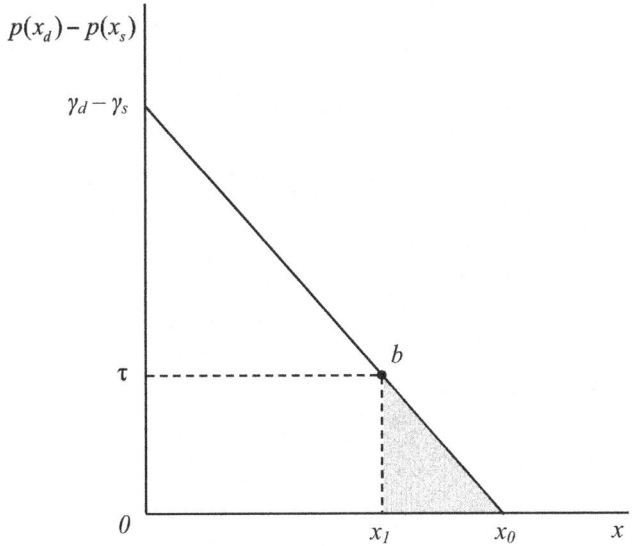

Figura 2.5. El coste social de un impuesto.

En este caso, la suma de los excedentes de consumidores y productores sobreestima el cambio en el excedente social. Para calcularlo correctamente debe añadirse el cambio en el excedente del «resto de la sociedad», representado por ΔES en la expresión (2.2), para tener en cuenta la pérdida de bienestar de las personas afectadas por la externalidad negativa asociada a la producción del bien.

Para representar el impacto de un efecto externo negativo en el excedente social, supondremos para simplificar que la externalidad es constante por unidad e igual a φ. Lo único que se requiere es añadir la externalidad φ al coste unitario privado en la figura 2.6. Dado que la cantidad de equilibrio no cambia (las empresas no internalizan la externalidad), el efecto sobre el excedente puede representarse desplazando la función del excedente en el importe de la externalidad.

Como muestra la figura 2.6, la externalidad tiene el efecto de reducir el excedente social en el área dx_0be. Nótese que al restar dicha pérdida al área inicial dx_00, el excedente resultante es igual a la diferencia de áreas $(ex_10) - (x_1x_0b)$. Las unidades producidas desde x_1 a x_0 generan un impacto negativo en el bienestar porque lo que los consumidores están dispuestos a pagar es inferior al coste de oportunidad social. Entonces, ¿por qué se producen unidades con coste social negativo? La respuesta es porque los productores no internalizan el verdadero coste de producir al no incluir el coste externo, tomando sus decisiones empresariales a través de una función de coste que no refleje el coste de oportunidad social.[10]

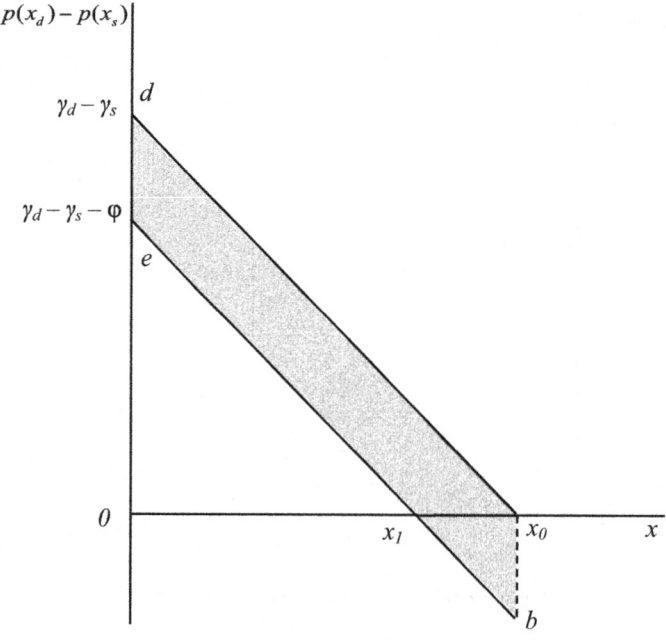

Figura 2.6. La pérdida de excedente social de una externalidad.

2.4. Enfoques alternativos para la medición de los beneficios sociales

Valores reales y monetarios

El análisis coste-beneficio tiene como finalidad comparar el flujo de beneficios y costes a lo largo de la vida útil de un proyecto. Los conceptos clave son los beneficios sociales derivados del cambio en la utilidad individual y el coste de oportunidad de los recursos. La unidad de medida utilizada para expresar estos beneficios y costes es irrelevante.

Los flujos se pueden presentar en términos reales o monetarios corrientes. El resultado de la evaluación no cambiará porque las variables se expresen con o sin inflación. En general, el flujo de beneficios y costes se expresa generalmente en

---

[10] Esto es lo que se denomina un «fallo del mercado».

unidades constantes del año base, es decir, en términos reales, ignorando la inflación. El interés no reside en la evolución de los valores nominales, sino en el flujo de beneficios reales y recursos asociados al proyecto.

En cualquier caso, el analista puede trabajar con datos expresados en unidades corrientes. A veces las variables se expresan por conveniencia en estas unidades (incorporando tanto los cambios reales como la inflación), como sucede en los proyectos de infraestructura donde los usuarios pagan por su uso y el sector privado participa como concesionario.

Cualquiera que sea la razón que aconseja que los flujos se expresen de una manera u otra, la única recomendación es ser consistente. Si los datos se expresan en unidades corrientes de cada año, hay que utilizar una tasa de descuento nominal. Si los datos se expresan en unidades monetarias del año base, la tasa de descuento debe estar expresada en términos reales.

Cuando los precios de algunos inputs y outputs evolucionan por encima o por debajo de la inflación, hay que incorporar la diferencia. Por ejemplo, supongamos que la inflación anual prevista durante los 20 años de vida del proyecto es del 2 %, y que los cambios previstos en el precio de una materia prima utilizada en cantidades significativas para el proyecto ascienden al 5 %, lo que refleja la inflación y el coste de oportunidad real. Al expresar las variables en las unidades monetarias del año base, sólo corregimos el elemento de inflación general (2 %), permitiendo así que el precio de la materia prima crezca para reflejar el cambio en el valor real de los recursos. Aunque este enfoque es el adecuado, para los proyectos de larga duración no siempre es posible en la práctica predecir la evolución de los precios para cada elemento de costes y beneficios.

La relación entre el *VAN* real y el nominal es la siguiente:

$$\sum_{t=0}^{T} \frac{B_t - C_t}{(1+i)^t} = \sum_{t=0}^{T} \frac{(B_t - C_t)(1+\psi)^t}{(1+i_n)^t}, \tag{2.6}$$

donde B_t, C_t: beneficios y costes anuales en términos reales; ψ: tasa de inflación; i: tasa de descuento real; i_n: tasa de descuento nominal.

Simplificando en (2.6):

$$\frac{1}{1+i} = \frac{1+\psi}{1+i_n}. \tag{2.7}$$

Resolviendo para i obtenemos la fórmula para calcular la tasa de descuento real:

$$i = \frac{i_n - \psi}{1+\psi}. \tag{2.8}$$

La expresión (2.8) se aproxima a menudo como $i_n - \psi$. Para un tipo nominal del 6 % y una inflación del 3 %, la tasa real es del 2,9 %, aplicando (2.8) en lugar del 3%, que se obtiene directamente restando la inflación del tipo nominal. Suponemos para simplificar que i y ψ son constantes en el tiempo.

Suma de cambios en los excedentes o cambio en la disposición a pagar y los recursos

Supongamos que hemos decidido medir el flujo de beneficios y costes en términos constantes. Hay otra elección entre dos enfoques alternativos que tiene mayor trascendencia. El primero consiste en sumar los cambios en los excedentes de los diferentes agentes sociales como consecuencia de la implementación del proyecto. El segundo es calcular los cambios en la disposición a pagar y en los recursos, ignorando las transferencias de renta. Ambos métodos, utilizados correctamente, conducen al mismo resultado. Uno de los errores más comunes en el análisis coste-beneficio es la doble contabilización de beneficios, y uno de los mejores remedios para prevenirlo es ser sistemático una vez que se ha elegido uno de los dos métodos mutuamente excluyentes descritos más arriba.

Anteriormente, con la figura 2.1, se evaluó una política consistente en la reducción de los precios de un servicio público mediante los cambios en los excedentes de los productores, consumidores y trabajadores. Aplicamos ahora el enfoque alternativo, añadiendo al cambio en la disposición a pagar la utilización de recursos. A la izquierda de x^0 no se ha producido cambio alguno. La disposición a pagar ha aumentado como resultado del aumento de la cantidad de demanda de x^0 a x^1. Dicho cambio en la disposición a pagar procedente de las unidades adicionales consumidas está representado por el área abx^1x^0. Para obtener este beneficio se requiere la cantidad de factor trabajo $L^1 - L^0$, cuyo coste de oportunidad está representado por el área efL^1L^0 (el valor del ocio). Esta área es igual dbx^1x^0 y, por lo tanto, el beneficio social neto es igual a abd.

La experiencia en la evaluación económica de proyectos muestra lo importante que es no mezclar ambos enfoques. El siguiente caso sirve para ilustrar este elemento clave en la aplicación de la metodología de evaluación. Consideremos el caso de un mercado competitivo, como se muestra en la figura 2.7, en un país con pleno empleo. La curva de demanda muestra las cantidades anuales demandadas a cada precio y la curva de oferta representa las cantidades anuales ofrecidas a cada precio. No hay otros efectos en la economía más allá de los reflejados en el mercado representado en la figura. Sin el proyecto, la cantidad intercambiada es igual a x^0, donde el superíndice cero denota «sin proyecto» y el precio es igual a p^0. Nótese que con este precio la cantidad ofrecida es igual a la cantidad demandada, el mercado está en equilibrio, y el excedente del consumidor (área $\gamma_d b p^0$) y el excedente del productor (área $p^0 b \gamma_s$) generan el excedente social máximo.

¿Qué tipo de proyecto podría mejorar la sociedad en las circunstancias descritas? En la figura 2.7, sin el proyecto $p^0 = c^0$. Supongamos ahora que si el gobierno invierte dinero público (I) en una nueva tecnología, el coste marginal de producción se reduce de c^0 a c^1 independientemente de la cantidad producida. Si el gobierno invierte I a coste cero para las empresas, entonces es posible producir de dos maneras, ya sea con los costes representados por la curva de oferta original (S_N) o con la nueva curva de oferta (S_I). Supongamos que las dos tecnologías son compatibles. Obsérvese que es más barato producir con la nueva tecnología sólo a partir de x_N^1.

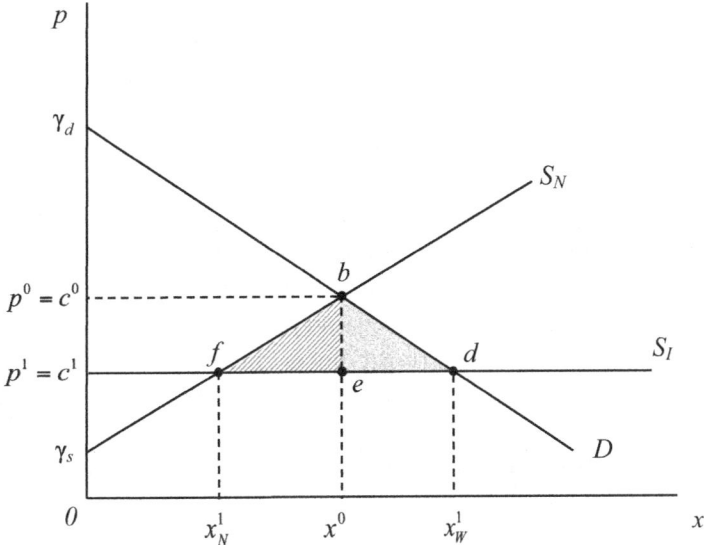

Figura 2.7. Los efectos de un proyecto.

Para determinar si los beneficios del proyecto son superiores a los costes, debemos comparar la inversión del gobierno (I) al comienzo del año 1 con los beneficios sociales a lo largo de la vida del proyecto (T). Con una tasa de descuento igual a i y con B y C situados al final del año, el proyecto es socialmente rentable si se cumple la siguiente condición:

$$\sum_{t=1}^{T} \frac{B_t - C_t}{(1+i)^t} > I. \tag{2.9}$$

La introducción de la nueva tecnología reduce el precio de mercado a p^1, igual al nuevo coste marginal de producción como se muestra en la figura 2.7, y la cantidad anual aumenta a x_w^1, ya que todos los consumidores que están dispuestos a pagar el nuevo coste de oportunidad c^1 encuentran a alguien que les suministra el bien. Es interesante observar que la nueva cantidad intercambiada (x_w^1) no se obtiene totalmente con la nueva tecnología, ya que es aún más eficiente producir la cantidad (x_N^1) con la tecnología anterior.

Veamos el cambio en el excedente social. El excedente de los consumidores cambia de la situación sin el proyecto (área $\gamma_d b p^0$) a la situación con el proyecto (área $\gamma_d d p^1$), por lo que el excedente de los consumidores aumenta en el área $p^0 b d p^1$. El excedente de los productores sin el proyecto es igual a $p^0 b \gamma_s$, y con el proyecto $p^1 f \gamma_s$, por lo que se reduce en $p^0 b f p^1$. Sumando el cambio en el excedente de los productores y consumidores, se obtiene un beneficio social neto igual a bdf.

El cambio en el excedente de los consumidores puede expresarse como:

$$(p^0 - p^1)x^0 + \frac{1}{2}(p^0 - p^1)(x_W^1 - x^0).$$ (2.10)

La ecuación (2.10) muestra los dos componentes del excedente del consumidor. El primer término representa el excedente que disfrutan los consumidores de la cantidad inicial (x^0) gracias a la reducción del precio. El segundo término (el aumento de la cantidad demandada al bajar el precio) se divide por dos porque el excedente de la primera unidad es la diferencia entre el precio inicial y el precio final, y el excedente de la última unidad es cero (la disposición a pagar es igual al precio).

Operando en (2.10) obtenemos lo que se conoce en el análisis coste-beneficio como la «regla de la mitad»:[11]

$$\frac{1}{2}(p^0 - p^1)(x^0 + x_W^1).$$ (2.11)

El cambio en el excedente del productor es igual a:

$$p^1 x_w^1 - p^0 x^0 - C^1 + C^0,$$ (2.12)

donde C^0 es el coste sin proyecto y C^1 el coste con proyecto.

Sumando (2.11) y (2.12) obtenemos el cambio en el excedente social:

$$\frac{1}{2}(p^0 - p^1)(x_W^1 - x_N^1).$$ (2.13)

---

[11] La regla de la mitad requiere que todos los demás precios permanezcan constantes, de lo contrario la curva de demanda así como la curva de oferta podrían desplazarse. Además, se supone una curva de demanda lineal.

Examinemos con más detalle el origen de este beneficio social. Recordemos que la reducción del precio ha aumentado el excedente de los consumidores en el área p^0bdp^1. Sin embargo, una parte de ese excedente (p^0bfp^1) es una transferencia de renta de los productores a los consumidores que no afecta al excedente social. Esto no sucede con el excedente representado por el área *bdf*, que no existía sin el proyecto. Este beneficio tiene dos fuentes. La primera está asociada al aumento de la cantidad producida $(x_W^1 - x^0)$, que no aumenta el excedente de los productores porque el precio es igual al coste marginal, pero aumenta el excedente de los consumidores (*bde*), que están dispuestos a pagar $bdx_w^1x^0$ y pagan $edx_w^1x^0$.

La segunda fuente de beneficios del proyecto se obtiene del ahorro de costes que implica producir $x^0 - x_N^1$ a un coste representado por el área $fex^0x_N^1$ mientras que sin el proyecto se producía a un coste $fbx^0x_N^1$. El ahorro de costes se lo apropian los consumidores ya que estamos en un mercado competitivo. Al cambio en el valor actual del excedente total durante la vida útil del proyecto, hay que añadir el cambio en el excedente de los contribuyentes $(-I)$.

El segundo enfoque se basa en los cambios en la disposición a pagar y en los recursos, ignorando las transferencias de renta. El aumento de la disposición a pagar (área $bdx_w^1x^0$) proviene de las unidades adicionales vendidas en el mercado, y el cambio en los recursos es el coste de la producción adicional (área $edx_w^1x^0$) y del ahorro de producir $x^0 - x_N^1$ con la nueva tecnología (área *fbe*). El beneficio bruto anual está representado por el área *bdf*. A estos beneficios anuales descontados durante la vida útil del proyecto, debemos restar los costes de inversión $(-I)$.

Suponiendo que el beneficio social neto anual $(\bar{B})$ sea constante en el tiempo e igual al área *bdf* en la figura 2.7, y que T tiende al infinito,[12] entonces el *VAN* es:

$$VAN = \sum_{t=1}^{T} \frac{B_t - C_t}{(1+i)^t} - I = \frac{\bar{B}}{i} - I \qquad (2.14)$$

Cuando $\frac{\bar{B}}{i} > I$ el *VAN* es positivo y el proyecto es socialmente deseable. El caso representado en la figura 2.7 se puede aplicar igualmente a una política pública. Supongamos, por ejemplo, que el mercado representado en la figura 2.7 corresponde a una economía sin comercio internacional, inicialmente en equilibrio con el precio p^0 y una producción (completamente nacional) igual a x^0. La política pública evaluada consiste en abrir la economía y permitir las importaciones a un precio mundial más bajo (p^1). Dado que se permiten las importaciones, la demanda aumenta por la misma razón que en el caso del proyecto de inversión en nueva tecnología discutido anteriormente. La única diferencia entre los dos casos es que el *VAN* es mayor ahora que en el caso de la introducción de una nueva tecnología. El beneficio social neto de abrir la economía al comercio exterior es igual a $\frac{\bar{B}}{i}$.

---

[12] Para un beneficio *B* constante a perpetuidad, el *VAN* es igual a *B/i* (véase el capítulo 5).

Podemos producir más barato y asignar recursos (inicialmente utilizados para producir $x^0 - x_N^1$) a actividades más productivas. A partir de x_N^1 es más eficiente importar que producir en el país. Si el coste de oportunidad de los recursos está representado por S_N, la apertura al comercio internacional es, simplificando, similar a la introducción de una nueva tecnología que permite un aumento de bienestar sin coste de inversión.

El tratamiento de los impuestos

La introducción de los impuestos puede tratarse aplicando uno de los dos enfoques alternativos descritos anteriormente. Con la suma de los excedentes, ahora debe añadirse el excedente de los contribuyentes. Si evaluamos siguiendo el cambio en la disposición a pagar y en los recursos reales, hay que ignorar las transferencias de renta, pero hay que contabilizar la disposición a pagar de las unidades adicionales vendidas independientemente del hecho de que esta disposición a pagar adicional se transfiera en parte a los contribuyentes a través del impuesto.[13]

Veamos cómo la presencia de impuestos afecta al cambio de los excedentes mediante la introducción de un impuesto específico sobre la producción. El precio inicial (p^0) es igual al coste marginal constante (c^0) más el impuesto específico (τ). El proyecto introduce una reducción de precio, resultante de una reducción del coste unitario de producción ($c^1 < c^0$), y el consiguiente cambio en la cantidad demandada ($x^1 > x^0$).

Sin el proyecto, $p^0 = c^0 + \tau$; con el proyecto, el precio ($p^1 = c^1 + \tau$) está por debajo del precio inicial (p^0) con una diferencia igual al coste unitario ($c^0 - c^1$). El cambio en el excedente social es igual a la suma de los cambios de los excedentes de los consumidores, productores (igual a cero en este caso) y de los contribuyentes.

Aplicando la regla de la mitad, el cambio en el excedente de los consumidores puede expresarse como:

$$\Delta CS = \frac{1}{2}(p^0 - p^1)(x^0 + x^1).$$ (2.15)

Dado que el precio es igual al coste unitario más el impuesto, y el impuesto no cambia,

$$\Delta CS = \frac{1}{2}(c^0 - c^1)(x^0 + x^1).$$ (2.16)

---

[13] Véase el último párrafo de esta sección.

El cambio en el excedente de los productores es igual a la variación de los beneficios (igual a cero en este caso):

$$\Delta PS = (p^1 - c^1 - \tau)x^1 - (p^0 - c^0 - \tau)x^0. \tag{2.17}$$

El cambio en el excedente de los contribuyentes se limita al aumento de los ingresos fiscales como resultado del aumento de la cantidad vendida (el impuesto unitario permanece constante):

$$\Delta GS = \tau(x^1 - x^0). \tag{2.18}$$

El cambio en el excedente social es igual a:

$$\Delta SS = \frac{1}{2}(c^0 - c^1)(x^0 + x^1) + \tau(x^1 - x^0). \tag{2.19}$$

Si la evaluación se realiza a través del cambio en la disposición a pagar y en los recursos, tenemos una reducción en el coste de producción de la cantidad inicial sin el proyecto y un aumento de la disposición a pagar menos el coste de los recursos utilizados en la nueva producción, tal como se expresa en (2.20):

$$\Delta SS = (c^0 - c^1)x^0 + \left[\frac{1}{2}(p^0 + p^1) - c^1)\right](x^1 - x^0). \tag{2.20}$$

Las expresiones (2.19) y (2.20) muestran las dos maneras alternativas de obtener el mismo resultado, como el lector puede comprobar fácilmente.

El argumento anterior se sostiene siempre que la demanda adicional tenga su origen en un aumento de renta en la economía y no en un trasvase de renta desde otras actividades ya existentes. Si el aumento de la cantidad demandada $(x^1 - x^0)$ es una simple desviación de otras actividades, debe tenerse en cuenta que en estas actividades se reducirán los ingresos fiscales, por lo que el excedente de los contribuyentes no se verá afectado, a menos que el tipo impositivo sea diferente, en cuyo caso sólo habría que contabilizar la diferencia. Esto muestra que la aplicación de reglas generales como «los impuestos deben ser ignorados porque son transferencias de renta», no es recomendable. Cuando la nueva cantidad demandada no se desvía de otras actividades o, si lo hace, dichas actividades están gravadas a un tipo inferior/superior, el impuesto indirecto (total o parcialmente) es un aumento/pérdida de bienestar en el mismo sentido que los excedentes de productores y consumidores.

2.5. Ganadores y perdedores

Prácticamente todos los proyectos de inversión y las políticas públicas afectan de manera desigual a los individuos que componen la sociedad. Es poco probable que un proyecto distribuya sus costes y beneficios de manera uniforme. Hay muchos proyectos cuyos costes son soportados enteramente por los contribuyentes, mientras que los beneficios se concentran en un grupo social en particular. Por ejemplo, la construcción de un parque en una zona residencial beneficia a los propietarios del suelo de dicha área, aunque también a sus visitantes. En otros casos, como la construcción de una central eléctrica, se benefician grupos más amplios, pero sus efectos externos negativos (por ejemplo, las emisiones) son principalmente soportados por la población que vive cerca de la planta.

A veces, los beneficios van más allá de los límites del grupo objetivo, y la externalidad generada distribuye sus efectos entre una población más amplia. Este es el caso de una campaña de inmunización que mejora la salud general de todas las personas, incluidos los no vacunados, debido a la reducción de la probabilidad de infección.

Una tarea bastante difícil es conocer a los beneficiarios finales del proyecto. Una política de agua que reduzca el coste del riego puede beneficiar a los productores que ahora disfrutan de un menor coste de producción, o a los consumidores de productos agrícolas si el mercado es competitivo. Sin embargo, si la tierra es escasa, es probable que los propietarios del factor fijo sean los beneficiarios debido a los cambios en el precio del suelo agrícola.

¿Por qué deberíamos preocuparnos por los problemas de distribución en el análisis coste-beneficio? La razón estriba en que si la sociedad da más valor a la utilidad del individuo A que a la de B, y el proyecto distribuye sus beneficios netos de manera que A gana 100 y B pierde 100 con el mismo aumento en la utilidad de los individuos, el gobierno considera que este proyecto no es un juego de suma cero. Además, aun suponiendo que una unidad de utilidad para A sea socialmente igual a la de B, una unidad de renta no produce el mismo aumento de la utilidad en ambos individuos a menos que la utilidad marginal de la renta sea la misma para A y B, condición muy exigente en general, y especialmente para individuos con distinto nivel de renta.

Conversión de cambios de renta en bienestar

Al realizar un análisis coste-beneficio en lugar de un análisis financiero, el analista intenta estimar el beneficio neto para toda la sociedad resultante de la agregación de los cambios en la utilidad de todos los afectados, ganadores y perdedores.

El resultado sería una buena medida del cambio en el bienestar social derivado de la implementación del proyecto, si fuera posible medir y comparar estos cambios en la utilidad.

De acuerdo con el análisis realizado en el capítulo 11, el cambio en el bienestar social (ΔW) a partir de una variación en las cantidades de los n bienes consumidos por los m individuos que forman la sociedad puede expresarse como:

$$\Delta W = \sum_{j=1}^{n} \sum_{i=1}^{m} \frac{\Delta W}{\Delta U_i} \frac{\Delta U_i}{\Delta x_{ij}} \Delta x_{ij} . \qquad (2.21)$$

Leyendo de derecha a izquierda la ecuación (2.21), podemos ver el proceso a través del cual un aumento en la cantidad de un bien j consumido por el individuo i afecta en última instancia al bienestar social. En primer lugar, el proyecto aumenta la cantidad del bien j para el individuo i en Δx_{ij}. Su consumo aumenta la utilidad (U) de ese individuo en mayor o menor medida en función del valor de $\Delta U_i/\Delta x_{ij}$, que es la utilidad marginal del bien para el individuo i y cuyo valor depende de las preferencias de dicho individuo con respecto al bien que el proyecto proporciona y de la dotación de renta que el individuo ya tenía. Al multiplicar la cantidad del bien j por la utilidad marginal de ese bien ($\Delta x_{ij}(\Delta U_i/\Delta x_{ij})$), se puede ver que convertimos las unidades físicas del bien en unidades de utilidad.

El paso siguiente es multiplicar el cambio en la utilidad individual por la utilidad social marginal ($\Delta W/\Delta U_i$), es decir, por el valor social de una unidad de utilidad individual, obteniendo así finalmente el cambio en bienestar social de una unidad del bien destinada al individuo i. Para hacer operativa la medición de los beneficios sociales en (2.21), y teniendo en cuenta que la utilidad individual no es observable, sustituimos $\Delta U_i/\Delta x_{ij}$ por $(\Delta U_i/\Delta M_i)p_j$ ya que sabemos[14] que para maximizar su utilidad, debe cumplirse que $\Delta U_i/\Delta x_{ij} = (\Delta U_i/\Delta M_i)p_j$, donde $\Delta U_i/\Delta M_i$ es la utilidad marginal de la renta, y entonces (2.21) puede expresarse como:

$$\Delta W = \sum_{j=1}^{n} \sum_{i=1}^{m} \frac{\Delta W}{\Delta U_i} \frac{\Delta U_i}{\Delta M_i} p_j \Delta x_{ij} . \qquad (2.22)$$

La ecuación (2.22) muestra el cambio en el bienestar como consecuencia del consumo de los bienes que provee el proyecto. Leyendo de derecha a izquierda, una variación en la cantidad del bien se convierte en unidades monetarias al multiplicar por la disposición a pagar (aproximadamente el precio al tratarse de un cambio pequeño en la cantidad). Como muestra la expresión (2.22) no basta con los precios y las cantidades de bienes consumidos por los individuos, hay que

---

[14] Suponemos que la solución es interior (véase el capítulo 11).

calcular la variación en la utilidad cuando cambia la renta ($\Delta U_i / \Delta M_i$) y, además, el valor para la sociedad del cambio en la mejora de bienestar experimentada por el individuo ($\Delta W / \Delta U_i$).

Teniendo en cuenta que ($\Delta W / \Delta U_i$)($\Delta U_i / \Delta M_i$) es la utilidad social marginal de la renta para el individuo i (que denominamos β_i), la expresión (2.23) es la suma ponderada de los beneficios (positivos o negativos) que reciben los individuos:

$$\Delta W = \sum_{j=1}^{n} \sum_{i=1}^{m} \beta_i p_j \Delta x_{ij}. \tag{2.23}$$

La introducción de ponderaciones, para tener en cuenta las diferencias en renta, altera el beneficio social neto del proyecto (si los pesos no son unitarios para todos). Al hacer que la ponderación dependa del nivel de renta o cualquier otro criterio de equidad, podríamos obtener diferentes valores de β, de modo que cuanto mayor sea β_i, mayor será el peso que la sociedad atribuye a los beneficios y costes del individuo i.

El problema con este enfoque es que no conocemos los valores β_i, y el resultado de la evaluación económica de los proyectos dependerá de los valores que elijamos. La introducción de ponderaciones cambia el resultado del proyecto ya que los beneficios y costes de los individuos involucrados cambiarán dependiendo del valor de un parámetro difícil de estimar. Además, la introducción de las ponderaciones presupone la identificación de los beneficiarios finales, y esto dista mucho de ser el caso, por ejemplo, cuando existan factores fijos que capitalicen los efectos positivos de los proyectos. La pregunta clave es: ¿qué gana el responsable de la toma de decisiones al alterar el resultado de eficiencia introduciendo pesos según la expresión (2.23)?

Un enfoque práctico

Es probable que un *VAN* sin ponderar junto con un desglose de los beneficios y costes por niveles de renta, áreas geográficas y alguna otra característica de interés, resulte de mayor utilidad para el responsable de la toma de decisiones que una cifra única mediante la aplicación de pesos sociales ad hoc. Además, un proyecto socialmente no rentable en términos de eficiencia podría aprobarse si los pesos para determinados individuos son lo suficientemente altos, lo que no tiene sentido antes de compararlo con una transferencia directa de renta. Si la redistribución es el objetivo, debe seleccionarse el método de distribución más eficiente. La utilización del criterio de compensación potencial, implícito en el cálculo del *VAN*, anida el supuesto de un valor de la utilidad social marginal de la renta igual para todos los individuos, o bien porque la distribución de la renta es óptima, o bien porque la sociedad tiene a su disposición medios para redistribuciones ilimitadas y sin coste. Por lo tanto, simplemente necesitamos comparar los beneficios y costes para determinar si el proyecto es socialmente deseable o no. Sin embargo, ninguna redistribución es gratuita ya que, entre otros costes, podría afectar a los incentivos de manera negativa. En este caso, podría ocurrir que la distribución de renta actual no esté lejos de la óptima con restricciones. Esto significa que la situación real representa una especie de óptimo restringido y posiblemente podamos simplemente sumar ganancias y pérdidas individuales. Esto sería suficiente si además los precios relativos se mantuvieran más o menos sin cambios (Johansson y Kriström, 2016).

Omitir los efectos distributivos simplifica la evaluación, pero se corre el riesgo de obtener resultados falaces. Sin embargo, los efectos redistributivos del proyecto no siempre son lo suficientemente importantes para complicar en el análisis con su inclusión. Además, muchos proyectos conllevan programas de compensación (por ejemplo, indemnizaciones en una expropiación legal) que, aunque imperfectos, mejoran los efectos redistributivos indeseables de los proyectos.

Muchas políticas públicas (salud, educación primaria) y proyectos de inversión (energía, telecomunicaciones) benefician en un sentido u otro a la mayoría de la población cuando se consideran los efectos de largo plazo. Una inversión pública que reduce el coste de los servicios telefónicos en un mercado competitivo beneficia en última instancia a los usuarios finales, que prácticamente es la población en su conjunto en una economía desarrollada. Al evaluar una política de esta naturaleza, los efectos redistributivos podrían ser poco significativos.

En los casos de efectos redistributivos significativos puede ocurrir que el coste de identificar a los ganadores y perdedores finales (y las ganancias y pérdidas), sea lo suficientemente alto como para considerar si las ganancias derivadas de la información sobre los efectos distributivos superan los costes de obtener dicha información. Esto es el caso de proyectos que afectan a muchos individuos heterogéneos, y la identificación de los beneficiarios finales se complica con la presencia de factores fijos.

En la práctica del análisis coste-beneficio, rara vez se incluyen ponderaciones de equidad, siendo mucho más común que la agencia pública que evalúa esté interesada en desagregar los efectos del proyecto en términos de los grupos relevantes afectados, y también en tener una estimación de los puestos de trabajo que se crearán como resultado del proyecto. Sin embargo, debe recordarse el riesgo de doble contabilización si el factor trabajo ya ha sido valorado a su coste de oportunidad en el cálculo del beneficio social del proyecto (véase el capítulo 4).

Por último, las características del proyecto pueden sugerir la manera de afrontar el problema de sumar excedentes. Un ejemplo: supongamos el caso de una política destinada a ayudar a los consumidores pobres mediante una subvención *ad valorem* aplicada al precio de un producto en un mercado con competencia imperfecta. Con una subvención *ad valorem* y poder de mercado sabemos que una parte significativa de la subvención se la apropiarán las empresas. Aunque la política no está diseñada para aumentar el beneficio de las empresas, es lo que ocurrirá en el nuevo equilibrio tras su aplicación. En este contexto, sería razonable presentar el *VAN* de la política, incluyendo y excluyendo el excedente del productor, explicando que una transferencia de contribuyentes a productores no era el objetivo de la subvención. Además, el analista debería incluir la evaluación de una subvención específica como alternativa relevante.

Ideas para recordar

- Merece la pena tener un modelo simplificado de la sociedad y una idea clara de los principales impactos del proyecto antes de la medición. El tiempo dedicado a pensar en la naturaleza del problema, y a considerar si su evaluación puede abordarse razonablemente en ese marco simplificado, es un requisito previo a la identificación y medición de los beneficios y costes.
- Los ingresos no son sinónimo de beneficio social. En general, la disposición a pagar por un proyecto es el beneficio social, y los ingresos (así como los impuestos) son sólo parte de este beneficio. El resto se denomina excedente del consumidor y es un beneficio de la misma naturaleza que los ingresos o el ingreso fiscal adicional neto. Las infraestructuras de acceso libre no generan ingresos, pero sus beneficios sociales están ahí, en el bienestar de los que las disfrutan.
- Disponemos de dos enfoques alternativos principales para la medición: la suma de los cambios en los excedentes de los agentes económicos y la suma de los cambios en la disposición a pagar y en los recursos reales, ignorando las transferencias. Ambos conducen al mismo resultado, pero siempre deben mantenerse separados. Cuidado con los impuestos: los impuestos a veces, pero no siempre, pueden ser tratados como transferencias de renta.
- El análisis coste-beneficio se ocupa de los valores reales. El cambio en los bienes y servicios reales es lo que realmente importa: salvar vidas, mejorar la calidad del agua, reducir los recursos necesarios para producir la misma cantidad de alimentos, etc. La unidad para medir valores reales no es importante, por lo que la única advertencia es ser coherente. El valor actual neto del proyecto no va a cambiar si la inflación está incluida o no.
- Hay que identificar a los ganadores y perdedores cuando sea posible. El valor actual neto del proyecto acompañado de una lista de quiénes se benefician y quiénes son perjudicados puede ser útil para el responsable de la

toma de decisiones, aunque la identificación de los beneficiarios finales no es una tarea fácil. Como mínimo, no deberíamos olvidar que el valor actual neto en los informes de evaluación típicos sólo representa una medida de eficiencia que implícitamente da el mismo valor a una unidad de beneficio/coste, independientemente de quién sea el beneficiario/perjudicado.

3. Efectos indirectos e impactos económicos más amplios

[…] es probable que cualquier proyecto tenga algún efecto perceptible en la demanda y la oferta de bienes producidos por otros sectores, concentrándose los principales efectos de este tipo en los sectores que suministran los inputs utilizados por el proyecto, y en los sectores que suministran bienes complementarios o que compiten con el output del proyecto. Si, como consecuencia de un proyecto, se producen cambios en el output del sector para el que, en el margen, los beneficios sociales son iguales a los costes sociales, no se requiere ajuste alguno.

(Arnold C. Harberger, 1965, p. 47)

3.1. Introducción

Calcular el *VAN* social de un proyecto, mediante cambios en el mercado primario, e ignorar otros impactos en la economía más allá de los efectos en dicho mercado primario, es incorrecto cuando no se cumple la condición de precio igual al coste marginal en el resto de la economía, como indica Harberger en la cita que abre este capítulo. Un proyecto puede tener como objetivo la reducción de los costes de producción de las empresas o el aumento de la calidad medioambiental. Junto a estos efectos directos, el proyecto puede tener otros efectos adicionales, como impulsar la actividad económica en otros mercados, facilitar el aumento de la productividad laboral o inducir cambios en la ubicación de las empresas, entre otros efectos de un alcance más amplio que aquellos medidos en el mercado primario y que fueron analizados en el capítulo anterior. Estos otros impactos se denominan efectos indirectos y beneficios económicos más amplios (*wider economic benefits*), aunque deberían denominarse impactos económicos más amplios sin suponer a priori el signo final.

¿Incluye el análisis coste-beneficio todos los beneficios económicos relevantes de los proyectos de inversión o ignora algunos efectos indirectos importantes en la economía? Los efectos indirectos son los inducidos por el proyecto más allá del mercado primario. Al construir un parque eólico que reduce el precio de la energía, el efecto directo se produce en el mercado de la electricidad, pero también afecta a las empresas que construyen los aerogeneradores o suministran insumos para el parque eólico.

Los efectos indirectos no se limitan a los mercados que proveen inputs al mercado primario del proyecto. Hay otros, ya que el producto del mercado primario, el suministro de electricidad, está relacionado con otros mercados cuyos productos son complementarios o sustitutivos de la electricidad producida por los aerogeneradores: la electricidad producida por una central eléctrica de ciclo combinado es un sustituto de la electricidad producida por el proyecto, y todos los electrodomésticos y equipos que se alimentan de electricidad son complementarios (por ejemplo, la demanda de vitrocerámicas aumenta si el precio de la electricidad baja).

Por lo tanto, tenemos un amplio conjunto de mercados candidatos para localizar efectos del proyecto más allá del mercado primario. En general, y esto simplifica significativamente el trabajo del analista, los efectos indirectos pueden ser ignorados siempre que, en los mercados donde se producen, el beneficio marginal social sea igual al coste marginal social. Nos ocupamos del análisis de estos efectos en la sección 3.2.

Cuando el producto del mercado primario es un input para otros, nos encontramos con un efecto de distinta naturaleza del que se discute en la sección 3.2. La relación se establece cuando el bien del mercado primario afectado por el proyecto, como la electricidad o el transporte, es un input para la producción de otros bienes. En la sección 3.3, se analiza la medición de los beneficios directos utilizando la demanda derivada de inputs, y en la sección 3.4 se aborda cómo deben modificarse los resultados en mercados con competencia imperfecta. En esta misma sección también se analizan los denominados *wider economic benefits*. Por último, en la sección 3.5, se discuten los efectos territoriales y el desarrollo regional inducidos por los proyectos de inversión.

3.2. Efectos indirectos

Un proyecto de inversión consistente en acondicionar un espacio natural para usos recreativos (p. ej., observación de aves, senderismo, pesca y natación) aumenta la demanda de hoteles y restaurantes en un pueblo de la zona. Este efecto es uno de los muchos efectos indirectos del proyecto. No se produce en el mercado primario en el que ya hemos medido la disposición a pagar de las personas que disfrutan de las actividades al aire libre. Estos efectos se producen en los mercados secundarios y la cuestión es si deben incluirse en el cálculo del *VAN* del proyecto. La respuesta depende de la existencia de distorsiones en estos mercados (el precio no es igual al coste marginal).

La expresión (3.1) representa los efectos indirectos, suponiendo que los precios permanecen constantes:

$$\sum_{t=1}^{T}\sum_{j=1}^{n}\frac{(p_{jt}-c_{jt})(x_{jt}^{1}-x_{jt}^{0})}{(1+i)^{t}}. \tag{3.1}$$

El primer término entre paréntesis en el numerador es la diferencia entre el precio y el coste marginal en cada mercado secundario *j* y en cada momento del tiempo *t*, y el segundo el aumento o disminución de la cantidad producida en el mercado secundario como resultado del cambio producido por el proyecto en el mercado primario. Las dos sumas indican que estos efectos se contabilizan en los *n* mercados secundarios de la economía durante los *T* años de vida del proyecto, descontados del tipo de descuento *i*. Suponiendo, para simplificar, que existe un mercado secundario único y el efecto se produce sólo en el presente, la expresión (3.1) se convierte en:

$$(p-c)\Delta x. \tag{3.2}$$

Es importante subrayar que los efectos indirectos son a veces una simple relocalización de actividad económica ya existente y, por lo tanto, el aumento en la ocupación de las habitaciones de hotel en una ciudad en particular ($\Delta x > 0$) debe ser contabilizado (como veremos a continuación) exactamente de la misma manera que contabilizamos la disminución de la ocupación hotelera que sucede en otro lugar ($\Delta x < 0$), o en cualquier otra actividad, si el proyecto no hubiese recibido el gasto de esos visitantes.

Cuando el beneficio marginal social es igual al coste marginal social ($p = c$), un aumento o reducción de la producción en el mercado secundario como consecuencia del proyecto no cambia el excedente social. Es por ello que, en los mercados competitivos, sin cambios en los precios, los efectos indirectos no deben contabilizarse porque el precio es igual al coste marginal. En estas condiciones, un aumento o disminución de la cantidad intercambiada, inducida por las relaciones de complementariedad o sustituibilidad con el mercado primario, no cambia el excedente social, ya que la disposición a pagar por el aumento de la producción en el mercado secundario iguala su coste de oportunidad.

Cuando hay distorsiones en los mercados secundarios ($p \neq c$) y existe una relación de complementariedad o sustituibilidad entre los productos de estos mercados y el bien del mercado primario, el efecto indirecto puede ser significativo y aumentar o disminuir los beneficios del proyecto. El signo final de estos efectos en el *VAN* del proyecto dependerá de la interacción de dos factores: por un lado, si el precio en el mercado secundario es superior o inferior al coste marginal social y, por otro lado, con el hecho de que los bienes sean complementarios o sustitutivos.

Los gráficos de esta sección se construyen, para simplificar, bajo el supuesto de desplazamiento de la demanda a la derecha en el mercado secundario ($\Delta x > 0$ en la expresión (3.2)). En realidad, dependiendo de lo que suceda en el mercado primario (aumento o caída de los precios, cambios en la calidad, etc.), así como de las relaciones de complementariedad o sustituibilidad con los mercados secundarios, los cambios de demanda pueden ser a la derecha o a la izquierda. Bajo el supuesto de precio igual al coste marginal en el mercado primario, tenemos varios casos en función de si el precio del mercado secundario es igual o no al coste marginal.[1]

Efectos indirectos en mercados competitivos

Supongamos que baja el precio de la electricidad, aumentando la demanda de electricidad (mercado primario) y aumentando la demanda de radiadores eléctricos (mercado secundario). Este efecto indirecto de la reducción del precio de la electricidad se representa en la figura 3.1.

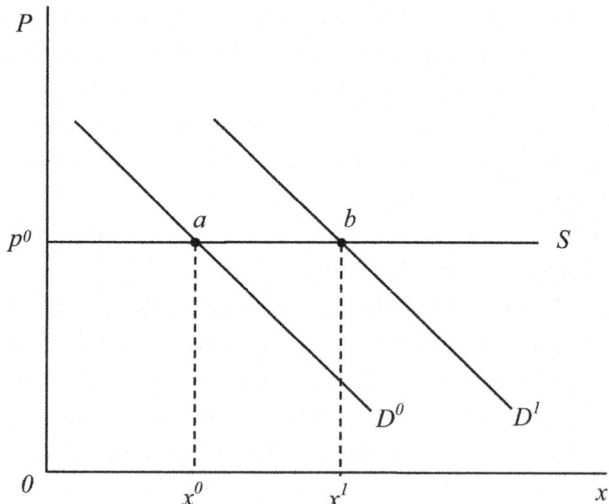

Figura 3.1. Efectos indirectos (sin cambios de precios ni distorsiones).

La reducción del precio de la electricidad aumenta la demanda de radiadores eléctricos en este mercado secundario, tal como recoge el desplazamiento de la

---

[1] Si el precio no fuese igual al coste marginal social en el mercado primario, el número de casos posibles aumenta.

demanda de D^0 a D^1 en la figura 3.1, sin cambios en la utilidad ya que, en el mercado primario, la disposición a pagar por la electricidad incorpora la utilidad de su uso, y el precio de los radiadores no cambia porque la oferta es perfectamente elástica en este mercado secundario representado en la figura 3.1, al estar sujeta a competencia perfecta. Si la oferta tuviese una pendiente positiva tampoco habría cambio, ya que suponemos que el cambio en la demanda es marginal en el mercado de radiadores, dejando el precio prácticamente constante.

El excedente del consumidor no cambia al no haber cambios en la utilidad del individuo. Veamos qué ocurre con el excedente del productor. En el mercado de radiadores, el aumento de la demanda inducido por la reducción del precio de la electricidad cambia la cantidad intercambiada en el nuevo equilibrio pero el precio permanece constante (la oferta es perfectamente elástica como se muestra en la figura 3.1), con ingresos adicionales iguales a los costes adicionales (área abx^1x^0). Por lo tanto, el excedente del productor tampoco cambia.

El caso representado por la figura 3.1 es el de un complementario del bien del mercado primario del proyecto. En el caso de un sustitutivo, el análisis es similar, cambiando el desplazamiento de la demanda, ahora a la izquierda pero con el mismo resultado: como el excedente social no cambia en el mercado secundario, también podemos ignorar el efecto indirecto ya que los cambios que se producen en las cantidades no afectan al bienestar.

Externalidades negativas y subvenciones

Cuando el precio es inferior al coste marginal social en el mercado secundario (por ejemplo, por la existencia de una externalidad negativa o una subvención) como se muestra en la figura 3.2, el efecto indirecto puede ser significativo y puede afectar a la rentabilidad social del proyecto.

Consideremos el caso de una externalidad negativa (contaminación atmosférica o ruido, por ejemplo). Inicialmente, estamos situados en el punto de equilibrio e de un mercado secundario en el que existe una externalidad negativa constante igual a φ por unidad. Si bien el aumento de la demanda no afecta al precio, el coste social es ahora mayor que el coste privado. En el equilibrio inicial, el coste marginal social supera el precio pagado por los usuarios en φ. Con el desplazamiento de la demanda de D^0 a D^1, no hay ningún cambio en la utilidad de los consumidores o productores (los ingresos edx^1x^0 igualan el coste privado), pero hay un aumento adicional en el coste social representado por la zona *abde*, lo que reduce el excedente del «resto de la sociedad» y, por lo tanto, ha de ser contabilizado en el cambio del excedente social.

Interpretando φ como una subvención unitaria en la figura 3.2, el análisis es similar al anterior. El coste marginal social es $p_0 + \varphi$, pero la empresa produce como si el coste fuese igual a p_0. Cuando la demanda se desplaza hacia la derecha en el mercado secundario no hay ningún cambio en los excedentes de consumidores y productores; sin embargo, el excedente de los contribuyentes se reduce en el área $abde$.[2]

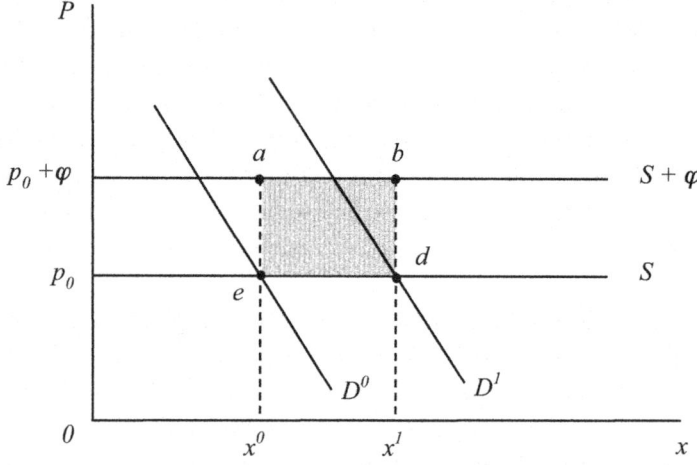

Figura 3.2. Mercado secundario con externalidad negativa o subvención.

La validez de este análisis está condicionada a la ausencia de otras distorsiones en la economía, esto es, si todos los demás mercados afectados son del tipo que ilustra la figura 3.1 o, en el caso de presentar distorsiones que no alteren significativamente el *VAN* del proyecto, dada la poca importancia de la distorsión o porque el bien del mercado primario tiene un vínculo insignificante con dichos mercados.

Impuestos y desempleo

En los casos contemplados con ayuda de la figura 3.2, el aumento de la producción en el mercado secundario redujo los beneficios sociales del proyecto. En los casos de impuestos recaudatorios y desempleo involuntario, el precio está por encima del coste marginal social y los efectos indirectos del aumento de la producción en el mercado secundario tienen un efecto positivo sobre la rentabilidad social del proyecto.

---

[2] Por simplicidad ignoramos la pérdida de eficiencia producida por los impuestos que se requieren para subsidiar la cantidad abde (véase la sección 4.6).

Consideremos el caso de un impuesto unitario con fines recaudatorios en el precio de mercado de los radiadores eléctricos, tal como se representa en la figura 3.3. El coste marginal social es ahora $p_0 - \tau$, en lugar de p_0, y, por lo tanto, el aumento de la demanda de radiadores en el mercado secundario, inducido por la reducción del precio de la electricidad en el mercado primario, produce un aumento del excedente social igual al *abde*, gracias al aumento de la recaudación fiscal (excedente de los contribuyentes).

El desplazamiento de la demanda no cambia el precio, pero el coste social de las unidades adicionales es menor que el coste privado. Inicialmente, el coste marginal social es igual a $p_0 - \tau$. El aumento de la demanda de D^0 a D^1 no implica cambio alguno en la utilidad de los consumidores o productores (los ingresos abx^1x^0 equivalen a los costes privados), sin embargo hay un aumento en el excedente de los contribuyentes igual al área *abde*. En este caso, los ingresos fiscales son un beneficio del proyecto. En principio, los impuestos no son aquí una transferencia de renta que pueda ignorarse para evitar la doble contabilización de beneficios, a menos que en otro mercado secundario se produzca una reducción equivalente en la recaudación de impuestos.

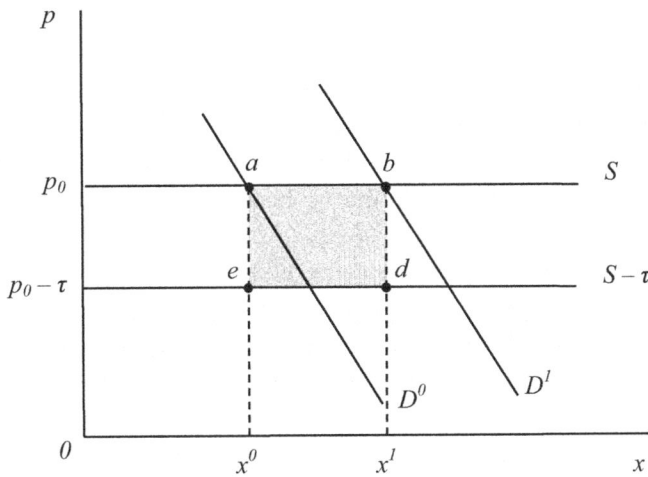

Figura 3.3. Mercado secundario con impuestos.

En el caso de que exista desempleo y el coste de oportunidad del factor trabajo sea inferior al salario de mercado, $p_0 - \tau$ puede interpretarse como el coste de oportunidad social de la producción de radiadores en una situación de desempleo con salario mínimo regulado, y p_0 como el precio de mercado. El área *abde* debe contabilizarse como un beneficio social (un aumento en el excedente de los trabajadores) ya que, tras el aumento de la demanda en el mercado secundario, el coste real de los recursos utilizados para aumentar la producción es igual a edx^1x^0 (el coste de oportunidad de producción). El área *abde* representa el beneficio de la creación de empleo (véase la sección 4.5 para un tratamiento más detallado).

3.3. Medición de los efectos directos con la demanda derivada de un input

El beneficio de un proyecto que reduce el coste de un input utilizado por muchas empresas puede medirse en el mercado de dicho input, en lugar de calcular el cambio en el excedente de todos los productores y consumidores que se han beneficiado de la reducción del coste. Al construir una nueva infraestructura que reduce los costes de transporte, los beneficios de dicha reducción son disfrutados por muchas empresas cuyo excedente aumenta, o por los consumidores que viajan a un precio generalizado más bajo o consumen bienes a un precio más bajo.

Aunque el contenido de esta sección se ocupa de la medición de los beneficios directos con una demanda derivada de un input utilizado por todas las empresas, su comprensión bajo el supuesto de una competencia perfecta es clave para el análisis de los *wider economic benefits*, tal como se presenta en la sección 3.4.

Prácticamente todas las empresas requieren servicios de transporte para el desplazamiento de sus trabajadores y/o para el acceso a los mercados de inputs y la distribución de bienes y servicios a sus clientes. En el caso de la producción, la demanda de transporte se deriva de lo que se necesita en los mercados de bienes y servicios finales. Por eso se denomina *demanda derivada* y ayuda a eludir las dificultades en la medición de los beneficios de la reducción de los costes de transporte. La evaluación de los proyectos de inversión que reducen los costes de transporte se simplifica cuando la medición de los beneficios se lleva a cabo en el mercado de transporte, sin tener que enfrentarse al problema de información que supone medir los cambios en todos los mercados de bienes y servicios que utilizan el servicio de transporte. Este atajo tan oportuno en la medición de beneficios requiere que esos mercados sean perfectamente competitivos.

Al concentrar el esfuerzo de medición de beneficios con la demanda de transporte, evitamos la identificación y medición de los cambios en los excedentes de un gran número de empresas y consumidores. Esto no significa que esas empresas y esos consumidores en otros mercados que utilizan los servicios de transporte a un coste y precio más bajo no se beneficien del proyecto; se trata simplemente de evitar la doble contabilización del efecto positivo del proyecto, ya que los beneficios sociales derivados de la reducción de costes han sido contabilizados en el mercado del input.

La parte superior de la figura 3.4 muestra el impacto de la reducción de los costes de transporte en la oferta de un producto y sus efectos sobre los excedentes de productores y consumidores. S^{0+} y S^{0-} son las curvas de oferta sin el proyecto, bruta y neta de coste de transporte, respectivamente. La situación sin el proyecto muestra un mercado competitivo en equilibrio donde suponemos que todos los productores se encuentran localizados en el espacio en el mismo punto, pero

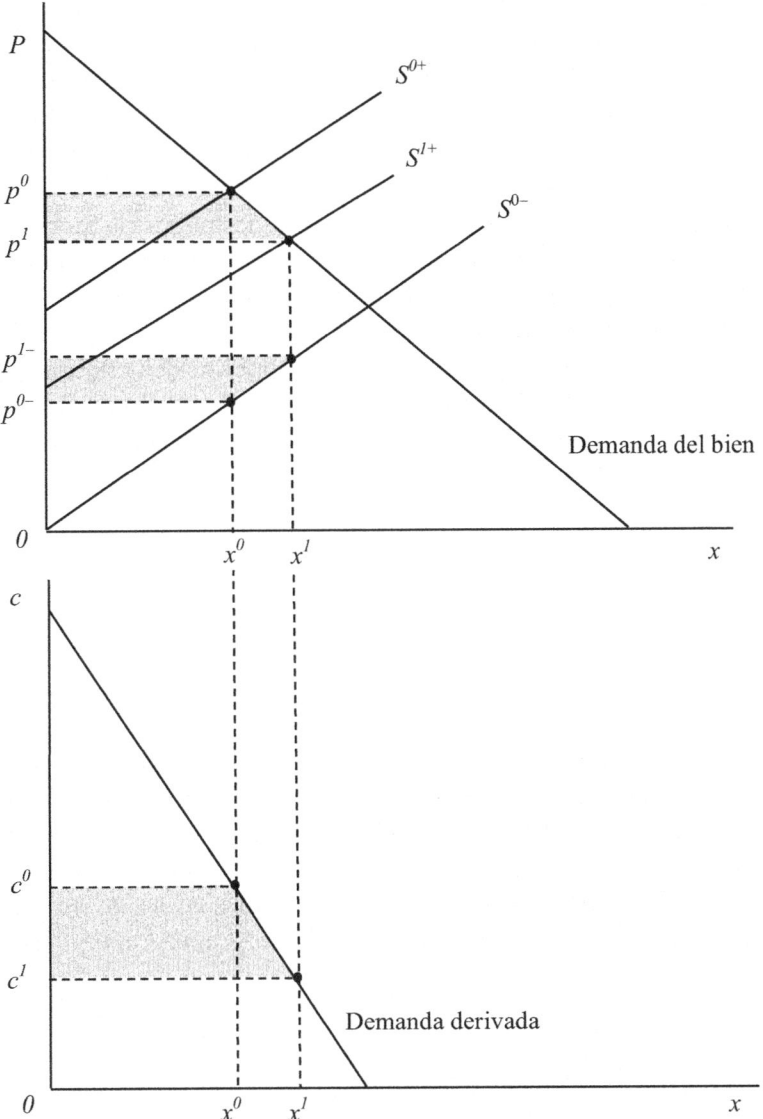

Figura 3.4. Medición de beneficios con la demanda derivada.

los consumidores se encuentran a diferentes distancias de los productores, que ofrecen el producto de acuerdo con la función de oferta S^{0+}. La oferta (S^{0+}) y la demanda determinan el equilibrio sin el proyecto al precio p^0y la cantidad producida x^0.

El precio de mercado pagado por los consumidores p^0 no es recibido en su totalidad por los productores, ya que el coste del transporte (suponiendo que el precio sea igual al coste marginal en este mercado) reduce el precio que reciben los productores (p^{0-}). Todas las unidades producidas se transportan a los consumidores finales y, por lo tanto, a un coste de transporte sin proyecto igual a c^0 (igual a $p^0 - p^{0-}$) la cantidad producida es igual a la transportada.

Hasta aquí la figura 3.4 no aporta gran cosa; sin embargo, cuando el coste de transporte se reduce con el proyecto, la figura 3.4 muestra cómo la demanda derivada de transporte es muy útil para medir los cambios de bienestar. Con el proyecto, el coste de transporte se reduce, y en la parte superior de la figura la función de oferta se desplaza a la derecha, de modo que el nuevo equilibrio está determinado por la función de oferta S^{1+} y la de demanda. El nuevo precio de equilibrio con el proyecto es p^1 y la cantidad intercambiada pasa de x^0 a x^1.

El cambio en el excedente social, en la parte superior de la figura 3.4, se compone del cambio en el excedente de los consumidores y de los productores. Aplicando la regla de la mitad (véase el capítulo 2), el cambio en el excedente de los consumidores es igual a:

$$\frac{1}{2}(p^0 - p^1)(x^0 + x^1),\qquad(3.3)$$

y en el de los productores:

$$\frac{1}{2}(p^{1-} - p^{0-})(x^0 + x^1).\qquad(3.4)$$

Estos son los efectos de la reducción de los costes de transporte (bajo el supuesto de competencia perfecta). La dificultad de medir estos excedentes en los mercados de bienes finales es elevada, pero la demanda de transporte, representada en la parte inferior de la figura 3.4, ofrece un atajo a la medición del cambio en el excedente social aplicando la regla de la mitad con los costes de transporte y los viajes realizados.

$$\frac{1}{2}(c^0 - c^1)(x^0 + x^1).\qquad(3.5)$$

La expresión (3.5) es igual a la suma de (3.3) y (3.4). Midiendo el cambio en el excedente social con la demanda derivada de transporte de acuerdo con la expresión (3.5), no podemos añadir como beneficios adicionales los aumentos de excedentes de consumidores y productores en los mercados de bienes que utilizan el transporte como input. Si lo hacemos, incurrimos en un error de doble contabilización.

3.4. Efectos económicos más amplios

Los efectos indirectos son los que se producen en los mercados secundarios vinculados al mercado primario por relaciones de complementariedad o sustituibilidad. Del análisis de dichos efectos en la sección 3.2 concluimos que deben incluirse siempre que haya una distorsión en el mercado secundario y la magnitud de los efectos sea significativa. También se puso de relieve la imposibilidad de concluir a priori si el signo final de los efectos indirectos sería positivo o negativo, dependiendo de las circunstancias de los mercados afectados.

Cuando existen distorsiones en los mercados pueden producirse otros efectos que se denominan *wider economic benefits* o *beneficios económicos más amplios*, que en principio deberían incluirse en el cálculo de la rentabilidad social del proyecto. Estos efectos no son doble contabilización y pueden ser significativos en determinados contextos. Sin intención de ser exhaustivos, discutiremos el caso de la competencia imperfecta en los mercados que utilizan el transporte como input, los beneficios derivados de las economías de aglomeración y el efecto del aumento de la competencia como resultado de la ejecución del proyecto.

Competencia imperfecta en mercados que utilizan el transporte como input

Para estimar las ganancias de bienestar de un proyecto que reduce el coste de un input básico, es recomendable, como vimos anteriormente, utilizar la demanda derivada de dicho input con el fin de eludir la complejidad que supone la medición de los efectos en cada mercado afectado por el proyecto. Una condición necesaria para medir los efectos finales con la función de demanda derivada consiste en que los mercados de bienes sean perfectamente competitivos. ¿Qué sucede en presencia de poder de mercado?

En los mercados con competencia imperfecta, el precio es más alto que el coste de oportunidad social, y las empresas están en equilibrio en un punto donde los consumidores están dispuestos a pagar por encima de dicho coste. Esto es lo que ocurre en el monopolio. Si el monopolista no puede discriminar precios, una reducción del precio para atraer nuevos clientes reduce los ingresos de las unidades existentes y, por lo tanto, cuando el monopolista valora si debe aumentar o disminuir su producción, lo que compara es el ingreso marginal (los ingresos de las nuevas unidades menos los ingresos perdidos de las existentes) con el coste marginal, en lugar de comparar el precio (lo que el consumidor adicional está dispuesto a pagar) con el coste marginal.

La consecuencia económica del óptimo en el caso del monopolista maximizador del beneficio es bien conocida: una cantidad de equilibrio socialmente subóptima con su correspondiente pérdida de eficiencia. ¿Cómo afecta este hecho a la evaluación de un proyecto que reduce el coste del transporte para las empresas con poder de mercado? La figura 3.5 muestra el efecto de una reducción del coste de transporte en el coste marginal del monopolio cuyo coste unitario cambia de c^0 a c^1. Inicialmente la empresa está optimizando en el punto a, y el nuevo óptimo está en el punto b con una reducción de los precios al consumidor de p^0 a p^1. El aumento del excedente del productor está representado por el área $c^0 fhc^1$. El excedente de los consumidores aumenta en el área $p^0 abp^1$.

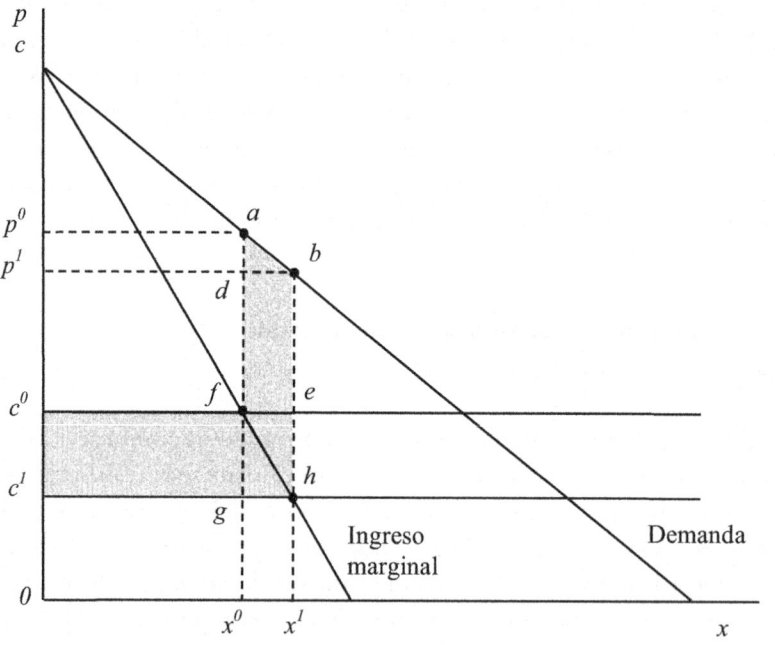

Figura 3.5. Medición del beneficio social en un mercado de bienes monopolístico.

Podría pensarse que estas áreas, que representan el cambio en el excedente social, pueden calcularse aplicando la regla de la mitad siguiendo la expresión (3.5). Sin embargo, aunque este es el caso de los mercados competitivos, donde el cambio marginal en la producción tiene valor cero, no ocurre en mercados con competencia imperfecta, donde la diferencia entre precio y coste marginal es positiva.

Una manera intuitiva de presentar el argumento anterior es pensar en cambios muy pequeños en la figura 3.4, de manera que las áreas de la figura pueden aproximarse con la siguiente expresión:

$$-x\Delta c + (p - c)\Delta x. \tag{3.6}$$

Si el mercado del bien que utiliza el input cuyo precio se reduce es competitivo, el valor social de la última unidad intercambiada es nulo, ya que el precio es igual al coste marginal (como se muestra en la figura 3.4) y, por lo tanto, la expresión (3.6) es equivalente a (3.5). En el caso de competencia imperfecta, el valor de la última unidad es igual al precio menos el coste marginal (mayor que cero, como se muestra en la figura 3.5) y, por lo tanto, la aplicación de (3.5) ignora el segundo término de expresión (3.6). Aunque los consumidores no están dispuestos a pagar más allá del precio de equilibrio por una unidad adicional, y tampoco los productores están dispuestos a producirla (porque el ingreso marginal sería inferior al coste marginal), existe un beneficio adicional al producir esa unidad marginal que el proyecto hace posible y que es igual a $(p - c)$.

Por todo lo anterior, en la figura 3.5, ignorando las transferencias, el cambio en el excedente total es igual a la reducción de costes en la producción de x^0 (área $c^0 fgc^1$) más la disposición a pagar (neta de costes) por el Δx (área *abhg*).

Además del aumento del excedente social, medido con la regla de la mitad en el mercado del input, existe un beneficio adicional, igual a la reducción de la pérdida de eficiencia del monopolio, igual al aumento de la producción multiplicado por la diferencia entre el precio y el coste marginal (Venables y Gasoriek, 1999). Hay que mencionar que el efecto final puede ser negativo si en algunos mercados secundarios las empresas con poder de mercado venden menos porque la reducción de los costes de transporte, por ejemplo, afecta positivamente a un bien que es sustitutivo del bien del producto en dichos mercados secundarios.

Economías de aglomeración

Las economías de aglomeración son, de hecho, una externalidad positiva que las empresas generan cuando se encuentran cerca unas de otras. Una vez que relajamos el supuesto de competencia perfecta, las externalidades asociadas con la concentración de empresas en el espacio aumentan el bienestar. En presencia de competencia imperfecta y rendimientos crecientes a escala, la interacción entre las empresas crea externalidades tecnológicas positivas (Krugman, 1991).

Si la productividad aumenta con la densidad de las empresas, la productividad depende de la decisión de ubicación de cada empresa. Una empresa, al decidir dónde instalar su planta, considera sus propios beneficios, pero no el aumento en los beneficios de otras empresas. Hay varias razones que explican por qué las empresas en áreas con una mayor densidad de empresas son más productivas, y por qué las empresas eligen estos lugares a pesar de los mayores costes del factor trabajo y del suelo, entre otros inconvenientes. Estas razones incluyen el acceso a mercados más amplios, la disponibilidad de un mercado laboral más especializado que se adapte a las necesidades de las empresas, y el acceso a las tecnologías y a los procesos de producción de las empresas de la zona.

Un elemento clave es la dirección de la causalidad entre la densidad del área (tamaño de la ciudad) y las ganancias de productividad. «Nos queda la visión de que las ciudades existen porque son áreas con altos niveles de productividad, lo que podría ocurrir porque la gente viene a lugares que son innatamente más productivos o porque la densidad misma mejora la productividad debido a las economías de aglomeración. La fuerte correlación entre el tamaño urbano y la productividad apoya este punto de vista. ¿Refleja ese vínculo las economías de aglomeración, donde el tamaño es la causa de la productividad, o son las productividades locales heterogéneas las que causan la aglomeración?» (Glaeser y Gottlieb, 2009, pág. 1000).

Para la evaluación económica de proyectos como la inversión en infraestructuras de transporte o en servicios urbanos, es útil considerar que un modelo urbano completo tiene tres condiciones de equilibrio que determinan tres variables locales. Las tres condiciones de equilibrio son: la indiferencia de la localización de los trabajadores en todo el espacio; que las empresas maximizan beneficios y, por lo tanto, los salarios son iguales al valor de la productividad marginal del factor trabajo; y que la oferta es igual a la demanda en el mercado de la vivienda. Las diferencias espaciales en productividad, servicios y el sector de la construcción, explican las diferencias en densidad de población, salarios y precios. Una vez más, las economías de aglomeración pueden ser el resultado de estas diferencias o la consecuencia de la densidad del factor trabajo (Glaeser y Gottlieb, 2009).

Cualquiera que sea la dirección de causalidad, la existencia de diferencias de productividad entre las ubicaciones, y el hecho de que el equilibrio mencionado implica que los trabajadores son indiferentes en su localización en el espacio, crean una fuente de beneficios adicionales (más allá del ahorro de tiempo) cuando un proyecto de transporte reduce el tiempo de desplazamiento desde la periferia hasta el centro de la ciudad.

Los beneficios del ahorro de tiempo de un proyecto de transporte son valorados por las empresas, que ahora cambian su ubicación y aumentan la densidad empresarial en una ciudad o un parque industrial (medida por la función de demanda derivada), pero estos beneficios son inferiores a los aumentos de productividad de los que disfrutan todas las empresas. Siguiendo el mismo razonamiento, la reducción de la densidad de las empresas en las áreas en las que inicialmente se encontraban localizadas las empresas reduce la productividad y, por lo tanto, es un efecto negativo que debe tenerse en cuenta.

Hay evidencia empírica del efecto positivo de una mayor *densidad efectiva* sobre la productividad, entendiendo la densidad efectiva como un indicador del grado de aglomeración, como es el empleo en la zona y sus áreas circundantes (ponderado por el coste generalizado de transporte), por lo que parece que un aumento de la densidad efectiva aumenta la productividad media de la zona. Sin embargo, es importante indagar sobre el efecto neto en la economía, ya que la disminución de la densidad en las áreas que abandonan las empresas es parte del proceso y debe incluirse en la evaluación.

Un proyecto que reduce los costes de transporte también puede inducir un aumento en la concentración de puestos de trabajo en un área donde hay economías de aglomeración, al reducir el coste de desplazamiento de los trabajadores que, con el proyecto, ahora estarían más dispuestos a trasladarse a la ciudad o al parque industrial. Sin embargo, también podría ocurrir lo contrario si la reducción de los costes de transporte fomenta la dispersión de la actividad económica. Para un proyecto que reduce el coste de viaje dentro de la ciudad es más probable que domine el efecto positivo, mientras que para un proyecto de transporte interurbano no se puede descartar la posibilidad de que la dispersión aumente, dependiendo de un conjunto de factores locales como los precios del suelo, diferencias salariales entre áreas, etc. (véanse Duranton y Puga, 2004; Graham, 2007; Venables, 2007).

La contabilización de los beneficios sociales obtenidos de los aumentos de productividad, derivados de las economías de aglomeración, debe incluir los ingresos fiscales adicionales que se recaudan gracias al aumento de la actividad económica. Las ganancias adicionales, por ejemplo, que los trabajadores valoran cuando toman su decisión de migrar a la zona de mayor densidad de empleo, son netos de impuestos. Sin embargo, los ingresos fiscales adicionales también son ganancias de productividad (Venables, 2007). Este es otro ejemplo, por cierto, de que los impuestos a veces son meras transferencias y en otras ocasiones representan ganancias de bienestar, como en este caso.

Beneficios económicos más amplios

La investigación económica sobre los *wider economic benefits* ha revelado que el análisis convencional de costes y beneficios puede subestimar de manera significativa los beneficios de grandes proyectos de infraestructura. Al mismo tiempo, la reciente popularidad que han adquirido los *wider economic benefits*, así como la utilización de los estudios de impacto para justificar proyectos, también revela el interés de los promotores para obtener la aprobación de proyectos con beneficios directos insuficientes. Existen algunos principios generales para evitar un uso mecánico y engañoso de los beneficios económicos más amplios (Venables, 2019):

- *Relato:* Debe haber una narrativa clara del problema principal que la política pretende abordar y los principales fallos del mercado que motivan la política.
- *Transparencia:* Los mecanismos que sustentan tanto los cambios cuantitativos como su valor social deben ser claros y explicarse de manera que permitan comprender las magnitudes clave a partir de cálculos sencillos y directos.
- *Sensibilidad:* Debe haber un análisis de la dependencia de los efectos cuantitativos y su valoración con respecto a los supuestos claves que se realicen sobre el entorno económico. Deben esbozarse los escenarios que muestren la importancia cuantitativa de fallar en dichos supuestos.
- *Políticas complementarias:* Debe haber un examen exhaustivo de las medidas complementarias que se necesitan para tener éxito en la implementación del proyecto.
- *Alternativas:* Cualquier proyecto debe justificar de manera convincente que proporciona la forma más coste-eficiente de resolver el principal problema descrito en la narrativa.

Las investigaciones recientes sobre la naturaleza y la magnitud de los *beneficios económicos más amplios* todavía están lejos de producir criterios prácticos para la evaluación económica de los proyectos de transporte sujetos a las limitaciones habituales de tiempo, dinero y recursos técnicos. En OECD (2007) se sugieren algunas recomendaciones. Existen efectos económicos adicionales no capturados en el análisis coste-beneficio convencional, y tienen su origen en la existencia de rendimientos crecientes a escala, economías de aglomeración, poder de mercado o los beneficios que brinda un mercado laboral más amplio. Además, las empresas y los hogares toman decisiones a largo plazo para reaccionar frente a los cambios en los costes de transporte. Por consiguiente, el signo y la magnitud de estos efectos son muy diferentes entre los proyectos, y no es posible transferirlos a nuevos proyectos que se estén evaluando.

Una idea práctica para los proyectos pequeños es trabajar bajo el supuesto de que los beneficios económicos más amplios no existen o no son importantes. Aunque este enfoque corre el riesgo de ignorarlos en el caso de que sean significativos, existe consenso sobre el hecho de que este riesgo se compensa con la eliminación del riesgo de doble contabilización y los retrasos en el proceso de evaluación. Para grandes proyectos o para la evaluación de programas de inversión puede estar justificado realizar análisis más sofisticados.

Los estudios agregados que se centran en los impactos globales tienen problemas para detectar la dirección de causalidad. Además, no contienen información con un nivel de detalle suficiente que haga que los resultados sean útiles en la evaluación de proyectos. Por otra parte, existe cierta confusión acerca de si estos estudios miden efectos económicos más amplios, ignorados en el análisis coste-beneficio estándar, o si sólo reflejan el impacto final de los efectos directos medidos con anterioridad.

Son escasos los estudios «microscópicos» que tratan de captar los efectos de la reducción de los costes de transporte en la reorganización interna de las empresas y las familias. Esto no es sorprendente, ya que este tipo de respuesta a largo plazo es difícil de integrar en la modelización de enfoque micro que analiza la interacción en los mercados. Sin embargo, se sabe que las empresas y los hogares toman decisiones de reorganización en respuesta a las nuevas condiciones de transporte.

Los estudios ex-post también son escasos. Los existentes no han encontrado evidencia concluyente sobre la existencia de beneficios económicos más amplios. Las últimas investigaciones sugieren que si se quiere ir más allá del análisis coste-beneficio convencional para incluir posibles beneficios adicionales, se debe hacer una clara distinción entre los beneficios directos y los impactos en la productividad, la competencia y el mercado laboral. Además, cuando hay efecto desbordamiento entre áreas geográficas, con independencia de la inclusión de los *wider economic benefits*, debemos esperar resultados diferentes en la evaluación si el tamaño del área geográfica analizada varía. Por otra parte, las economías de aglomeración también pueden tener efectos negativos debido al aumento de la congestión del tráfico, que incluso puede conducir a *wider economic benefits* negativos.

En la modelización de los efectos de aglomeración, al igual que con los efectos desbordamiento, existe preocupación por utilizar en el análisis una «caja negra» de dudosa utilidad en la evaluación de proyectos. Avanzar en el análisis «microscópico» de los beneficios de la aglomeración sería muy útil para comprender mejor los efectos en la producción, la distribución de bienes y el acceso a los inputs, así como para una mejor comprensión de los mecanismos que tienden a extender la actividad económica debido a la reducción de los costes de transporte mediante procesos *just-in-time*, o las ventajas de tener plantas separadas para evitar presiones al alza sobre los salarios.

La existencia de efectos desbordamiento espaciales requiere un cuidado extremo en la estimación de los efectos de la aglomeración local. Por ejemplo, el estudio del enlace *Crossrail* en Londres concluyó que los beneficios que mostraba el análisis coste-beneficio convencional debían aumentarse en un 20 % para incluir las economías de aglomeración, pero no se pudo demostrar en qué medida esos beneficios económicos más amplios suponían pérdidas en otras zonas geográficas. Por ejemplo, cuando la mano de obra cualificada abandona su área geográfica en busca de empleos más productivos en el centro, las pérdidas de productividad en la periferia deben incluirse en el análisis, y también los efectos económicos negativos a largo plazo provocados por esta migración laboral.

A partir de la evidencia empírica disponible y la opinión de los expertos sobre si el análisis coste-beneficio convencional es suficiente para estimar la rentabilidad social de un proyecto, la recomendación general es de extremar la cautela, ya que, aunque los economistas están avanzando en el conocimiento y la medición de efectos económicos más amplios, todavía están lejos de convertir los resultados parciales en reglas prácticas para su inclusión en el análisis coste-beneficio.

El riesgo de doble contabilización es tan alto que el enfoque más prudente puede ser el no incluir beneficios económicos más amplios en los proyectos pequeños y concentrar los esfuerzos en una medición rigurosa de los efectos directos. Con la evidencia disponible, no parece razonable transferir los resultados de otros estudios, utilizando porcentajes o procedimientos similares, si tenemos en cuenta la variabilidad en la magnitud de los *wider economic benefits*, e incluso el signo cuando los efectos negativos resultantes de la congestión y otras externalidades negativas son significativos. Cuando la inversión genera efectos de aglomeración, también puede provocar externalidades negativas no capturadas en los análisis realizados hasta ahora.

Por último, subrayar un elemento práctico adicional relativo a la utilización de los beneficios económicos más amplios en la evaluación de proyectos. Los promotores podrían hacer un uso injustificado de los resultados obtenidos sobre los *wider economic benefits* en otros contextos para justificar la implementación de proyectos de rentabilidad social negativa en el análisis coste-beneficio convencional. La conclusión que se desprende de este sesgo estratégico en la evaluación es analizar abiertamente el diseño institucional en el que se realiza la evaluación (véase el capítulo 10).

Mayor competencia

Cuando los costes de transporte son elevados, los proyectos que los reducen pueden facilitar la entrada de nuevas empresas que encuentran ahora rentable ofrecer sus productos en comparación con la situación sin el proyecto, cuando las empresas existentes estaban protegidas por las barreras de entrada que representan los costes de transporte. Este efecto no debe confundirse con las ganancias de bienestar derivadas del aumento de la producción en mercados de competencia imperfecta después de la reducción de los costes de transporte.

El efecto sobre la competencia, con la entrada de nuevas empresas, es menos probable que sea importante en países desarrollados con una red de infraestructuras madura. En estos países, no cabe esperar que se produzcan cambios significativos en la competencia como resultado de la reducción de tiempo de transporte gracias al proyecto. Sin embargo, es un efecto que podría ser importante en cualquier proyecto que afecte a una parte del país pobremente conectada y en la que algunas empresas disfrutan de poder de mercado debido a la escasa accesibilidad.

3.5. Efectos espaciales y desarrollo regional

La localización de empresas en el espacio y el aumento inducido de la actividad económica es uno de los argumentos utilizados en la defensa de proyectos de inversión en infraestructura pública. Se supone, por ejemplo, que la construcción de carreteras o líneas ferroviarias, que reducen los costes de transporte desde una región pobre a una más desarrollada, permitirá un mayor crecimiento económico en la región desfavorecida gracias a la mayor atracción de la región pobre para que se localicen empresas.

La evidencia empírica muestra que no hay garantía de que esto ocurra. Las carreteras se pueden utilizar para exportar mercancías de la región pobre a la región rica, pero también en la dirección contraria. Por lo tanto, en principio, una reducción de los costes de transporte entre las dos regiones no garantiza los efectos de localización deseados. En presencia de economías de aglomeración, una reducción de los costes de transporte puede facilitar una mayor concentración de la actividad en la región rica, que ahora podría exportar sus productos a un menor coste a la región pobre, en lugar de producir directamente en dicha región.

El énfasis en los efectos de localización de las empresas en las zonas desfavorecidas puede ser de interés para los gobiernos o grupos de presión que desean que se apruebe el proyecto. Sin embargo, desde el punto de vista de la economía en su conjunto, no parece razonable introducir como beneficios unos efectos de localización más que dudosos, que incluso podrían materializarse en la dirección opuesta a la prevista inicialmente.

La nueva geografía económica ha demostrado que los efectos de la reducción de los costes de transporte en las regiones menos desarrolladas no sólo dependen de las características del proyecto, sino también del contexto económico.[3] Una explicación simplificada de la dificultad de determinar a priori el efecto espacial de una infraestructura es la siguiente.

Consideremos un país con dos regiones, la rica (R) y la pobre (P), separadas por una infraestructura de transporte inadecuada (denominaremos «malo» su nivel de calidad inicial –tiempo de viaje, estado del firme, seguridad, etc.–). Sólo hay un factor de producción, el trabajo, y los salarios son inicialmente idénticos en las dos regiones.

Tanto el reparto de la actividad económica como la localización de las empresas entre la región R y la región P están en equilibrio. Hay más empresas en R y más desempleo en P. El equilibrio se explica por varios factores, incluido el nivel de la infraestructura. En primer lugar, producir en R y exportar a P, utilizando la infraestructura, tiene la ventaja de cosechar economías de aglomeración (economías de escala y acceso a inputs especializados, por ejemplo), que dan lugar a un menor coste unitario en R que en P. La localización de la empresa en P tiene la ventaja de evitar los costes de transporte incurridos al producir en R y exportar a P.

El equilibrio entre los *pros* y los *contras* de producir en una región se ha resuelto con un nivel inicial de actividad y ubicación de las empresas, que tomamos como punto de partida y que nos permite llamar a una región «rica» y a la otra «pobre».

Supongamos ahora que vamos a evaluar un proyecto que permite que la infraestructura pase de nivel «malo» a «bueno», reduciendo los costes de transporte entre las dos regiones. ¿Cómo afectará este proyecto a las decisiones de localización espacial entre las dos regiones? A menudo se argumenta que los proyectos de inversión en infraestructura mejoran la situación de la región pobre al permitir su desarrollo. La evidencia empírica no es tan optimista, contemplándose varios resultados posibles.

En el mundo simplificado descrito más arriba, la disponibilidad de una mejor infraestructura cambia el equilibrio inicial. El único cambio que se ha producido es una reducción en el coste de transporte, siendo ahora más rentable producir en R, aprovechando las economías de aglomeración y exportando a P gracias a la infraestructura mejorada. El resultado es la relocalización de empresas en R. La mayor actividad económica aumenta los salarios en R y atrae trabajadores de

---

[3] Véanse, entre otros, Krugman y Venables (1996) y Puga (2002).

P a R, lo que permite la contención de salarios y el refuerzo del efecto de relocalización en R.

Supongamos ahora que un nuevo proyecto mejora la infraestructura de nivel «bueno» a «muy bueno» y que los costes de transporte se reducen aún más. Podemos visualizar dos escenarios plausibles. En el primero, los convenios salariales se realizan a nivel nacional. Si es así, la nueva reducción de costes de transporte intensificará el efecto de relocalización beneficiando a la región R. El segundo escenario consiste en la existencia de negociación salarial regional. En este caso, los salarios aumentarán en la región R y caerán o se mantendrán constantes en P.

Si la diferencia salarial es lo suficientemente alta y los costes de transporte son lo suficientemente bajos, puede suceder que las empresas se trasladen a la región pobre y exporten a la rica. Todo dependerá del equilibrio entre los beneficios de las economías de aglomeración en R y los menores costes laborales en P, dados los nuevos costes de transporte.

El ejemplo anterior es una advertencia sobre la dificultad de predecir los efectos finales de localización espacial, o los efectos de desarrollo regional, de los proyectos de inversión en infraestructura sin incorporar otros factores, a veces más críticos que la propia infraestructura, como es el caso del coste laboral. Las empresas, a la hora de tomar sus decisiones de localización, tienen en cuenta una serie de factores, uno de los cuales es el coste de transporte. Una reducción de un factor cambia el equilibrio y puede fomentar la aglomeración o dispersión, dependiendo del efecto combinado del conjunto de factores relevantes.

Ideas para recordar

- Los mercados secundarios se ven afectados por el cambio en el mercado primario, aquel en el que tienen lugar los efectos directos del proyecto. Los efectos indirectos y los denominados *wider economic benefits* (beneficios económicos más amplios) pueden llegar a ser significativos en algunos proyectos.
- En los mercados competitivos, los efectos indirectos son nulos. En el caso de distorsiones, como externalidades o impuestos, deben ser tenidos en cuenta.
- La existencia de efectos indirectos no significa necesariamente un aumento de los beneficios sociales. Los efectos indirectos pueden ser positivos o negativos, en función de la relación de complementariedad o sustituibilidad entre los bienes de los mercados primario y secundario, y de la existencia de distorsiones.

- La medición de beneficios directos se puede realizar en ocasiones con la función de demanda derivada de un input, como es el caso del transporte. La demanda derivada tiene la ventaja de concentrar información económica valiosa que simplifica el cálculo de los beneficios directos.

- Los beneficios económicos más amplios también pueden estar presentes debido, por ejemplo, a las economías de aglomeración, que inducen aumentos de la productividad cuando un proyecto ayuda a aumentar la densidad de empleo en un área. Algunos de los efectos positivos derivados de las economías de aglomeración también tienen el efecto secundario de la congestión o la reducción de beneficios similares en esas zonas que pierden empresas y trabajadores.

- Una línea de acción razonable consiste en concentrar el esfuerzo en la identificación y medición de los efectos directos, así como en los bienes sustitutivos y complementarios más cercanos en los mercados distorsionados, ignorando el pequeño ajuste que se produce en muchos mercados y en los que la medición sería demasiado costosa para justificar los beneficios adicionales en términos de precisión en el cálculo del *VAN*.

- El desarrollo regional es una línea argumental utilizada en la defensa de los grandes proyectos de infraestructuras en las regiones pobres, pero este argumento no está respaldado por la evidencia empírica. Por ejemplo, la infraestructura de transporte permite los flujos de personas y bienes en ambos sentidos, y una reducción de los costes de transporte entre dos regiones no garantiza los efectos deseados de localización de la actividad económica.

4. Costes de oportunidad, precios de mercado y precios sombra

Elija la mejor respuesta a la siguiente pregunta

Ha ganado una entrada gratuita para ver un concierto de Eric Clapton (que no tiene valor de reventa). Bob Dylan está actuando la misma noche y es la mejor actividad alternativa disponible. Las entradas para ver a Dylan cuestan $40. Suponga que su disposición a pagar por ver a Dylan alcanza los $50. Supongamos que no existen otros costes para ir a cualquiera de los dos conciertos. Basándose en esta información, ¿cuál es el coste de oportunidad de ver a Eric Clapton?[1]

A. $0; B. $10; C. $40; D. $50

4.1. Introducción

Las políticas y proyectos evaluados en el sector público se llevan a cabo porque se espera que sus beneficios sociales superen sus costes sociales (al menos esto sería lo deseable). Es difícil encontrar situaciones en las que haya beneficios sin coste. En general, para obtener beneficios, es necesario utilizar factores de producción cuyos costes de oportunidad suelen ser mayores que cero. En otras palabras, uno ha de renunciar a algunos bienes para adquirir otros.[2]

La medición correcta de los costes es esencial en cualquier evaluación económica. El precio de mercado de los factores de producción empleados en el proyecto no siempre refleja su coste de oportunidad. Los costes de los proyectos pueden tener su origen en el uso de bienes, suelo y recursos naturales, además de trabajo y capital. Desde un punto de vista económico, el coste de un input es el beneficio social de la mejor alternativa disponible para su uso, y que se habrá perdido al utilizarse en el proyecto.

---

[1] Ferraro y Taylor (2005). Compruebe su respuesta en la sección 4.2.

[2] Y a veces incurrir en pérdidas de eficiencia en algunos mercados para obtener un resultado final socialmente deseable. En determinadas circunstancias, puede ser óptimo fijar un precio por debajo o por encima del coste marginal en un mercado cuando hay sustitutivos o complementarios en mercados relacionados para los que no es factible fijar precios iguales a los costes marginales. Esta política se deriva de la teoría del second best (Lipsey y Lancaster, 1956).

Cuando la demanda de un input para el proyecto es pequeña con respecto al tamaño de mercado de dicho input, su precio de mercado es una buena aproximación del coste social de su uso. Si el proyecto implica un cambio en el precio de mercado del input (por ejemplo, en el caso de un input específico de oferta limitada), su valoración económica obliga a distinguir entre los recursos de nueva oferta y los recursos desviados de otros usos como consecuencia del aumento de precios derivado del desplazamiento de la demanda en el mercado de dicho input.

En las secciones 4.2 y 4.3 analizamos las circunstancias en las que el precio de mercado de los inputs es una aproximación razonable al coste de oportunidad de los factores de producción, y las situaciones en las que es aconsejable introducir correcciones y estimar los llamados precios sombra. En la sección 4.4. describimos algunos problemas prácticos de la medición del coste social en presencia de impuestos. La sección 4.5 analiza el precio sombra del trabajo mediante la interacción de la oferta y la demanda en el mercado de este factor de producción. La sección 4.6 se ocupa del coste de los fondos públicos, ya que muchos proyectos se financian parcial o totalmente con impuestos distorsionadores.

4.2. El precio del factor como aproximación al coste de oportunidad

¿Cuál es el coste de oportunidad de ver a Eric Clapton? La pregunta que abría este capítulo fue la única pregunta incluida en una encuesta realizada a los asistentes de una reunión académica en Filadelfia. De los 200 encuestados, el 45% provenían de instituciones que se encontraban entre los 30 principales departamentos de economía de los Estados Unidos, un tercio de la muestra eran estudiantes y alrededor del 60% de los encuestados habían enseñado un curso de economía introductoria a nivel universitario. Antes de comprobar su respuesta, vale la pena señalar que la distribución de la respuesta fue la siguiente:

A. $0 (25,1%) **B.** $10 (21,6%) **C.** $40 (25,6%) **D.** $50 (27,6%)

Las cifras muestran que las respuestas parecen estar distribuidas de manera aleatoria dentro de las cuatro opciones. Aproximadamente, sólo una de cada cuatro respuestas es correcta. Veamos por qué $10 es la correcta. Al ir a ver a Eric Clapton el individuo renuncia a $50, porque es la disposición a pagar por ir a ver a Bob Dylan (que es la siguiente mejor alternativa), pero si el individuo asiste al concierto de Dylan ha de pagar $40, y, por lo tanto, el valor neto perdido cuando va a Eric Clapton es de $10. Este es el coste de oportunidad en este contexto. Si, por ejemplo, ir al de Dylan fuese gratis, el coste de oportunidad sería $50.

Vale la pena destacar que el valor que tenga para el individuo asistir al concierto de Clapton es irrelevante para responder a la pregunta de su coste de oportunidad. Además, no sabemos si el individuo irá o no al concierto de Clapton. Lo único que sabemos es que, si va, el valor del concierto de Clapton es de al menos \$10.

El coste de un proyecto es lo que la sociedad pierde al renunciar a un conjunto de bienes debido a su implementación. Este coste no es el conjunto de bienes a los que hay que renunciar, sino la utilidad perdida al renunciar a dichos bienes. Este valor es, expresado en términos monetarios, la cantidad que están dispuestos a pagar los individuos por los bienes que dejan de producirse y consumirse.

Si se construye un puente, su coste es el valor social neto de todos los bienes a los que hemos renunciado a cambio de la nueva infraestructura. El coste del puente es, en sentido estricto, la utilidad perdida por los individuos debido a la renuncia de bienes que podrían haber sido producidos si los factores de producción destinados en su construcción hubieran sido empleados en la mejor alternativa disponible, en lugar de la construcción del puente.

La expresión (4.1) refleja esta idea:

$$C_j = \sum_{k=1}^{S} p_k dx_k, \qquad (4.1)$$

donde C_j es el coste total de producir el bien j (el puente en este caso) y dx_k es la variación marginal de la cantidad producida del bien k a la que ha habido que renunciar para producir el bien j, multiplicado por la disposición a pagar por dicho bien (p_k, bajo el supuesto de un proyecto pequeño).

En términos prácticos, es muy difícil identificar qué bienes dejan de producirse para que se lleve a cabo el proyecto. Una solución a este problema de información es encontrar una aproximación en el mercado de factores, cuya demanda se deriva de lo que ocurre en el mercado de bienes, y la oferta representa el coste de oportunidad del factor. En el caso del bien k, supondremos por simplicidad que su función de producción depende de dos factores de producción z_1 y z_2.

$$x_k = f_k(z_1, z_2). \qquad (4.2)$$

La diferenciación total de (4.2) muestra que cualquier variación del output depende del cambio en la cantidad de los inputs utilizados multiplicado por sus productividades marginales respectivas:

$$dx_k = \frac{\partial x_k}{\partial z_1} dz_1 + \frac{\partial x_k}{\partial z_2} dz_2. \qquad (4.3)$$

Sustituyendo (4.3) en (4.1), y recordando que cualquier empresa que maximiza los beneficios utiliza unidades adicionales de un input hasta que su precio (w) sea igual al valor de su productividad marginal $w = p(\partial x/\partial z)$, el coste del proyecto puede expresarse como:

$$C_j = \sum_{k=1}^{S} (w_1 dz_1 + w_2 dz_2).$$

(4.4)

El coste del proyecto, expresado inicialmente en (4.1) como el valor social de los bienes a los que se renuncia, aparece ahora en (4.4) como las cantidades de los inputs (dz_1 y dz_2) requeridas para la producción de dichos bienes, multiplicados por sus respectivos precios (w_1 y w_2).

En la práctica, la validez y utilidad de la expresión (4.4) para identificar y evaluar los costes de un proyecto está condicionada por tres supuestos subyacentes. En primer lugar, todos los cambios en los mercados de inputs son marginales; en segundo lugar, los mercados de factores y de bienes son perfectamente competitivos, sin distorsiones como los impuestos indirectos o sobre la renta; y, en tercer lugar, todos los recursos están plenamente utilizados. Una vez que estos supuestos se abandonan para hacer frente a situaciones de evaluación de proyectos más realistas (que incluyen, entre otros, la presencia de subsidios o impuestos, o la utilización en el proyecto de mano de obra desempleada), la expresión (4.4) ya no es válida para calcular los costes de oportunidad del proyecto. De esto es lo que tratan los denominados *precios sombra*: ajustar los precios de mercado para que reflejen los costes de oportunidad.

4.3. Precio de mercado y precios sombra

Un proyecto típico requiere de factores de producción (z) y de bienes producidos (x). El coste de este proyecto (C) puede expresarse como:

$$C = pdx + w_z dz + wdL,$$

(4.5)

donde p es el vector de los precios de mercado (incluidos los impuestos) de los bienes utilizados por el proyecto, w_z el vector de los precios de mercado de los inputs, exceptuando el factor trabajo (L), y w es el salario.

La distinción entre los bienes y los inputs en la expresión (4.5) es de alguna manera difusa en la práctica, ya que los inputs que se adquieren para el proyecto son básicamente inputs producidos (es decir, bienes). Sin embargo, mantenemos la distinción para una discusión posterior sobre el precio sombra de los inputs, donde esos inputs se desvían de su uso en el sector privado.

La figura 4.1 ilustra estas ideas mostrando la oferta y la demanda en equilibrio para cualquier input z, donde (w_z^0, z^0) representa el equilibrio del mercado bajo diferentes funciones de oferta y en presencia de un impuesto *ad valorem* (τ). Mientras que la función de demanda es la misma para los tres casos, la oferta es perfectamente elástica en el panel izquierdo, mostrando la disponibilidad (infinita) de cualquier cantidad del input al precio de mercado w_z^0. En el panel central, la función de oferta tiene pendiente positiva, lo que indica que suministrar más de z^0 requiere un aumento de w_z. En el panel derecho, la oferta es perfectamente inelástica, lo que significa que la cantidad disponible del input es constante e igual a z^0 para cualquier precio de mercado del input.

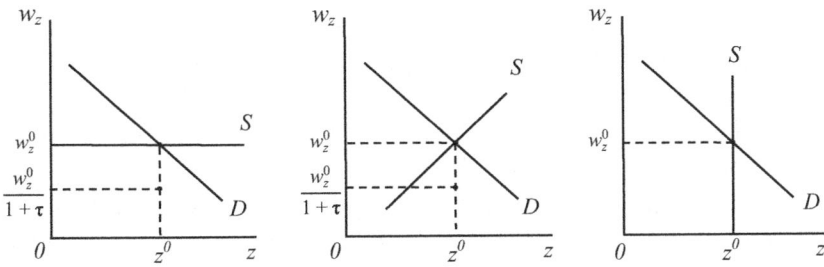

Figura 4.1. Precios de mercado y precios sombra en el mercado de factores.

Ahora considere que el proyecto desplaza (marginalmente) la demanda del input a la derecha. En el caso de una función de oferta perfectamente elástica, el precio del input permanece constante y los proveedores proporcionan la cantidad adicional de z requerida por el proyecto, es decir, dz en la expresión (4.5). Nótese que w_z^0 no es el coste de oportunidad de una unidad adicional de z ya que el impuesto indirecto (τ) es una mera transferencia de renta. Por lo tanto, el precio sombra de z para el proyecto es el precio de mercado del input neto de impuestos: $w_z^0/(1 + \tau)$.

En general, el precio sombra de cualquier input utilizado en el proyecto es su precio de mercado neto de impuestos. Este principio es aplicable a la mayoría de los proyectos en los que la demanda en los mercados de factores es marginal, incluso para el caso central de la figura 4.1, siempre que la cantidad requerida del input sea insignificante con respecto a los mercados nacionales o internacionales. En todos estos casos, el cambio de demanda es marginal y el precio de equilibrio w_z^0 sólo cambia marginalmente.

El panel central de la figura 4.1 también es útil para profundizar en la identificación del coste de oportunidad del proyecto. Supongamos ahora que la cantidad de z requerida para el proyecto desplaza la función demanda a la derecha en una magnitud significativa, produciendo una subida de w_z para equilibrar el mercado.

Este aumento de w_z induce un aumento marginal en la cantidad ofrecida de z (a la derecha de z^0) y también un trasvase de cierta cantidad de z desde el sector privado al proyecto (a la izquierda de z^0) ya que algunas empresas ya no encuentran rentable comprar z^0 a un precio más alto que w_z^0.

El coste de oportunidad de la cantidad del input z destinado al proyecto tiene un límite inferior y un límite superior dependiendo de la procedencia de dicha cantidad (dz). Cuando una unidad de z es adicional o de nueva producción, el coste de oportunidad es el coste marginal social de producir el input, es decir, el precio de mercado de z neto del impuesto indirecto. Alternativamente, cuando una unidad de z se desvía de la producción de otros bienes en el sector privado, el coste de oportunidad de dicha unidad de z es el valor de la producción asociada a ese input en el sector privado. En este caso, el coste marginal social de z es mayor y, sólo para cambios infinitesimales, aproximadamente igual a w_z^0 en el panel central de la figura 4.1.

Además, el coste de oportunidad del input desviado del sector privado hacia el proyecto podría ser mayor que w_z^0 por dos razones. Por un lado, el precio de equilibrio es mayor que w_z^0 cuando aumenta la demanda del input. Por otro lado, por ejemplo, si el sector privado está pagando un impuesto *ad valorem* (θ) por la producción de un bien que deja de producirse al desviar el input del sector privado al proyecto, el coste de oportunidad de una unidad de z es igual a $w_z(1 + \theta)$, donde θ es el impuesto sobre el valor añadido y $w_z > w_z^0$. Por lo tanto, $w_z(1 + \theta)$ es igual al valor de la productividad marginal del input.

El siguiente ejemplo puede ilustrar la existencia de los dos límites. Supongamos que el coste marginal de un litro de gasolina en un mercado competitivo es $0,5, hay un impuesto específico con fines recaudatorios de $0,5, y el precio de mercado (w_z) es $1. El coste de oportunidad social de utilizar un litro adicional de gasolina en el proyecto es de 0,5, cuando el litro proviene de nueva producción (como en el panel izquierdo de la figura 4.1), y $1.2 cuando el litro de gasolina se desvía de una empresa de transporte privado que paga un impuesto indirecto del 20% en su mercado de bienes. Por lo tanto, el límite inferior del precio sombra de un litro de gasolina es $0,5, y el límite superior $1,2. En la práctica, los inputs están generalmente disponibles sin restricciones, como en el panel izquierdo de la figura 4.1, y su precio sombra es, simplemente, el precio de mercado neto de impuestos. En caso de escasez o racionamiento del input, el precio de mercado es el que refleja el coste de oportunidad.

Por último, hay que tener en cuenta que los criterios para convertir los precios de mercado en precios sombra se obtuvieron con impuestos indirectos sobre productos básicos con fines puramente recaudatorios. En el caso de los impuestos piguvianos, es decir, los impuestos cuya finalidad es la de internalizar externalidades, el coste de oportunidad social incluye el impuesto, ya que el impuesto está corrigiendo un coste externo en lugar de ser un instrumento recaudatorio, como es el caso, por ejemplo, del impuesto sobre el valor añadido.

Una amplia gama de proyectos requiere suelo, y a veces dicho suelo se encuentra en lugares con posibilidades limitadas de sustitución. Este es el caso, por ejemplo, de centrales eléctricas, presas y aeropuertos. En principio, la determinación del coste de la tierra necesaria para un proyecto de inversión en infraestructura no debería presentar problemas importantes, mientras el mercado del suelo opere en condiciones competitivas y no haya distorsiones que hagan que el precio de mercado difiera del verdadero coste de oportunidad del input.

El coste de oportunidad del suelo utilizado en la construcción de nuevas infraestructuras es el beneficio neto perdido en el mejor uso alternativo posible de dicho factor de producción. Por ejemplo, cuando el mejor uso alternativo es en la agricultura, el precio de mercado de la tierra reflejará el valor de mercado descontado de la producción agrícola (neto de costes variables) durante el tiempo de uso de la tierra para el proyecto. Este precio será mayor cuanto más valorada sea la producción en ese terreno y menor sea la posibilidad de sustitución en otras localizaciones. Por lo tanto, si el mercado es competitivo, el precio de la tierra reflejará de forma fiable su coste de oportunidad.

El pago de este factor fijo se denomina renta económica, lo que significa que el pago del factor está por encima del precio de reserva de dicho factor, es decir, del precio mínimo requerido para que el factor se ofrezca en el mercado. Esto se representa en el panel derecho de la figura 4.1, con una oferta fija a largo plazo y con un precio de equilibrio w_z^0 determinado por el valor de la demanda de los factores. El valor social del suelo es simplemente un reflejo del valor de los bienes obtenidos utilizando dicho suelo, incluyendo cualquier impuesto pagado por el propietario del factor.

El coste del suelo para un proyecto se basa en una idea sencilla. Si el mercado del suelo es competitivo, el coste de oportunidad del suelo requerido para un proyecto es su precio de mercado (w_z^0), reflejando el beneficio neto perdido en el mejor uso alternativo posible de ese suelo. Cuando el proyecto aumenta la demanda de suelo, el equilibrio representado en el panel derecho de la figura 4.1 ya no es compatible con el precio inicial w_z^0. La cantidad de suelo demandada por el proyecto desplaza hacia la derecha la curva de demanda en la cantidad dz, y el precio del suelo sube para equilibrar el mercado. Cuando el precio del suelo sube, la cantidad de suelo demandada por el sector privado baja, liberando suelo en la extensión requerida por el proyecto. Por lo tanto, el coste de oportunidad del suelo utilizado en el proyecto es el valor neto perdido cuando el proyecto elimina la actividad económica que se realizaba en dicho suelo. En el caso de pequeñas cantidades, dicho coste de oportunidad puede aproximarse al el precio de mercado del suelo.

En aquellos casos en los que el proyecto suponga un cambio significativo en la demanda de suelo, el desplazamiento de la curva de demanda (en la cantidad de terreno requerido por el proyecto) aumentará el precio desde w_z^0 a w_z^1, y el coste del suelo requerido para el proyecto se puede calcular con el promedio de ambos precios $(w_z^0 + w_z^1)/2$, multiplicado por dz. Finalmente, hay que subrayar que el coste de oportunidad social del suelo rara vez es la indemnización oficial por su expropiación, ya que dicha compensación se basa en valores medios oficiales que raramente coincidirán con la disposición a aceptar de los individuos por la entrega del terreno en una transacción voluntaria.

4.4. Costes de oportunidad, impuestos y transferencias de renta

Cuando se lleva a cabo un análisis coste-beneficio en situaciones del mundo real, en las que los costes sociales y privados difieren, por ejemplo, debido a la existencia de impuestos, es especialmente importante seguir uno de los dos enfoques a la hora de estimar el beneficio social neto: sumar los cambios en los excedentes o, alternativamente, sumar el cambio en la disposición a pagar y el cambio en los recursos reales, ignorando las transferencias. El siguiente caso sirve para ilustrar las consecuencias de las decisiones privadas en el bienestar social en presencia de impuestos, así como la importancia de seguir uno de los dos enfoques mencionados.

Consideremos el caso de un proyecto público cuyo objetivo consiste en desviar el transporte de mercancías desde la carretera al ferrocarril. Supongamos que el precio monetario en ambos modos de transporte es igual al coste marginal más los impuestos, y que la calidad del servicio es idéntica, exceptuando el tiempo invertido. Los precios generalizados (incluidos los costes del tiempo de viaje) con y sin el proyecto se muestran en el cuadro 4.1.

Cuadro 4.1. Costes reales y transferencias de renta

Precio generalizado por carretera ($) (sin el proyecto)	Precio generalizado por ferrocarril ($) (sin el proyecto)	Precio generalizado por ferrocarril ($) (con el proyecto)
Coste marginal: 5	Coste marginal: 5	Coste marginal: 5
Impuesto: 5	Impuesto: 0	Impuesto: 0
Coste del tiempo: 5	Coste del tiempo: 15	Coste del tiempo: 9
Total: 15	Total: 20	Total: 14

El coste de inversión del proyecto es de $100 millones, y reduce el coste del tiempo de viaje por ferrocarril en $6 por unidad transportada (de $15 a $9), manteniendo el precio monetario y los costes marginales sin cambios. No hay externalidades en ambos modos, ni existen beneficios o costes adicionales, sean directos o indirectos. La duración del proyecto es de un año y la tasa de descuento es igual a cero. Sin el proyecto, la carga se envía exclusivamente por carretera, ya que el precio generalizado por carretera es de $15 y por ferrocarril es de $20. El usuario elige el modo de transporte más barato (ya que no existen diferencias de calidad). Con el proyecto, el coste del tiempo de viaje por ferrocarril se reduce en $6 y el coste generalizado baja a $14. Esto provoca la desviación de 200 millones de unidades de la carretera al ferrocarril. ¿Es este proyecto socialmente rentable?

La situación es la siguiente. Tenemos un proyecto que cuesta $100 millones y a cambio de esta inversión el coste del tiempo de viaje en tren baja de $15 a $9. El nuevo precio generalizado en tren es por tanto de 14 dólares. Con este nuevo precio los usuarios deciden desviar 200 millones de unidades desde la carretera al ferrocarril. Si observamos el comportamiento de los agentes en el mercado, vemos que los usuarios toman una decisión libre, consistente en transportar sus mercancías por ferrocarril porque ahora es el modo más barato, y al hacerlo obtienen un beneficio de $200 millones,[3] el doble de los costes de inversión. Sin embargo, otros agentes económicos cuentan en el análisis coste-beneficio, por lo que tenemos que añadir sus excedentes para obtener los beneficios sociales.

Con un precio igual al coste marginal privado (que incluye el impuesto) el excedente del productor es cero con y sin el proyecto. El cambio en el excedente de los contribuyentes es negativo e igual a $1.100 millones ($100 millones del coste de inversión y $1.000 millones de pérdida de ingresos fiscales). Sumando esto al excedente de los consumidores ($200 millones), el resultado es un beneficio social negativo de $900 millones.

Alternativamente, podemos agregar el cambio en la disposición a pagar y el cambio en los recursos. El único cambio aquí es que cada unidad que se trasvasa de la carretera al ferrocarril supone una pérdida de $4 euros, ya que no hay cambio alguno en el coste marginal y el coste del tiempo de viaje sube de $5 a $9, siendo el impuesto específico una mera transferencia de renta. Por lo tanto, una pérdida de $800 millones en costes de tiempo más los costes de inversión ($100) generan un beneficio social neto negativo de $900 millones.

Supongamos ahora que el impuesto específico del cuadro 4.1 es un impuesto pigouviano, es decir, un impuesto para internalizar una externalidad (por ejemplo, contaminación). ¿Es este proyecto socialmente deseable? Sumemos el cambio en los excedentes: el cambio en el excedente de los consumidores, productores y contribuyentes es el mismo que antes, pero si volvemos a la expresión 2.2 vemos que hay que añadir el cambio en el excedente del grupo que hemos denominado «resto de la sociedad». Este grupo mejora cuando, gracias al proyecto, 200 unida-

---

[3] Suponemos por simplicidad que cada unidad de tráfico desviado genera el mismo beneficio.

des se desvían de la carretera al ferrocarril, lo que resulta en una reducción del valor de la contaminación de $5 por unidad de tráfico. Multiplicando por el tráfico total desviado al ferrocarril, obtenemos un cambio positivo en el excedente del «resto de la sociedad» igual a $1.000 millones (el valor monetario de la reducción de la contaminación).

Si al cambio en el excedente de los consumidores (+$200 millones) añadimos el cambio en el excedente de los contribuyentes (–$1.000 millones de ingresos tributarios perdidos y –$100 millones de costes de inversión), y en el del resto de la sociedad (+$1.000 millones), se obtiene un excedente social neto positivo de $100 millones. Alternativamente, sumamos el cambio en la disposición a pagar y el cambio en los recursos. En este caso, la sociedad pierde $800 millones de tiempo con la desviación de tráfico desde la carretera al ferrocarril, ahorra $1.000 millones de contaminación, y renuncia a $100 millones de recursos utilizables en otras actividades para implementar el proyecto, lo que se traduce en un beneficio social neto de $100 millones.

4.5. El coste de oportunidad social del factor trabajo

Prácticamente, cualquier proyecto de inversión requiere la utilización del factor trabajo. La construcción de infraestructura pública necesita trabajadores con diferentes habilidades, así como ocurre en proyectos del sector educativo o sanitario. Además, una vez finalizada la construcción, se requiere mano de obra adicional para el mantenimiento y la operación durante la vida útil del proyecto.

Una vez que hemos estimado el número de trabajadores necesarios para el proyecto, necesitamos un precio para calcular el coste total de la mano de obra. ¿Deberíamos usar el salario bruto o neto? ¿Cómo debemos contabilizar la creación de nuevos puestos de trabajo en zonas con alto desempleo?

El coste de oportunidad del factor trabajo en la expresión (4.5) se valora a su precio de mercado (w), aunque esto sólo es válido bajo varios supuestos restrictivos que no siempre se corresponden con la realidad de la evaluación económica de proyectos, especialmente en condiciones de desempleo. Por lo tanto, una vez que se conoce el número de trabajadores necesarios para el proyecto, el siguiente paso es identificar de dónde proceden estos trabajadores. ¿Ya estaban trabajando en el sector privado? ¿Estaban desempleados anteriormente? ¿Estaban recibiendo subsidios de desempleo? En el análisis del precio sombra del factor trabajo es aconsejable distinguir tres fuentes de la mano de obra exigida por un proyecto: (a) trabajadores ya empleados en otras actividades productivas; (b) desempleados voluntarios al salario actual; y (c) desempleados involuntarios, dispuestos a trabajar al salario actual.

La figura 4.2 ilustra los ajustes necesarios para pasar del salario de mercado al coste de oportunidad social en cada uno de estos tres casos. Supondremos que el proyecto tiene un efecto significativo en la demanda de trabajo, y que existe un impuesto proporcional sobre la renta (τ_w). Inicialmente, sin el proyecto, el mercado de trabajo está en equilibrio con la oferta (S) y la demanda (D^0) determinando un salario de equilibrio igual a w^0 y una cantidad de trabajo de L^0. La existencia de un impuesto proporcional sobre la renta (τ_w) introduce una distinción entre la función de oferta de mercado (S) y el coste de oportunidad del trabajador ($S(1 - \tau_w)$). La función $S(1 - \tau_w)$ representa el valor marginal del ocio para los trabajadores y la función de demanda el valor de la productividad marginal del factor trabajo para la empresa. Al salario de equilibrio (w^0), el valor de la productividad marginal del trabajo para la empresa es igual al valor del ocio para el trabajador marginal más el impuesto sobre la renta.

Con el proyecto, la demanda del factor trabajo cambia de D^0 a D^1 (la distancia horizontal entre estas dos demandas paralelas es exactamente la cantidad de mano de obra necesaria para el proyecto), el salario sube a w^1 y la demanda privada de mano de obra baja de L^0 a L^2. El nuevo salario de equilibrio también tiene el efecto de aumentar el número de trabajadores dispuestos a trabajar a esta remuneración más alta, y la cantidad de mano de obra en el nuevo equilibrio sube a L^1. Ahora, podemos calcular el coste de oportunidad social de los trabajadores contratados por el proyecto.

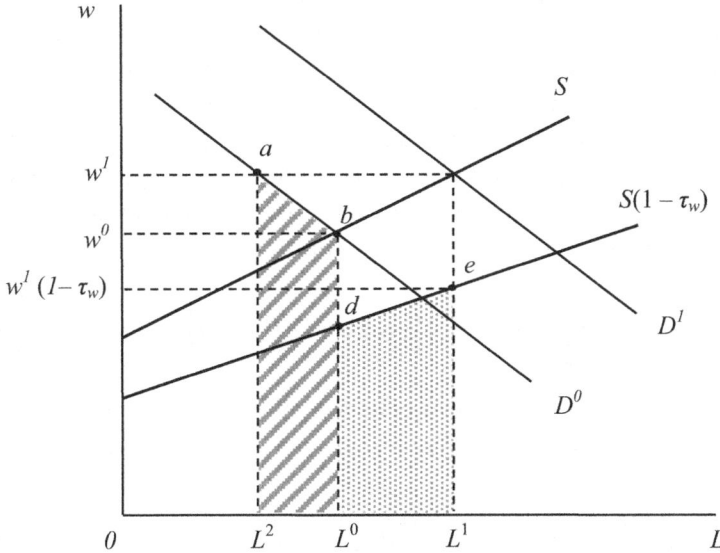

Figura 4.2. El precio sombra del factor trabajo.

El proyecto necesita $(L^1 - L^2)$ unidades de factor trabajo. Esta cantidad de mano de obra tiene dos componentes: nuevos trabajadores $(L^1 - L^0)$ dispuestos a trabajar al nuevo salario de equilibrio, y trabajadores ya empleados en el sector privado $(L^0 - L^2)$, que se desvían al proyecto incentivados por un salario más alto (w^1). El coste de oportunidad de los trabajadores voluntariamente desempleados $(L^1 - L^0)$ está representado por el área deL^1L^0, que a su vez representa el valor del ocio perdido cuando aceptan los nuevos puestos de trabajo. Aunque los trabajadores reciben $w_1(1 - \tau_w)(L^1 - L^0)$, su coste de oportunidad social es:

$$\left[\frac{1}{2}(w^0 + w^1)(1 - \tau_w)\right](L^1 - L^0). \tag{4.6}$$

El coste de oportunidad de los que ya trabajan en el sector privado $(L^0 - L^2)$, que se desplazan al proyecto con un salario más alto (w^1), también reciben $w^1(1 - \tau_w)$, aunque el coste de oportunidad social de estos trabajadores es mayor, representado por el área abL^0L^2, igual al valor perdido de la productividad marginal del factor trabajo en el sector privado cuando la cantidad de mano de obra $(L^0 - L^2)$ se desvía al proyecto. Reciben $w_1(1 - \tau_w)(L^0 - L^2)$, pero el coste de oportunidad social de estos trabajadores es:

$$\frac{1}{2}(w^0 + w^1)(L^0 - L^2). \tag{4.7}$$

Este es el coste de oportunidad de los trabajadores desviados del sector privado de la economía, cuando w es el coste unitario del factor trabajo para la empresa, tal como se representa en la figura 4.2. Cuando la empresa paga una contribución a la seguridad social (α_w) por trabajador, y además existen impuestos indirectos *ad valorem* (p. ej., el IVA) en el mercado de bienes, el precio sombra del factor trabajo desviado tiene que reflejar el valor social perdido como consecuencia de desplazar mano de obra de otras actividades productivas, y esto incluye los ingresos fiscales y el pago a la seguridad social. El precio sombra del trabajo en este caso sería:

$$(1 + \theta)(1 + \alpha_w)\left[\frac{1}{2}(w^0 + w^1)(L^0 - L^2)\right]. \tag{4.8}$$

Cuando los trabajadores del proyecto son desempleados involuntarios, dispuestos a trabajar al salario actual, la oferta es perfectamente elástica, como en la figura 4.3.

La oferta tiene una elasticidad infinita mostrando que los trabajadores están dispuestos a trabajar al salario de equilibrio si son contratados por las empresas. Para la función de demanda sin proyecto (D^0) hay desempleo involuntario. El proyecto desplaza la demanda de mano de obra D^0 a D^1. El proyecto requiere una cantidad de factor trabajo igual a $(L^1 - L^0)$, la distancia entre la curva de demanda sin y con el proyecto, y esta cantidad se ofrece en el mercado sin ningún cambio en el salario inicial.

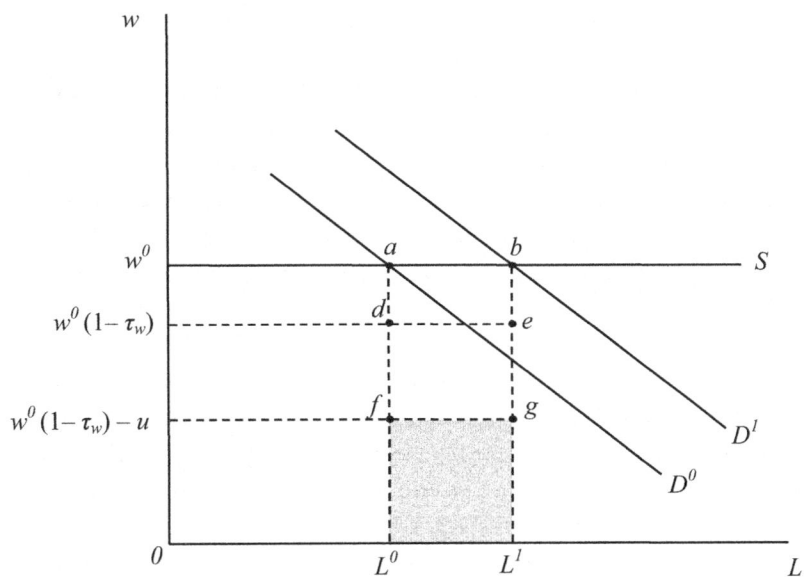

Figura 4.3. El precio sombra del factor trabajo con desempleo involuntario.

Es útil distinguir entre salario de reserva, coste de oportunidad del trabajador y el coste de oportunidad social. La figura 4.3 muestra que el trabajador desempleado recibe prestaciones de desempleo iguales a u, y si acepta el empleo ha de pagar un impuesto proporcional sobre la renta (τ_w). Por lo tanto, como su salario de reserva es w^0 (no está dispuesto a trabajar por menos de este salario), el pago del trabajador es igual al valor del ocio más las prestaciones por desempleo (u) más el impuesto sobre la renta (τ_w) que tiene que pagar si acepta el trabajo.

El coste de oportunidad privado es, por lo tanto, su valor de ocio más el subsidio de desempleo. Sin embargo, el coste de oportunidad social no puede incluir las prestaciones de desempleo (una transferencia de renta) como coste del proyecto, porque la pérdida real de recursos cuando el individuo es empleado es el valor marginal del ocio. El precio sombra del trabajo es, entonces:

$$w^0(1 - \tau_w) - u, \tag{4.9}$$

y el coste social de estos trabajadores para el proyecto es:

$$[w^0(1 - \tau_w) - u](L^1 - L^0), \tag{4.10}$$

correspondiente al área fgL^1L^0 en el gráfico. Una vez más, se pone de manifiesto la importancia de ser coherente siguiendo uno de los dos enfoques de la evaluación. En el caso de añadir el cambio en los excedentes, el coste de oportunidad privado es el aplicable para cada uno de los agentes, mientras que es el coste de oportunidad social el que hay que utilizar si la aproximación elegida es el cambio en la disposición a pagar y en los recursos.

El coste de oportunidad social de $(L^1 - L^0)$ en la figura 4.3 está representado por el área fgL^1L^0, el valor del ocio. El coste de oportunidad privado es mayor y está representado por el área deL^1L^0. Añadiendo el cambio en los excedentes, el cambio en el excedente de los productores es cero, ya que reciben abL^1L^0 (el valor de la productividad marginal de la mano de obra) y pagan abL^1L^0. El excedente de los trabajadores también es cero, ya que reciben un pago bruto de abL^1L^0, igual a su coste de oportunidad una vez deducidos el impuesto sobre la renta (que pagan) y las prestaciones por desempleo (a las que renuncian). Por último, los contribuyentes reciben el impuesto sobre la renta (área $abed$), y se ahorran las prestaciones por desempleo (área $degf$). Añadiendo estos excedentes, se obtiene $abgf$ como beneficio social neto. Este beneficio es el valor de la productividad marginal de la mano de obra (área abL^1L^0), neto del coste del ocio (área fgL^1L^0), el único coste social que aparece en la figura 4.3. Es fácil cometer errores en la valoración del coste de oportunidad del factor trabajo si no se sigue escrupulosamente uno de los enfoques descritos.

Cuando hay una regulación del salario mínimo, también necesitamos corregir el salario de mercado para calcular el coste de oportunidad social de la mano de obra. El procedimiento es el ya descrito, que consiste en identificar aquello a lo que la sociedad renuncia cuando se destinan trabajadores al proyecto. Una manera de resolver este problema es distinguiendo entre el salario mínimo y el salario de reserva más bajo. Nadie que acepte trabajar recibe un salario inferior al salario mínimo, y el salario de reserva de cualquier trabajador que se incorpora al proyecto es necesariamente mayor que el salario de reserva más bajo. A falta de información sobre el salario de reserva más bajo, el precio sombra del trabajo podría aproximarse a la mitad del salario mínimo (es decir, suponiendo que el salario mínimo de reserva sea cero).

El tratamiento previo del precio sombra del trabajo, cuando hay desempleo, no tiene en cuenta lo que sucede con la producción que genera el proyecto. Si la producción del proyecto se vende en un mercado competitivo y reduce el precio en este mercado, puede ocurrir que el empleo se reduzca como resultado del cierre de empresas en el sector privado de la economía. Pero también podría ser cierto que el producto o servicio asociado al proyecto fuese complementario al de otros mercados competitivos, y, por lo tanto, incentivaría la creación de empleo. Determinar el precio sombra real en estos casos no es inmediato. En cualquier caso, un análisis cuidadoso de los mercados estrechamente relacionados con el proyecto y su impacto potencial en ellos puede ayudar al evaluador (véase Johansson, 1991).

4.6. El precio sombra de los fondos públicos

La mayoría de los proyectos requieren fondos públicos. A veces, no se cobra a los usuarios por el servicio prestado, como en el caso de una carretera de acceso gratuito. Incluso cuando pagan, algunos proyectos requieren financiación pública, como es el caso de un área natural con un precio de acceso insuficiente para cubrir el coste total. Estos y otros casos similares están parcial o totalmente financiados con impuestos. El problema de los ingresos fiscales desde el punto de vista de la eficiencia radica en el hecho de que la recaudación de impuestos no es una mera transferencia de ingresos entre consumidores, productores y gobierno. Generalmente, hay una pérdida de eficiencia asociada con la operación de transferencia de fondos a través de impuestos, que obliga a preguntarse sobre la magnitud de este coste adicional de financiar proyectos con impuestos.

El exceso de gravamen o pérdida de peso muerto del impuesto es el valor neto de la producción perdida con la introducción del impuesto y, por lo tanto, debe incluirse como parte del coste de oportunidad del proyecto. Tenemos, por tanto, que el coste social de los fondos públicos (*SCF*) destinados a un proyecto incluye los ingresos fiscales (*R*) más la pérdida de eficiencia asociada a la imposición (*EB*).

$$SCF = R + EB. \tag{4.11}$$

El exceso de gravamen del impuesto dependerá, entre otros factores, del tipo de impuesto y de su magnitud, además del valor de las elasticidades de la demanda y la oferta. Para ilustrar por qué es necesario estimar el precio sombra de los fondos públicos, supongamos que sólo hay un bien gravado, la economía es perfectamente competitiva y, para obviar problemas de redistribución de los ingresos, todos los productores y consumidores son idénticos (véase Dahlby, 2008). Este mercado está representado en la figura 4.4.

El gobierno introduce un impuesto indirecto (en el año 0) en un mercado no relacionado con el proyecto. El impuesto está destinado a financiar plenamente un proyecto cuyos costes de inversión (I_0) corresponden exclusivamente al año 0. El proyecto genera beneficios anuales constantes ($\bar{B}$) durante cada uno de los T años de vida del proyecto. El tipo de interés real es cero y los beneficios $\bar{B}$ corresponden íntegramente a un aumento del excedente del consumidor (suponemos que no se cobra nada por el bien).

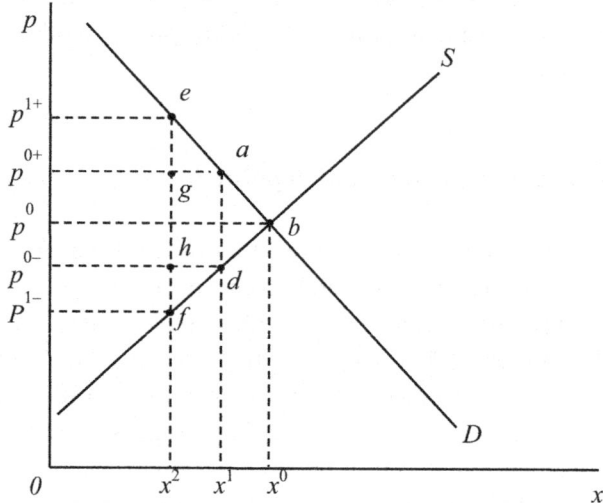

Figura 4.4. El precio sombra de los fondos públicos.

A primera vista el *VAN* del proyecto es igual a la diferencia entre el flujo de beneficios y los costes iniciales:

$$VAN = -I_0 + T\bar{B}. \tag{4.12}$$

Sin embargo, una simple observación de la figura 4.4 muestra que el coste social que supone la financiación del proyecto excede el valor de la inversión I_0. Tal como ilustra el gráfico, los efectos de la introducción del impuesto no se limitan a una transferencia de renta. Inicialmente el mercado está en equilibrio en b con un precio p^0 y una cantidad igual a x^0. La introducción del impuesto cambia el equilibrio del mercado elevando el precio pagado por los consumidores a p^{0+} y reduciendo la cantidad demandada a x^1. El precio recibido por los productores es p^{0-} y la recaudación de impuestos está representada por el área $p^{0+}adp^{0-}$, que es igual al coste de inversión I_0.

La introducción del impuesto ha inducido una reducción de la cantidad de x^0 a x^1. Esta reducción de la cantidad representa un efecto negativo en la economía, ya que los consumidores estaban dispuestos a pagar el área abx^0x^1 por bienes o servicios cuyo coste de oportunidad está representado por el área dbx^0x^1. La pérdida neta de eficiencia causada por no producir $x^0 - x^1$ es igual al área abd. Este coste adicional de la recaudación de los fondos o exceso de gravamen tiene que ser incluido en la evaluación del proyecto.

Suponiendo que el área abd es, por ejemplo, el 20 % de los ingresos fiscales, el coste marginal, el precio sombra (o multiplicador sombra) de los fondos públicos es igual a 1,2, y el coste del proyecto es igual a $1,2I_0$. Generalizando para cualquier porcentaje, podemos denominar como λ_g al precio sombra de los fondos públicos, y la expresión (4.12) debe modificarse para reflejar el coste de oportunidad de la inversión:

$$VAN = -\lambda_g I_0 + T\bar{B}, \tag{4.13}$$

de manera que para obtener un *VAN* mayor que cero, hay que satisfacer la siguiente condición:

$$\frac{T\bar{B}}{I_0} > \lambda_g. \tag{4.14}$$

De acuerdo con la expresión (4.14), para que un proyecto financiado con impuestos sea socialmente rentable, el beneficio social obtenido por unidad monetaria invertida ha de ser mayor que el coste de oportunidad de los fondos públicos.

El argumento anterior supone que el proyecto se financia íntegramente con impuestos. Una expresión más general es la siguiente:

$$VAN = -I_0 \lambda_g + \sum_{t=1}^{T} \frac{CS_t + \lambda_g PS_t}{(1+i)^t}, \tag{4.15}$$

donde CS_t: excedente del consumidor en el año t, PS_t: excedente del productor en el año t, i: tasa social de descuento.

La expresión (4.15) muestra que el precio sombra de los fondos públicos debe aplicarse tanto a los costes como a los ingresos. Los ingresos netos anuales reducen la necesidad de financiación pública y, por lo tanto, la necesidad de impuestos, de modo que \$1 recaudado por cobrar a los usuarios en cualquier año de vida del proyecto tiene un valor presente igual a $\lambda_g (1+i)^{-t}$.

El coste marginal social de los fondos públicos (*SMCF*) se obtiene tomando la primera derivada de (4.11) con respecto a R:

$$SMCF = 1 + \frac{dEB}{dR}. \tag{4.16}$$

Bajo el supuesto de un impuesto que se introduce en el punto de equilibrio competitivo, el coste marginal social (o más bien incremental) de la figura 4.4 es igual al exceso de gravamen (*abd*) dividido por los ingresos fiscales (área $p^{0+}adp^{0-}$), por lo que el precio sombra de los fondos públicos en este caso se puede calcular como $\lambda_g = 1 + \frac{EB}{R}$ (1,2 en nuestro ejemplo).

Supongamos alternativamente que el mercado competitivo representado en la figura 4.4 está en equilibrio en el punto *a*, ya que el impuesto ya existe. Ahora el proyecto objeto de evaluación requiere de un aumento del impuesto específico existente, lo que cambia el precio a p^{1+}. En este caso, puede observarse cómo aumenta el exceso de gravamen. Para una reducción similar de la producción, la nueva pérdida de eficiencia (área *eadf*) es ahora mayor que la inicial (área *abd*).

Una simple ojeada de la figura 4.4 muestra que la pérdida marginal de eficiencia es positiva y aumenta con el tamaño del impuesto, por lo que la financiación de nuevos proyectos a través de impuestos adicionales se enfrenta a un coste marginal social de los fondos públicos creciente. Esto también se traduce en que cada vez es más exigente para nuevos proyectos satisfacer la condición de un *VAN* positivo, ya que cabe esperar una disminución del beneficio marginal de los proyectos adicionales que requieren financiación a medida que aumenta el coste marginal social de los fondos públicos.

Ideas para recordar

- El coste de un proyecto es el beneficio neto perdido en la mejor alternativa disponible de los recursos comprometidos en dicho proyecto. En otras palabras, es la utilidad perdida al renunciar a algunos bienes para la implementación del proyecto.
- El coste de oportunidad de un input es el valor neto perdido en la mejor alternativa disponible para dicho input. El precio de mercado en el mercado del factor es el primer candidato para el coste de oportunidad. Existen circunstancias, como la existencia de impuestos, externalidades o desempleo, que obligan a realizar ajustes en el precio de mercado del input para obtener el coste de oportunidad, obteniéndose el denominado precio sombra.
- El precio sombra de un input para el proyecto tiene un límite inferior y superior, dependiendo de su procedencia. Cuando el input proviene de producción adicional, su coste de oportunidad es el coste marginal social de producirlo, que puede aproximarse por su precio de mercado neto de cualquier impuesto indirecto. Cuando el input se desvía de la producción de otros bienes para destinarlo al proyecto, el coste de oportunidad es el valor total de esos bienes a los que ha habido que renunciar.
- El factor trabajo es un input, no un output. Su coste de oportunidad en el análisis coste-beneficio varía, como muchos otros inputs, dependiendo del origen de dicho factor. Por ejemplo, cuando un trabajador está empleado previamente, el coste de oportunidad social es el valor bruto de su productividad marginal, mientras que en el caso de desempleo involuntario, el precio sombra puede ser tan bajo como el valor del ocio del trabajador.
- Muchos proyectos requieren financiación pública. Algunos proyectos proporcionan bienes o servicios gratuitos y otros tienen precios que no cubren

costes. Cuando los proyectos tienen que ser financiados (parcial o totalmente) con impuestos, hay que incluir el efecto distorsionador de la fiscalidad. La recaudación de impuestos no es una simple transferencia de renta entre los contribuyentes y el gobierno, hay una pérdida de valor económico en el camino. La pérdida de eficiencia o exceso de gravamen del impuesto debe incluirse en el precio sombra de los fondos públicos.

5. Descuento y criterios de decisión (I)

¿Deberían los estadounidenses esforzarse e invertir más para aumentar la producción industrial? La respuesta del economista es sólo si los hace más felices. Los medios informan del crecimiento económico como si sólo tuviese beneficios sin coste alguno. El crecimiento beneficia a los individuos, porque les permite aumentar su consumo en el futuro. Las condiciones que hacen posible el crecimiento imponen costes a los individuos, que deben trabajar más y consumir menos en el presente. ¿Merece la pena este intercambio? La respuesta depende únicamente de las preferencias de los propios individuos.

(Steven E. Landsburg, 1993, p. 101)

5.1. Introducción

Para calcular el valor actual neto (*VAN*) del proyecto hay que sumar los beneficios y costes que se producen en momentos diferentes del tiempo. En el análisis coste-beneficio, los economistas agregan en una sola dimensión el flujo de beneficios y costes de diferente naturaleza. Para añadir unidades de beneficios y costes correspondientes a diferentes individuos y a diferentes momentos del tiempo se requieren dos tipos de ponderaciones. La primera es básicamente por razones de equidad (véase la sección 2.5), y la segunda, analizada en este capítulo y el siguiente, la que tiene en cuenta la dimensión temporal de los beneficios y costes.

Hay muchas razones posibles que explican la relación marginal de sustitución intertemporal, y es útil distinguir entre el descuento y la preferencia temporal. El descuento temporal recoge cualquier motivo para dar menos peso al futuro. La preferencia temporal se refiere a la preferencia por la utilidad presente frente a la futura (Frederick et al., 2002). Este capítulo tiene dos partes. La primera cubre la mecánica del descuento (secciones 5.2 y 5.3). La homogeneización que implica la aritmética del descuento permite comparar el sacrificio del consumo actual que implica invertir en un proyecto con el flujo de beneficios netos que se produce a lo largo de su vida.

En la segunda parte del capítulo se considera la justificación de la tasa social de descuento, un parámetro clave en la evaluación económica de proyectos. La tasa de descuento determina en muchas circunstancias si un proyecto es socialmente deseable, porque dicha tasa es un tipo de cambio entre el presente y el futuro, y puede ser determinante para hacer que la contrapartida sea ventajosa, es decir, renunciar a una cierta cantidad de consumo presente por la recompensa de bienes futuros. En la sección 5.4 examinamos los conceptos de tasa marginal de preferencia temporal, productividad marginal del capital y tipo de interés. En mercados de capitales perfectos, la tasa social de descuento es fácil de determinar porque las tres tasas son iguales. Con distorsiones, como los impuestos sobre los rendimientos de ahorro e inversión, la tasa de interés ya no es igual a la tasa marginal de preferencia temporal, ni a la productividad marginal del capital. En la sección 5.5 se expone cómo calcular la tasa social de descuento bajo estas condiciones. Por último, en la sección 5.6, abordamos el problema del descuento temporal cuando las generaciones futuras están involucradas.

5.2. Descontando el futuro

La mayoría de los proyectos implican costes en el presente a cambio de una corriente de beneficios netos en el futuro. Los flujos de beneficios y costes que se derivan de la ejecución del proyecto han de agregarse para obtener el *VAN*. Este indicador económico recoge en una sola cifra el beneficio neto del proyecto, la rentabilidad (social o privada) del proyecto objeto de evaluación.

La regla básica de decisión tanto en la evaluación financiera como en la económica es: aceptar el proyecto si el *VAN* es positivo y rechazarlo si es negativo,[1] ya que en este último caso es posible un mejor uso de los recursos. Un *VAN* positivo es una condición necesaria para llevar a cabo un proyecto, pero no suficiente, como se muestra en el capítulo 6.

Incluso en ausencia de incertidumbre, los individuos generalmente no asignan el mismo valor a una unidad monetaria independientemente del tiempo en que se recibe. Sólo en los casos en los que los individuos fueran indiferentes entre el consumo actual y el consumo futuro, los beneficios netos de los diferentes períodos podrían añadirse sin ponderar. Una expresión para el cálculo del *VAN* que permite una tasa marginal de preferencia temporal positiva (una unidad es más valorada en el presente que en el futuro) es la siguiente:

---

[1] Cabe señalar que la regla básica de decisión basada en el *VAN* sin más matizaciones requiere que la inversión sea reversible, esto es, si los beneficios anuales no son los esperados, se puede recuperar la inversión o, incluso en el caso de irreversibilidad, la decisión de inversión no puede posponerse («ahora o nunca»). Si la inversión es parcial o totalmente irreversible, hay incertidumbre sobre los beneficios netos futuros, y es posible posponer la inversión, el coste de oportunidad de ejecutar la opción de invertir debe incluirse en el cálculo del *VAN* (véase el capítulo 6).

$$VAN = \sum_{t=0}^{T} \delta^t (B_t - C_t), \tag{5.1}$$

donde B_t: beneficios en el año t, C_t: costes en el año t, T: años de vida del proyecto.

El factor de descuento comúnmente utilizado en el análisis de coste-beneficio se muestra en la expresión (5.2). Es el denominado descuento exponencial, que otorga un peso decreciente de forma exponencial a los beneficios y costes que se producirán en el futuro:[2]

$$\delta^t = \frac{1}{(1+i)^t}, \tag{5.2}$$

donde i es la tasa social de descuento.

El valor de T lo determina la agencia evaluadora. Puede o no coincidir con la vida física, pero generalmente coincide con la vida económica estimada, que suele ser más corta que la vida física. En el caso de una vida útil más larga que el período elegido para la evaluación, necesitamos incluir el valor residual. El valor residual es el valor del flujo de beneficios netos del año $T+1$ hasta infinito, y, por lo tanto, podría ser positivo o negativo dependiendo de las características del proyecto. En el caso, por ejemplo, de la recuperación de costes mediante la venta de equipos al final de su vida útil, el valor residual podría ser positivo. Por el contrario, cuando hay costes de desmantelamiento significativos, el valor residual podría ser negativo.

La mecánica del descuento de valores generados en diferentes períodos de tiempo supone que el individuo tiene una preferencia más fuerte por el presente que por el futuro. Si la utilidad del individuo depende del consumo en períodos sucesivos, suponemos que el individuo da más peso al consumo que está más cerca del presente, por lo que su función de utilidad incluye una tasa marginal de preferencia temporal positiva que descuenta el valor del consumo según su ubicación en el tiempo.

Hay dos fuerzas opuestas en la función de utilidad de los individuos con respecto al descuento del consumo a lo largo del tiempo. Una apoya la idea de no descontar debido a la disminución de la utilidad marginal del consumo; la otra va en la dirección opuesta, justifica el descuento debido a la impaciencia de los individuos, cualesquiera que sean las razones para ello. La primera justifica que el individuo trate de distribuir el consumo en diferentes períodos de tiempo. La segunda responde al hecho de que el individuo valore en mayor medida la satis-

---

[2] Todos los beneficios y costes, así como la tasa social de descuento, se expresan en términos reales. Para el tratamiento de la inflación, véase la sección 2.4.

facción derivada del consumo de una unidad hoy que la satisfacción del consumo esperando un año.[3]

El factor de descuento en la expresión (5.2) tiene dos características fundamentales: es menor que 1 para los valores de $i > 0$ y $t > 0$, y disminuye rápidamente a medida que t aumenta. Su empleo implica reducir el valor actual de los beneficios y costes que se producen cuando $t > 1$, y también implica que los beneficios y los costes muy alejados en el tiempo son irrelevantes.

Si la tasa de descuento es, por ejemplo, del 6%, el valor de $100 dólares de beneficio (o coste) al final del primer año se convierte en $94 a principios del año o año cero. En el quinto año, $100 son equivalentes a $75 una vez que se descuentan al presente. En 30 años, el valor cae a $17, y en el año 100 el valor actual es de sólo $0,3.

Este hecho ha sido objeto de preocupación para los economistas medioambientales, que consideran que el descuento exponencial penaliza los proyectos con beneficios que se realizan a largo plazo (por ejemplo, la reforestación), y beneficia a los proyectos con enormes costes en un futuro lejano (por ejemplo, residuos radiactivos). Es decir, desatiende el bienestar de las generaciones futuras.

Como alternativa al descuento exponencial, algunos economistas han propuesto utilizar un factor de descuento hiperbólico que, aunque también es menor de 1 para los valores de $i > 0$ y $t > 0$, su valor disminuye más lentamente cuando t aumenta. A diferencia del descuento exponencial, con el descuento hiperbólico el valor presente de los beneficios y costes que se producen en un futuro lejano tiene un peso mayor en la rentabilidad social del proyecto.

También se ha argumentado que, cuando hay diferentes tasas de descuento que reflejan diferencias individuales en las preferencias intertemporales, y el gobierno toma un promedio de estas preferencias, la tasa de interés resultante disminuye con el tiempo, tendiendo al valor más bajo del rango de tasas a medida que nos alejamos en el tiempo (véase la sección 5.6).

El horizonte temporal de muchos proyectos puede superar los 50 años (algunos tramos de carreteras construidas por el Imperio romano todavía están en uso). La elección de la tasa de descuento es uno de los elementos clave de la evaluación económica, ya que puede afectar de manera radical a su rentabilidad social en una situación de aceptar-rechazar, o cambiar su rentabilidad relativa a la hora de elegir entre diferentes proyectos. Cuando los flujos de beneficios netos de los proyectos que se comparan tienen perfiles diferentes, el tipo de descuento puede ser decisivo en el proceso de selección, como veremos a continuación.

---

[3] Aunque indiquemos un año, es más correcto pensar en un momento más lejano en el tiempo: un año, un mes o cualquier otra medida temporal (véase la sección 5.3).

Como se ha señalado anteriormente, el enfoque estándar para el descuento se muestra en la expresión (5.2). Este procedimiento de descuento es el generalmente aceptado para aquellos proyectos que no implican una pérdida de vidas humanas o impactos medioambientales, o cuando no afectan significativamente el bienestar de las generaciones futuras.

Veamos con un ejemplo la aritmética del descuento. El proyecto *A*, cuyo perfil temporal aparece representado en la figura 5.1, tiene una duración de 11 años. Inicialmente (año base, $t = 0$) requiere una inversión de $2.500. En un año el proyecto genera[4] beneficios netos de $2.000. Desde el segundo hasta el undécimo año, los beneficios netos anuales son de $100. Al final del proyecto el valor residual es cero.

Proyecto A

Figura 5.1. Perfil de tiempo del proyecto A (valores en $).

Según (5.1) la rentabilidad económica del proyecto *A* es la siguiente:

$$VAN(A) = -2500 + \frac{2000}{1+i} + \sum_{t=2}^{11} \frac{100}{(1+i)^t}. \tag{5.3}$$

La rentabilidad del proyecto, expresada por el *VAN,* depende en gran medida del factor de descuento elegido. Supongamos que el tipo de descuento es del 5%. En este caso, el *VAN* del proyecto es positivo (*VAN* ($A/i = 0,05$) = 140), por lo que los beneficios netos descontados son mayores que los costes de inversión. El valor de $140 es igual a la inversión menos el valor descontado de los beneficios de los años 1 a 11. Esta diferencia positiva de $140 indica que el proyecto permite la remuneración de la inversión al coste de oportunidad que representa el 5%, recuperando el capital invertido y generando un excedente social que, valorado en el año cero, es igual a $140.

---

[4] Entre 0 y 1 transcurren 365 días, por lo que en realidad cero y uno son momentos en el tiempo y el año es el intervalo. Para simplificar, nos referimos a los puntos cero, uno, dos, etc., en la figura 5.1 y similares, como año cero, año uno, año dos, etc. Por supuesto, los períodos de tiempo pueden ser inferiores a un año (véase la sección 5.3).

Mantengamos ahora el mismo perfil temporal del proyecto A y la misma inversión inicial, pero cambiando la tasa de descuento. Por ejemplo, supongamos que la tasa de descuento de este proyecto es del 10 % en lugar del 5 %. El resultado de la inversión es ahora negativo ($VAN(A/i = 0,10)) = -123$). El flujo de beneficios netos representado en la figura 5.1 ya no es suficiente para compensar una inversión a la que ahora se le exige un mayor rendimiento, al aumentar su coste de oportunidad.

La figura 5.2 muestra cómo cambia el VAN del proyecto A cuando cambia la tasa de descuento. Como puede observarse, a una tasa de interés cero, el VAN es igual a $500, que es la suma directa de los beneficios netos menos el coste de inversión inicial. Cuando la tasa de interés es del 5 %, el VAN es igual a $140. La curva VAN en función de i corta el eje horizontal a un tipo de interés aproximadamente igual a 7,5 %. Este tipo de interés, para el que el VAN es cero, se denomina tasa interna de rendimiento (TIR), e indica que a dicha tasa los beneficios netos del proyecto igualan su coste de oportunidad o, dicho de otro modo, el proyecto permite la recuperación del capital invertido y la remuneración de la inversión en el 7,5 % anual.

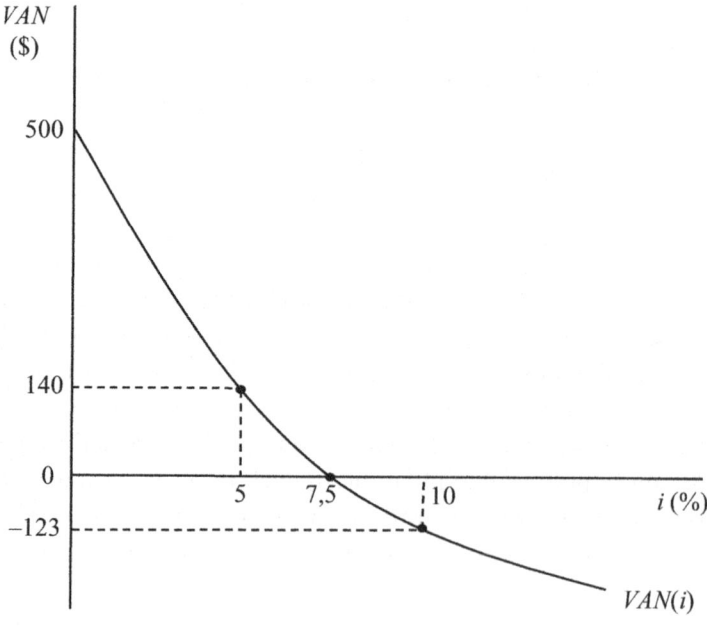

Figura 5.2. *VAN, i* y *TIR.*

Hemos visto cómo se reduce el VAN cuando aumenta la tasa de descuento, llegando a ser negativo para tasas de descuento superiores al TIR. Incluso cuando no cambia el signo del *VAN,* aplicar una tasa de descuento más alta puede afectar a la rentabilidad de varios proyectos con diferentes perfiles de tiempo, de manera que cambie el orden de preferencia sobre dichos proyectos. Considere el caso de dos proyectos, *B* y *C,* cuyos perfiles temporales son los representados en la figura 5.3.

Proyecto B

Proyecto C

Figura 5.3. Perfil temporal de los proyectos B y C (valores en $).

La vida económica de ambos proyectos es de 11 años. Ambos tienen el mismo coste de inversión en el año base ($2.000). Los proyectos *B* y *C* difieren, sin embargo, en el perfil temporal de sus beneficios anuales. El proyecto *B,* en contraste con el proyecto *C,* concentra una parte importante de sus beneficios al principio de su vida.

Los rendimientos económicos de ambos proyectos son:

$$VAN\,(B) = -2.000 + \frac{2.000}{1+i} + \sum_{t=2}^{11} \frac{100}{(1+i)^t}, \tag{5.4}$$

$$VAN\,(C) = -2.000 + \sum_{t=1}^{9} \frac{100}{(1+i)^t} + \frac{2.000}{(1+i)^{10}} + \frac{2.100}{(1+i)^{11}}. \tag{5.5}$$

El valor de la tasa de descuento afecta a los dos proyectos de manera desigual. Supongamos que inicialmente la tasa de descuento es del 5 %. Aplicando esta tasa, el proyecto *C* se prefiere al proyecto B, ya que *VAN* (*C/i* = 0,05) = 1.166 y *VAN* (*B/i* = 0,05) = 640. Ambos proyectos son socialmente deseables cuando la tasa de descuento es del 5 %, ya que ambos tienen un *VAN* positivo. Sin embargo, en los casos en que haya limitación de fondos, se preferiría el proyecto *C* al proyecto *B.*

¿Qué sucede con una tasa de descuento más alta, por ejemplo, del 10 %? Los dos proyectos siguen siendo rentables, $VAN (B/i = 0,1) = 377$ y $VAN (C/i = 0,1) = 83$, aunque ahora el proyecto B es preferible al proyecto C. Es interesante examinar por qué la selección de proyectos cambia cuando cambiamos la tasa de descuento. La razón es que la rentabilidad de un proyecto depende no sólo de la magnitud de sus beneficios, sino también de cuándo se producen, es decir, su ubicación en el tiempo. Sin descuento, los beneficios netos del proyecto C son superiores a los de B; sin embargo, ocurren más alejados en el tiempo. Un alto tipo de descuento «penaliza» estos beneficios, indicando que tienen menor valor presente para los individuos por el hecho de producirse más tarde.

El factor de descuento actúa como una ponderación para los beneficios y costes a lo largo de la vida del proyecto. Dicha ponderación tiende a cero a medida que t aumenta (siempre que i sea mayor que cero). La justificación económica es clara: si el tipo de descuento aplicable al proyecto sube, cuanto más tarde se realice el beneficio, menor será su VAN. La figura 5.4 muestra cómo cambia la clasificación de dos proyectos mutuamente excluyentes al modificar los tipos de interés.

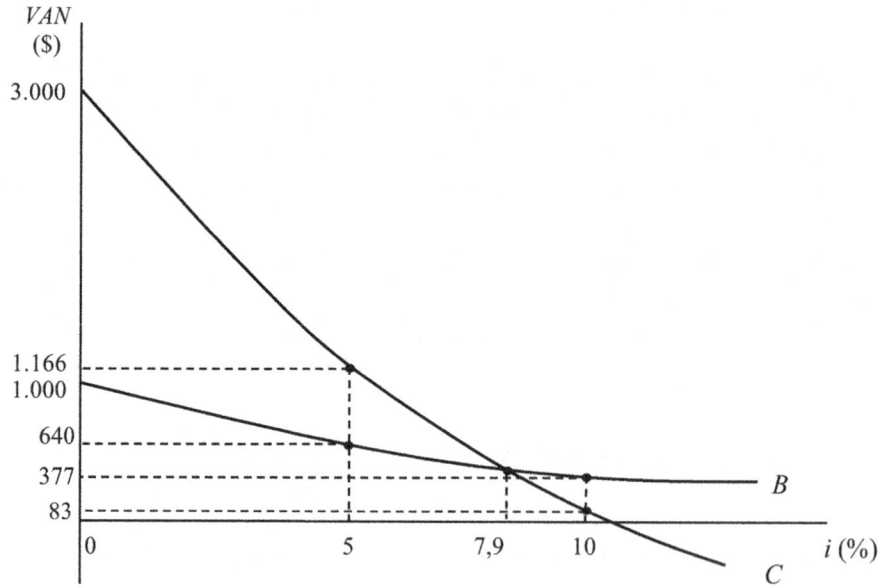

Figura 5.4. *Ranking* de proyectos mutuamente excluyentes.

Como muestra la figura 5.4, la rentabilidad de un proyecto en comparación con su alternativa es sensible al tipo de descuento. Para los tipos de descuento entre 0 y, aproximadamente 7,9 %, *C* es preferido a *B*. Sin embargo, para los valores de *i* > 0,079, desaparece la ventaja comparativa de *C*. El aumento de la tasa de descuento ha cambiado el orden de preferencia de dos proyectos mutuamente excluyentes.

5.3. La mecánica del descuento: algunas fórmulas útiles

El análisis coste-beneficio se puede aplicar a proyectos de inversión y políticas que impliquen efectos de larga duración en la sociedad. La evaluación de las inversiones y medidas regulatorias, o cualquier otra política pública que pueda cuantificarse en términos económicos, tiene un flujo correspondiente de beneficios y costes durante los *T* años que deben agregarse para obtener el *VAN*.

El año *T* puede no ser el último año de la vida del proyecto, sino su duración a efectos de evaluación. La razón por la que *T* puede ser menor que la vida real del proyecto puede deberse a que el marco regulatorio así lo requiera ya que, por ejemplo, puede ser pertinente evaluar el período cubierto por un contrato de participación privada vinculado al proyecto, o porque se espera que, tecnológicamente, *T* sea el período máximo que razonablemente debe considerarse antes de que se produzca la obsolescencia técnica.

En cualquier caso, es necesario estimar el *valor residual* del proyecto. Este valor es el *VAN* de los beneficios y costes del proyecto desde el año *T* + 1 hasta el infinito. Esto puede significar calcular el coste de desmantelar una infraestructura provisional sin uso más allá de *T*, o tal vez los beneficios obtenidos de la futura utilización de los activos una vez deducidos los costes de obtención de dichos beneficios, que incluirían el coste de desmantelar el equipo o limpiar y descontaminar el suelo, por ejemplo. A veces se sugiere que se calcule el valor residual como un porcentaje de los costes de inversión, como una estimación del valor restante de los activos, pero esta práctica contable no parece tener relación con el valor social del proyecto más allá de *T*.

Dejando de lado los costes de inversión (que supondremos por simplicidad que tienen lugar a principios del año 1 o año 0), y centrando nuestra atención en el flujo de beneficios y costes a partir del año uno, tenemos:

$$\sum_{t=1}^{T} \delta^t (B_t - C_t) \cdot \tag{5.6}$$

Llamando V_t a $(B_t - C_t)$ en la expresión (5.6) y suponiendo que V_t sucede al final de cada año, es positivo y constante ($V_t = V$) durante la vida del proyecto, tenemos el perfil temporal de los beneficios netos que se muestra en la figura 5.5.

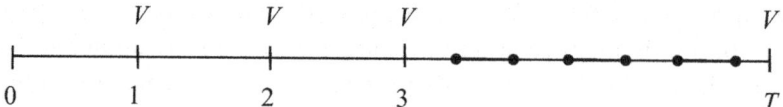

Figura 5.5. Beneficios al final del año.

El *VAN* es igual a:

$$\sum_{t=1}^{T} \frac{V}{(1+i)^t} = \frac{V}{(1+i)} + \frac{V}{(1+i)^2} + \dots + \frac{V}{(1+i)^T}.$$ (5.7)

Para calcular el *VAN* en (5.7) hay que recordar que se trata de la suma de los términos de una progresión geométrica, cuyo primer término es $V/(1+i)$ y la razón $1/(1+i)$. La suma de esta progresión geométrica finita es igual a:

$$V\left[\frac{1-(1+i)^{-T}}{i}\right].$$ (5.8)

La expresión (5.8) es la formulación general para calcular el *VAN* de una corriente de beneficios con un valor constante para cualquier duración.[5] La expresión entre corchetes es el factor que convierte un flujo constante de beneficios a lo largo del tiempo en un valor descontado al presente. Este factor aumenta con la duración del proyecto y disminuye con la tasa de descuento. Cuando *T* tiende a infinito, la expresión (5.8) se simplifica a *V/i*.

Usando la expresión (5.8) para calcular el *VAN*, la expresión (5.3) puede expresarse como:

$$VAN(A) = -2.500 + \frac{2.000}{1+i} + 100\frac{1-(1+i)^{-10}}{i}\frac{1}{1+i}.$$ (5.9)

En el caso de que el proyecto incluya beneficios en el año cero (figura 5.6), hay que añadir *V* a la expresión (5.8). Calculando la suma de la progresión de *T*+1 términos obtenemos la expresión (5.10).

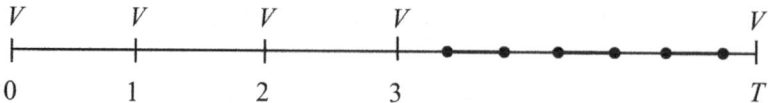

Figura 5.6. Beneficios en el año cero y al final del año.

---

[5] Suponiendo que los beneficios comienzan en el año 1. Esta fórmula permite calcular el valor anual *V* que corresponde al valor actual neto de un activo o un coste fijo que se quiere anualizar: $V = VAN\,((1+i)^T i)/((1+i)^T - 1))$.

$$VAN = \frac{V(1+i)}{i}\left(1 - \frac{1}{(1+i)^{T+1}}\right). \tag{5.10}$$

Las expresiones (5.8) y (5.10) se basan en el supuesto de beneficios anuales constantes. Cuando los beneficios cambian con el tiempo de acuerdo con una tasa anual media constante, ambas expresiones deben modificarse. Supongamos que V es una función del PIB y crece a una tasa anual igual a θ, de manera que $V_{t+1} = V_t(1 + \theta)$. Ahora el perfil temporal es el representado por la figura 5.7, y la serie para el VAN la correspondiente a la expresión (5.11):

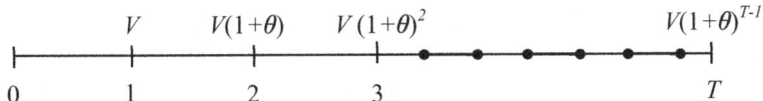

Figura 5.7. Los beneficios crecen a una tasa constante.

$$VAN = \frac{V}{(1+i)} + \frac{V(1+\theta)}{(1+i)^2} + \ldots + \frac{V(1+\theta)^{T-1}}{(1+i)^T}. \tag{5.11}$$

Para un período de tiempo discreto:

$$VAN = V\left[\frac{1 - (1+\theta)^T (1+i)^{-T}}{i-\theta}\right]. \tag{5.12}$$

Cuando $T \to \infty$, si $\theta < i$, $((1+\theta)/(1+i))^T \to 0$, por lo que para un V en el primer año que crece a una tasa anual θ a perpetuidad:

$$VAN = \frac{V}{i-\theta}. \tag{5.13}$$

Los beneficios y costes pueden producirse al final del año, trimestral o mensualmente, o de una manera continua, como el caso de una presa que abastece de agua sin interrupción, o una carretera que ahorre tiempo para un flujo continuo de vehículos que circulan en ella desde su apertura hasta T.

Cuando los beneficios se producen dos veces al año, por ejemplo, y la tasa de descuento anual es i, tenemos el perfil de tiempo que se muestra en la figura 5.8.

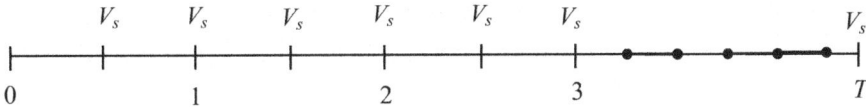

Figura 5.8 Cuando los beneficios ocurren más de una vez al año.

Para descontar los beneficios, necesitamos una tasa de descuento i_s (o, en general, la tasa de descuento que coincida con el subperíodo correspondiente) equivalente a la tasa anual i correspondiente para el descuento de los beneficios que se producen cada seis meses (o en otros períodos inferiores a un año), que denominamos V_s:

$$(1 + i_s)^s = (1 + i),\tag{5.14}$$

donde s es el número de subperíodos (semestres en este caso). Despejando i_s:

$$i_s = (1 + i)^{\frac{1}{s}} - 1.\tag{5.15}$$

Dado que $1 + i_s = (1 + i)^{1/s}$, el descuento para los primeros cuatro semestres en la figura 5.8 es el siguiente:

$$VAN = \frac{V_S}{(1+i)^{0.5}} + \frac{V_S}{(1+i)} + \frac{V_S}{(1+i)^{1.5}} + \frac{V_S}{(1+i)^2},\tag{5.16}$$

o

$$VAN = \frac{V_S}{(1+i_S)} + \frac{V_S}{(1+i_S)^2} + \frac{V_S}{(1+i_S)^3} + \frac{V_S}{(1+i_S)^4}.\tag{5.17}$$

La expresión (5.18) generaliza el cálculo del VAN para una corriente de beneficios V_s que se producen en períodos inferiores a un año. Se obtiene sustituyendo en (5.8) el número de subperíodos y la tasa de descuento del subperíodo obtenido en (5.15):

$$VAN = V_s \left[\frac{1-(1+i_S)^{-Ts}}{i_S} \right].\tag{5.18}$$

Las fórmulas de descuento obtenidas anteriormente son útiles para flujos de beneficios y costes constantes ($V_t = V$) o para crecimientos a tasas constantes ($\theta_t = \theta$). En la práctica, esto no suele ser así, ya que los valores anuales no se ajustan a un patrón que permita la aplicación directa de las expresiones anteriores.[6]

Aunque muchos proyectos generan sus beneficios de manera casi continua, generalmente son tratados como si ocurrieran a final de año, como en la figura 5.5. Si pensamos en el caso de un aeropuerto, una presa o un centro deportivo que proveen servicios desde el 1 de enero al 31 de diciembre, parece obvio que si situamos todos los beneficios a final de año, como suele hacerse en la práctica, el VAN calculado será menor que el real (cuanto más alejados en el tiempo los beneficios, menor es su valor actual).

---

[6] Las hojas de cálculo tienen disponible el VAN y la TIR en el menú de fórmulas.

Puede argumentarse que, si los beneficios y costes ocurren todos los días del año, y van a ubicarse en un instante del año, es más apropiado colocarlos a mediados del año que al principio o al final. El perfil temporal en este caso se muestra en la figura 5.9.

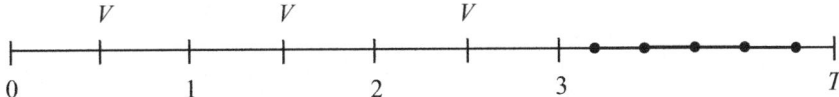

Figura 5.9. Beneficios anuales situados a mitad de año.

La fórmula para descontar los beneficios anuales situados a mediados de año, aplicando la tasa de descuento anual, es la siguiente:

$$VAN = V\left[\frac{1-(1+i)^{-T}}{i}\right](1+i)^{0,5}. \tag{5.19}$$

La expresión (5.19) añade a la fórmula de descuento anual (5.8) el factor $(1+i)^{0,5}$, con el fin de colocar el valor descontado en el momento cero, ya que la aplicación de (5.8) lo habría localizado en el momento −0,5. Mediante la expresión (5.19), obtendríamos los mismos resultados que con la aplicación (5.18) con beneficios diarios ($V_s = V/365$), es decir, los beneficios se realizan diariamente y se descuentan con una tasa de descuento diaria que corresponde a la tasa anual: $i_s = (1 + i)^{1/365} - 1$.

Si el proyecto genera un flujo continuo desde el comienzo del primer día del año (servicios de salud, carreteras, aeropuertos, suministro de agua, etc.), parece razonable colocar *V* a mediados de año, lo que equivale a tratar los beneficios como si se produjeran sin interrupción durante el año y no a saltos, como implica su ubicación a final de año. Puede que esto no tenga demasiada trascendencia en muchos proyectos, pero es necesario saber el porqué de una fórmula u otra.

5.4. La tasa marginal de preferencia temporal y la productividad marginal del capital

El análisis económico de la elección intertemporal que hacen los individuos entre el consumo actual y el consumo futuro nos ayuda a entender las dificultades de elegir la tasa social de descuento. Aunque puede ser posible para algunas personas considerar el consumo presente (x_0) y el consumo futuro (x_1) como sustitutivos perfectos, es más probable que la compensación por la renuncia en el presente se explique tanto por la preferencia temporal como por la dotación que el individuo tiene de ambos bienes en el momento de tomar la decisión. Para las preferencias ordinarias, cuanto mayor sea la dotación inicial de x_0 con respecto a x_1, el individuo estará dispuesto a renunciar a más de x_0 por unidades adicionales de x_1.

La compensación que el individuo requiere por encima de una unidad de consumo futuro para renunciar a una unidad de consumo presente se denomina tasa marginal de preferencia temporal (ξ). Por lo tanto, el individuo es indiferente entre una unidad de x_0 y $(1 + \xi)$ de x_1. Sin embargo, el mercado compensa al individuo con una cantidad que no coincide necesariamente con ξ. La tasa que indica lo que recibe el individuo es la tasa de interés (i), que representa el importe adicional que se obtiene en el futuro si se renuncia a una unidad en el presente.

Tanto ξ como i pueden ser negativos: ξ es negativa en los casos en que, por ejemplo, el individuo tiene una fuerte preferencia por el futuro y/o tiene una dotación inicial muy alta del consumo presente en comparación con el consumo futuro, por lo que está dispuesto a renunciar a una unidad de x_0 a cambio, por ejemplo, de 0,9 unidades de x_1 ($\xi = -0,1$). Un tipo de interés negativo es posible, por ejemplo, si la tasa de interés nominal está cerca de la tasa de inflación y hay impuestos sobre el rendimiento de los activos financieros.

Otra tasa importante en el análisis de las decisiones intertemporales es la productividad marginal del capital o tasa interna de rendimiento de la inversión (r), que indica lo que el individuo recibe si invierte una unidad en actividades productivas. Ignorando la existencia de impuestos e incertidumbre, si r es mayor que i, invertir en un proyecto es atractivo porque produce rendimientos más altos que depositar el dinero en el banco. Supongamos que todos los proyectos se ordenan de mayor a menor rentabilidad. El individuo llevará a cabo todos los proyectos de inversión productiva que satisfagan $r > i$ hasta el momento en que sea indiferente entre invertir en el siguiente proyecto y poner el dinero en el banco ($r = i$).

Un individuo que asigna sus fondos de acuerdo con el criterio descrito está maximizando el valor actual de su riqueza y, una vez que alcanza el *VAN* máximo, pasa a la decisión entre consumo presente y futuro de acuerdo con su tasa marginal de preferencia temporal. Si $\xi < i$ prestará dinero al banco y si $\xi > i$ pedirá prestado. En el punto de equilibrio las tres tasas son iguales.

Cuando se cumple la igualdad ($r = i = \xi$), se han llevado a cabo todos los proyectos de inversión que ofrecían una mayor rentabilidad de la que el individuo estaba dispuesto a sacrificar en términos de consumo actual. En un mercado de capitales perfecto, la tasa marginal de preferencia temporal es igual a la tasa de productividad marginal del capital y al tipo de interés, lo que desalienta a invertir en proyectos propios con menor rentabilidad que proyectos de inversión de terceros disponibles en la economía, y cuya rentabilidad está representada por el tipo de interés del mercado.

Las políticas públicas y los proyectos de inversión comprometen fondos obtenidos del sector privado con el propósito de financiar acciones decididas por el gobierno, que en principio se espera que aumenten el bienestar social. El uso de estos fondos públicos para financiar proyectos tiene un alto coste de oportunidad. Suponiendo que estos proyectos se financian con el dinero de los contribuyentes, parte del consumo y la inversión privados se han quedado sin financiación porque el sector público ha absorbido esos fondos. A este coste de oportunidad se debe añadir el exceso de gravamen de los impuestos.

Hemos visto cómo la tasa de interés, la tasa marginal de preferencia temporal y la productividad marginal del capital sólo coinciden cuando no hay restricciones a los mercados financieros, no hay impuestos y no hay distorsiones en la producción o el consumo que lo impidan. La figura 5.10 representa el mercado de capitales en una economía sin distorsiones. La tasa de interés i es el coste de oportunidad de capital para la financiación de proyectos. Las curvas de demanda y oferta de fondos disponibles (K) se cortan en i_0. La curva de demanda (D) representa las opciones de inversión en la economía, oportunidades de inversión con una productividad marginal decreciente. Cuando la tasa de interés cae, nuevos proyectos resultan ser rentables en el sector privado porque las tasas internas de rendimiento de estos proyectos son ahora más altas que el coste de financiación (tipo de interés).

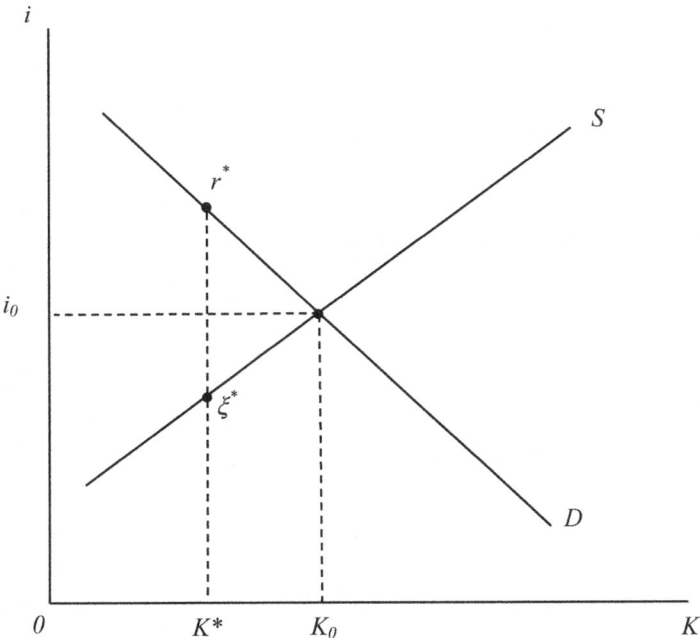

Figura 5.10. El mercado de fondos disponibles.

La oferta de fondos disponibles (S), el ahorro, aumenta con el tipo de interés, lo que indica que a medida que este aumenta, los individuos están dispuestos a renunciar a más consumo presente por consumo futuro. En el punto de equilibrio, el tipo de interés i_0 coincide con la tasa marginal de preferencia temporal. Con ese tipo de interés i_0 los ahorros son iguales a K_0, sin que nadie esté dispuesto a renunciar a más consumo presente por consumo futuro.

Veamos qué sucede a partir de K^*, donde la tasa marginal de preferencia temporal (ξ^*) es menor que la tasa marginal de rendimiento del capital (r^*). En este punto hay algunos proyectos que producen mayores rendimientos de los que los prestamistas requieren para renunciar al consumo presente. Es socialmente deseable transferir fondos de prestamistas a inversores, y esto es lo que sucedería en el mercado de capitales si no existiesen distorsiones que lo impidan.

Para el nivel de inversión K_0 no hay ningún proyecto de inversión cuya tasa interna de rendimiento sea inferior a la tasa de preferencia de temporal. Entonces, no merece la pena invertir en proyectos públicos que no logren un rendimiento igual a i_0 (recuerde que no hay distorsiones como externalidades o impuestos). Si la agencia pública correspondiente decide invertir en proyectos con una tasa de rentabilidad inferior a i_0, el bienestar social disminuye, ya que el consumo actual será sustituido por el consumo futuro a una tasa subóptima. Se puede concluir que, en las condiciones descritas anteriormente, la tasa marginal de preferencia temporal es igual a la tasa social de descuento y al tipo de interés.

5.5. La tasa social de descuento y el tipo de interés

La figura 5.11 representa un mercado de capitales con distorsiones causadas por los impuestos sobre el ahorro y sobre los beneficios corporativos. La curva de oferta S se desplaza hacia arriba, siendo S^* la función que representa los tipos de interés exigidos para diferentes cantidades de ahorro. La altura del desplazamiento es el impuesto, que se supone constante por unidad de rendimiento del ahorro. Del mismo modo, la función de demanda de inversión se desplaza hacia la izquierda y hacia abajo en el importe del impuesto unitario sobre los beneficios, lo que refleja el hecho de que la tasa interna de rendimiento de la inversión ha disminuido para todos los proyectos.

El nuevo tipo de interés de equilibrio puede ser igual (como en la figura 5.11), mayor o menor que el de un mercado sin restricciones, dependiendo de las elasticidades de la oferta y la demanda. La cantidad de inversión K_b es claramente menor que K_0, debido al mayor coste del endeudamiento y al menor rendimiento de la inversión. La tasa social de descuento en un mercado de capitales sin distorsiones es igual al tipo de interés de mercado porque $i = \xi = r$, mientras que en el caso más realista representado en la figura 5.11 $i \neq \xi \neq r$. La cuestión es cuál de las tres tasas debe utilizarse como la tasa social de descuento.

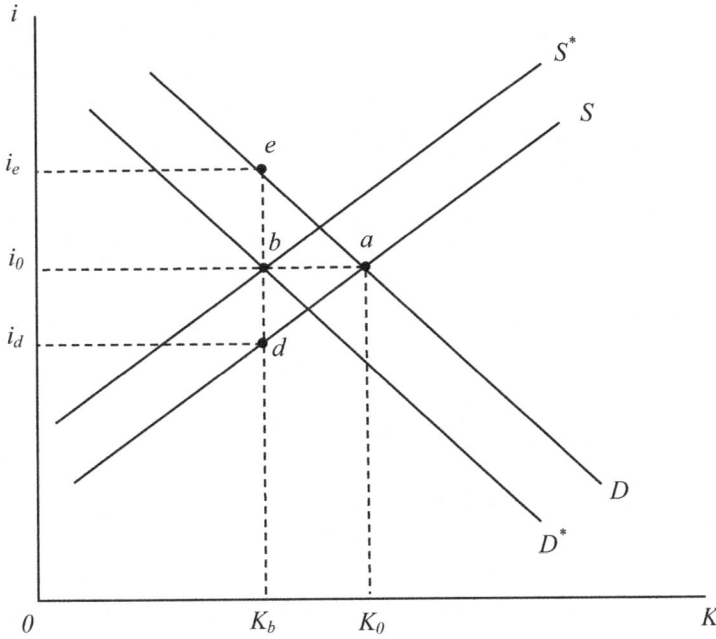

Figura 5.11. Determinación de la tasa social de descuento.

Si el proyecto se financia con ahorros de los consumidores, la tasa social de descuento es i_d, que es la tasa social marginal de preferencia temporal, inferior a la tasa de interés de mercado representada en la figura 5.11. Por el contrario, si el proyecto se financia con fondos desviados de la financiación de proyectos de inversión privada, tenemos que utilizar la tasa social de descuento i_e, superior a la tasa de interés del mercado, ya que esta tasa marginal de rendimiento del capital es la que se obtenía de los proyectos de inversión que han dejado de realizarse en el sector privado de la economía.

Es conveniente distinguir dos situaciones diferentes: en primer lugar, cuando el sector público compite con el sector privado para implementar un proyecto de inversión específico (en este caso la tasa marginal de rendimiento del capital debe utilizarse como tasa social de descuento). En segundo lugar, cuando evaluamos proyectos dentro del sector público, como veremos a continuación.

Cuando el proyecto recibe financiación de varias fuentes, una forma de determinar la tasa social de descuento es calcular la media ponderada de la tasa marginal de preferencia temporal (ξ) y la tasa marginal de rendimiento del capital (r). Por lo tanto, la tasa social de descuento es igual a $\alpha r + (1 - \alpha)\xi$, donde α es la proporción de fondos desviados de la inversión privada y $(1 - \alpha)$ la proporción de fondos procedentes del desplazamiento del consumo. El cálculo de la tasa social de descuento como la media ponderada de ambos tipos requiere información sobre la procedencia de los fondos de inversión (Harberger, 1976).

La crítica económica de este enfoque conduce a una opción más complicada. La metodología propuesta como alternativa a la media ponderada de Harberger[7] es el descuento del flujo de beneficios y costes utilizando la tasa marginal social de preferencia temporal como la tasa social de descuento, pero habiendo convertido previamente el flujo de beneficios netos en un flujo de consumo, utilizando el precio sombra del capital. Por ejemplo, si en el sector privado la tasa marginal de rendimiento del capital antes de impuestos es del 20 % y la tasa marginal social de preferencia temporal es del 5 %, en el margen, una unidad de inversión adicional tiene cuatro veces más valor que una unidad de consumo.

La sociedad está invirtiendo por debajo del óptimo ($K_b < K_0$ en la figura 5.11) y, por lo tanto, el flujo de beneficios se corrige dependiendo de su destino (consumo o inversión). Si los fondos se reinvierten, se multiplicarán por el precio sombra ($r/\xi = 4$, en nuestro ejemplo), y luego se descontarán con la tasa marginal social de preferencia temporal. Otra forma de ver la lógica de este procedimiento es la siguiente: si los beneficios V son totalmente reinvertidos en el año t, cada año subsiguiente se obtiene rV de retorno para consumo, por lo que rV a perpetuidad es igual a rV/ξ, que se descontará multiplicando por $1/(1 + \xi)^t$.

Este procedimiento es más complicado debido a la información que se requiere sobre el destino de los beneficios a lo largo de la vida del proyecto. Por esta razón, los economistas optan con frecuencia por enfoques más pragmáticos consistentes en utilizar, por ejemplo, el tipo de interés de los bonos del tesoro a largo plazo, en la creencia de que en el sector privado no se realizará ninguna inversión con un rendimiento marginal más bajo.

Sin embargo, no debemos olvidar que cuando hay impuestos sobre los beneficios, los tipos marginales de rendimiento de la inversión son mayores que el tipo de interés, y en el caso de los impuestos sobre los fondos suministrados por los ahorradores que no desplazan proyectos privados, es posible encontrar tasas marginales de preferencia temporal muy bajas.

En este capítulo hemos visto los efectos que tiene la tasa social de descuento sobre el valor de los beneficios y costes futuros y, en consecuencia, sobre la rentabilidad social de los proyectos. En la evaluación de proyectos reales, la tasa social de descuento[8] suele situarse en el rango del 3 al 5 %, aunque hay valores más altos como el

---

[7] Little y Mirrlees (1974); Bradford (1975).

[8] Véanse Evans (2007); Pearce y Ulph (1999); European Commission (2015); Asian Development Bank (2017); HM Treasury (2018), así como otros manuales oficiales de análisis coste-beneficio.

9 % (6 % para los proyectos que generan principalmente beneficios medioambientales) del Banco Asiático de Desarrollo. En general, las tasas correspondientes son considerablemente inferiores al 6-8 % recomendado en el pasado reciente en la UE y los Estados Unidos, y es conveniente tener en cuenta que estas tasas no incluyen el riesgo, por lo que se supone que los flujos de beneficios y costes se expresan en equivalentes ciertos. En términos prácticos, un procedimiento razonable puede ser trabajar con los límites inferior y superior, y comprobar la sensibilidad de la rentabilidad social del proyecto ante los cambios en la tasa de descuento.

5.6. Descuento intergeneracional

Aplicando el método tradicional basado en la lógica del interés compuesto, la conversión de los beneficios y costes futuros a valores presentes produce resultados en los que el futuro lejano no cuenta a menos que la tasa de descuento se aproxime a cero. Cuando el futuro se define dentro de las coordenadas del sector privado, 20 o 30 años se considera muy largo plazo. En la evolución de las especies, 300 años no es nada.

El descuento exponencial es, en principio, adecuado para proyectos o políticas que afectan a las mismas personas en diferentes períodos de tiempo. Muchos proyectos públicos con una vida útil de 20 o 30 años se pueden evaluar con el enfoque de descuento habitual del análisis financiero. El problema surge cuando los proyectos de inversión, o las políticas que afectan al *stock* de recursos naturales, tienen un impacto positivo o negativo en el bienestar de las generaciones futuras.[9] ¿Deben descontarse dichos impactos?

Aplicando el método de descuento exponencial, el futuro lejano se vuelve irrelevante para tasas de interés relativamente bajas. El valor actual (suponiendo inflación cero) de beneficios (o costes) de $100 millones dentro de 300 años es de $2,60 si se descuentan al 6 %. Los beneficios de preservar algunas especies o prevenir el calentamiento global son muy bajos si se les descuenta con las mismas tasas de descuento que acciones que ocurren en el corto plazo. Con las cifras anteriores, no sería deseable invertir $3 hoy para evitar una pérdida de $100 millones dentro de 300 años si la tasa de descuento fuese del 6 %.[10]

---

[9] Aunque también se argumenta que, en el caso de descontar los beneficios derivados de la reducción de muertes y lesiones, la tasa marginal de preferencia temporal no coincide necesariamente con la utilizada para el descuento aplicable a otro tipo de beneficios y costes.

[10] Lo que por otro lado puede parecer razonable, porque al ahorrar $3 hoy tendremos $117 millones dentro de 300 años a un tipo de interés del 6 %. El problema es que no hay garantía de mantener durante 300 años el flujo de beneficios que, al final de este período de tiempo, compense a las personas que vivan en ese momento.

En el caso de la política energética, por ejemplo, la elección de la tasa de descuento es fundamental. Si queremos tener fuentes alternativas de energía disponibles para las generaciones futuras, tenemos que dedicar recursos a este objetivo en el presente. Los costes de investigación y desarrollo son muy altos, y los beneficios esperados son distantes en el tiempo. Por lo tanto, al aplicar una tasa de descuento alta a una política de I+D en energías sostenibles, podría parecer fácilmente como socialmente no rentable (Lind, 1982).

El mismo argumento es aplicable a la energía nuclear. Esta energía produce beneficios inmediatos (electricidad barata), pero los costes sociales pueden ocurrir cientos de años más tarde. En este caso, a muchos les puede parecer moralmente inaceptable aplicar una tasa de descuento que haga insignificantes los costes asociados con la exposición a la radiación que pueden sufrir las generaciones futuras. En cambio, un argumento a favor de descontar los beneficios de las generaciones futuras es la posibilidad de que la renta per cápita continúe con la tasa de crecimiento que ha experimentado en el pasado. Si las generaciones futuras van a ser mucho más ricas que la presente, ¿hasta qué punto está justificado el sacrificio de la generación actual? En cualquier caso, este argumento no parece que sea aplicable a daños irreversibles significativos.

Otro planteamiento sobre el descuento de los flujos de beneficios y costes de las generaciones futuras es que se trata de un problema fundamentalmente ético, por lo que podría ser adecuado separar el descuento de los beneficios y costes que se producen en diferentes períodos de tiempo de la equidad intergeneracional. Esta posición sugiere que el problema no es la elección del valor de la tasa de descuento, sino el estado del *stock* de recursos naturales que debemos dejar en las mejores condiciones posibles a las generaciones futuras. En este punto de vista, el debate sobre el uso de los recursos naturales tendría lugar en el marco del desarrollo sostenible (Heal, 1997).

La crítica del descuento exponencial en proyectos con efectos a muy largo plazo no se basa exclusivamente en motivos éticos. La evidencia empírica sobre las preferencias de los individuos sobre el intercambio entre el consumo presente y el futuro muestra la existencia de una amplia gama de tasas individuales de descuento, tanto con respecto a la duración del proyecto como para diferentes bienes y elecciones intertemporales. Shane et al. (2002, p. 362) encuentran cinco regularidades: (i) las ganancias se descuentan más que las pérdidas; (ii) los importes pequeños se descuentan más que los grandes; (iii) se muestra un mayor descuento para evitar el retraso de un bien que para acelerar su recepción; (iv) en opciones sobre secuencias de resultados, las secuencias que mejoran a menudo se prefieren a las secuencias que van empeorando, aunque una preferencia temporal positiva dicta lo contrario; y (v) en la elección de secuencias de resultados, la violación de independencia está generalizada, y los individuos parecen preferir extender el consumo a lo largo del tiempo de una manera que la utilidad marginal decreciente por sí sola no puede explicar.

En este sentido, se describen a continuación dos líneas de trabajo interesantes. Ambas se basan en las preferencias declaradas por los individuos cuando son entrevistados sobre sus elecciones intertemporales a largo plazo. Ambas conducen a la conclusión de que los beneficios y costes futuros deberían pesar más en la evaluación económica de proyectos.

Basándose en las preferencias manifestadas en las entrevistas a 3.200 hogares con respecto al descuento implícito de muertes evitadas en varias fechas futuras, Cropper et al. (1992) concluyeron que, aunque los encuestados dan más valor a las vidas salvadas en el presente que en el futuro, la tasa de descuento implícita no es constante, de acuerdo con sus respuestas. En lugar del descuento exponencial, un factor de descuento hiperbólico se ajusta a las preferencias manifestadas por los individuos sujetos al dilema entre las vidas salvadas en el presente y en el futuro. Los resultados del trabajo de Cropper et al. (1992) son los siguientes:

- Una alta proporción de encuestados no aceptaría programas que salvan vidas en el futuro a expensas de renunciar a programas que salvan vidas en el presente, incluso si el número de vidas salvadas en el futuro es 50 veces mayor. La razón por la que muchos de los encuestados siempre prefirieron salvar vidas en el presente radica en la creencia de que la sociedad encontraría otros medios para salvar esas vidas en el futuro (por lo tanto, no aceptaron la alternativa sugerida en la encuesta). Las otras razones se deben a que esta elección los protegerá a ellos y a sus seres queridos, y los programas del futuro (especialmente los que duran unos 100 años) no lo harán.
- Las tasas de descuento implícitas obtenidas son significativamente superiores a cero, incluso en horizontes de hasta 100 años. Aunque los individuos descontaron el futuro, no lo hicieron a una tasa de descuento exponencial constante. Las tasas de descuento son mucho más altas para horizontes de tiempo cortos que para horizontes lejanos, y hay una considerable heterogeneidad en las tasas de descuento.

Por lo tanto, la información de la encuesta indica que los individuos utilizan diferentes tipos de descuento dependiendo del intercambio entre consumo presente y futuro. El patrón que parece seguir la tasa de descuento a lo largo del tiempo es el de una curva convexa de pendiente negativa.[11]

---

[11] Las respuestas dadas por los encuestados a la contingencia de salvar vidas anónimas en el presente o en 5, 10, 25, 50 o 100 años (para cada encuestado sólo se dio una opción) nos permiten inferir una posible tasa de descuento implícita del 16,8% en las vidas salvadas en el año 5, 11,2% en el año 10, 7,4% en el año 25, 4,8% en el año 50 y 3,8% en el año 100.

El descuento hiperbólico ha sido criticado porque implica preferencias inter-temporales inconsistentes al cambiar los individuos su tasa de descuento cuando se encuentran en años diferentes, lo que no ocurre con el descuento exponencial. Aunque esto sea así, estas tasas de descuento parecen ajustarse a las preferencias declaradas por las personas sometidas a opciones hipotéticas entre el presente y el futuro.

Otra contribución relativa a la determinación de la tasa social de descuento se denomina descuento gamma, y su justificación es la siguiente (Weitzman, 2001): de 2.000 entrevistas con economistas de 48 países diferentes, y de los valores de sus respuestas sobre la tasa de descuento, Weitzman obtuvo la distribución de dichas tasas, que oscilaron entre cero y un máximo del 20 %. Estos valores siguen una distribución gamma con frecuencias más altas entre 3 % y 5 %, y una cola larga a la derecha con frecuencias muy bajas.

Weitzman advirtió del error que supone promediar en la distribución de tasas de descuento individuales para obtener la tasa social de descuento. El procedi-miento correcto es promediar los factores de descuento. Veamos la lógica de ha-cerlo así a través de un ejemplo. Consideremos un proyecto que consiste exclusi-vamente en un beneficio futuro de $100 millones dentro de 300 años. Si la tasa de descuento es del 1 %, el valor actual de estos beneficios es igual a $5.053.449. Si el tipo de descuento es del 10 %, el valor actual es prácticamente cero ($0,00004). Además de mostrar los efectos del descuento exponencial en beneficios alejados en el tiempo, este ejemplo ilustra sobre todo el efecto de promediar las tasas de descuento en lugar de los factores de descuento.

Supongamos que la economía está compuesta por dos individuos, A y B, con tasas de descuento del 1% y del 10%, respectivamente, y que el gobierno uti-liza, como tasa social de descuento, la media para descontar los beneficios de $100 millones en 300 años. Si aplicamos la tasa promedio de las dos tasas de descuento individuales (5,5 %), el resultado es un valor actual de $10,60, lo que no parece razonable dado que el individuo A valora los $100 millones como $5 millones en el presente, y el individuo B les da un valor cercano a cero. La media de estos dos valores es de $2,5 millones, una cifra significativamente superior a los $10,60 que resulta de aplicar la tasa media.

La clave está en que no podemos promediar tipos sino los factores de des-cuento. Si calculamos la tasa de descuento implícita, que consiste en convertir los 100 millones de dólares recibidos dentro de 300 años, en 2,5 millones de dólares en la actualidad, obtenemos una tasa de descuento del 1,2 %, muy cer-ca del 1 %, el valor mínimo de la distribución de tipos (véase el cuadro 5.1).

En el cuadro 5.1 se muestra cómo, en los primeros años, el resultado de pro-mediar las tasas de descuento genera resultados parecidos a los obtenidos con la media de los factores de descuento. Sin embargo, en un horizonte temporal relativamente cercano de 30 años, el uso de la media de los factores de descuento implica duplicar los beneficios que resultan de aplicar una tasa media de descuento. Puede apreciarse cómo la tasa de descuento implícita, que es la media de los valores actuales que ambos individuos conceden a $100 millones, disminuye con el paso del tiempo, acercándose al valor más bajo en el rango de tasas de descuento.

Cuadro 5.1. Tasas de descuento y factores de descuento.
(valor actual de $100 millones recibidos en diferentes momentos, descontados al 1%, 10%, con la media de las tasas de descuento y de los factores de descuento)

Año	1%	10%	Media de tasas	Media de factores	Tasa implícita (%)
5	95.146.569	62.092.132	76.513.435	78.619.351	4.92866
10	90.528.695	38.554.329	58.543.058	64.541.512	4.47589
20	81.954.447	14.864.363	34.272.896	48.409.405	3.69397
30	74.192.292	5.730.855	20.064.402	39.961.574	3.10473
50	60.803.882	851.855	6.876.652	30.827.869	2.38142
100	36.971.121	7.257	472.883	18.489.189	1.70231
200	13.668.638	0.5	2.236	6.834.319	1.35065
300	5.053.449	0.0	10.6	2.526.724	1.23363

Ideas para recordar

- Los beneficios y costes ocurren en diferentes momentos durante la vida útil del proyecto. Hay proyectos con una vida útil de 30 años, y otros cuyos efectos, en términos prácticos, pueden durar para siempre. Las personas no son indiferentes con respecto a cuando disfrutan los beneficios y soportan los costes, por lo que los beneficios netos durante la vida del proyecto deben ser ponderados de acuerdo con las preferencias individuales.
- Si los individuos descuentan el futuro, es decir, prefieren una unidad de beneficio hoy en lugar de mañana, necesitamos un método para homogeneizar el flujo de beneficios y costes. El descuento exponencial es el procedimiento habitual para expresar todos los beneficios y costes futuros en valores actuales. La lógica del interés compuesto explica el descuento exponencial. Si $1 tiene un valor de $(1 + i)$ el próximo año, el valor actual de $1 el próximo año es igual a $1/(1 + i)$, donde i es el tipo de interés.

- La tasa marginal de preferencia temporal, la productividad marginal del capital y la tasa de interés no son iguales a menos que se den circunstancias poco probables. Por lo tanto, la selección de la tasa social de descuento es difícil y controvertida. El evaluador toma la tasa de descuento como un parámetro dado por el gobierno, y puede introducir varios valores plausibles para comprobar la sensibilidad de los resultados ante cambios en la tasa de descuento.

- Es dudoso que el descuento exponencial sea el apropiado para calcular el valor actual de los beneficios y costes que afectan a las generaciones futuras. Puede argumentarse que el descuento exponencial no refleja las preferencias de los individuos, y que se deben utilizar tasas de descuento menores para dar más peso al bienestar en el futuro. El uso de tasas más bajas de descuento para impactos medioambientales o salvar vidas ya se está utilizando en la práctica del análisis coste-beneficio.

6. Descuento y criterios de decisión (II)

Como se ha demostrado en una literatura emergente, la capacidad de retrasar una inversión irreversible puede afectar profundamente a la decisión de invertir. También socava los fundamentos teóricos de los modelos de inversión neoclásicos estándar, e invalida la regla de valor actual neto como se suele enseñar a los estudiantes en las escuelas de negocios: «Invierte en un proyecto cuando el valor actual de sus flujos de caja esperados es al menos igual a sus costes». Esta regla —y los modelos basados en ella— son incorrectos cuando las inversiones son irreversibles y las decisiones de invertir pueden posponerse.

(ROBERT S. PINDYCK, 1991, p. 1110)

6.1. Introducción

El valor actual neto (*VAN*) es el indicador clave para medir la rentabilidad económica de un proyecto en una única cifra. Una vez que los beneficios y los costes han sido descontados, necesitamos un criterio de decisión para aceptar-rechazar un proyecto, así como para comparar entre diferentes proyectos. En la sección 6.2 se explica que el *VAN* es el indicador económico más utilizado para ayudar en la toma de decisiones. El *VAN* nos permite expresar el flujo de beneficios y costes del proyecto en una sola cifra. También se discuten la tasa interna de rendimiento y la ratio beneficio/coste.

Cuando la decisión es aceptar-rechazar, estamos ante la situación más fácil en la evaluación de un proyecto. Sin embargo, incluso en esta situación, un *VAN* positivo no es suficiente para tomar la decisión de ejecutar el proyecto. Podría ser que posponer la inversión fuese una alternativa superior. En otros contextos, debemos elegir entre proyectos mutuamente excluyentes, todos ellos con un *VAN* positivo, pero no comparables debido a su duración diferente. En otras ocasiones, el *VAN* esperado es positivo, pero retrasarlo aumenta el beneficio social porque, por ejemplo, revela información relevante cuyo valor se pierde cuando se implementa el proyecto. En la sección 6.3 discutimos los criterios de decisión cuando hay que elegir entre proyectos mutuamente excluyentes con horizontes temporales diferentes, mientras que en la sección 6.4 lo que se discute es la decisión de inversión cuando esta puede posponerse (es decir, no se trata del dilema «ahora o nunca»), analizando los beneficios de retrasar la inversión.

6.2. Criterios de decisión: el valor actual neto

Aceptar-rechazar

Hay varias formas alternativas de medir, con un único indicador, la rentabilidad social de un proyecto cuyos beneficios y costes se producen en diferentes momentos del tiempo. El indicador más fiable es el *VAN* del flujo de beneficios y costes (véase Brealey y Myers, 1996). El *VAN* resume en una sola cifra el valor social del proyecto, restando los costes (*C*) de los beneficios (*B*) una vez que ambos han sido actualizados con la tasa de descuento (*i*). Una expresión general es la siguiente:

$$VAN = B_0 - C_0 + \frac{B_1 - C_1}{1+i} + \frac{B_2 - C_2}{(1+i)^2} + ... + \frac{B_T - C_T}{(1+i)^T}. \tag{6.1}$$

Si la expresión (6.1) es igual a cero, el valor actual de los beneficios del proyecto es igual al valor actual de sus costes, lo que dejaría indiferente al responsable de la toma de decisiones entre la aprobación o el rechazo del proyecto, ya que la ejecución de este sólo permite el reembolso de la inversión inicial, los costes de explotación y el pago de intereses, que es lo que se puede obtener dejando la inversión en la mejor alternativa disponible. Cuando el caso es elegir entre aceptar-rechazar un solo proyecto, tenemos la primera regla de decisión: si *VAN* > 0, aceptar; si *VAN* < 0, rechazar.

La lógica económica de esta regla de decisión se basa en el concepto de coste de oportunidad. Considere un proyecto de inversión de $2.487 que produce un ingreso monetario constante igual a $1.000 durante sus tres años de vida. Supongamos que la tasa de descuento es el tipo de interés (10 %) al que esta inversión sería remunerada si no se invirtiera en el proyecto. El coste de oportunidad de esta inversión expresado al final del tercer año es: $2.487(1 + 0,1)^3$.

Una cifra inicial de $2.487 alcanza aproximadamente $3.310 en el tercer año si se presta a una institución financiera. Este es el coste de oportunidad de invertir en el proyecto, la renuncia a recibir $3.310 en el tercer año. Por lo tanto, si se invierten $2.487 en el proyecto, deben esperarse al menos $3.310 en el tercer año o una cantidad equivalente durante la vida del proyecto, por ejemplo, $1.000 cada año durante los tres años de duración.

Cuando se invierten $2.487 en el proyecto, y se obtienen $3.310 en el tercer año, el *VAN* es:

$$VAN = -2.487 + \frac{3.310}{(1 + 0,1)^3} = 0. \tag{6.2}$$

El *VAN* es aproximadamente cero, lo que indica que se obtiene lo mismo prestando el dinero al banco que destinándolo al proyecto. Lo mismo sucede si se obtienen $1.000 cada año porque:

$$VAN = -2.487 + \frac{1.000}{(1+0,1)} + \frac{1.000}{(1+0,1)^2} + \frac{1.000}{(1+0,1)^3} = 0. \qquad (6.3)$$

Si al invertir $2.487 en el proyecto el *VAN* es positivo, los fondos invertidos en el proyecto generan ingresos que superan el coste de oportunidad de dichos fondos, permitiendo no sólo la recuperación de lo invertido más los intereses, sino también un beneficio adicional.

Elegir entre proyectos con *VAN* positivo

La regla del *VAN* no sólo es válida para la aceptación o el rechazo de un proyecto, sino que también es un criterio adecuado para elegir entre proyectos mutuamente excluyentes o para seleccionar entre un grupo de proyectos dentro de una restricción presupuestaria dada. En este caso el objetivo es elegir el conjunto de proyectos que maximizan el *VAN* global.

El cuadro 6.1 ilustra el uso del *VAN* en contraste con el cociente beneficio/coste (*B/C*). La ratio *B/C* es la fracción de los beneficios descontados y los costes descontados, y se utiliza con frecuencia como indicador de la rentabilidad social de los proyectos. En el cuadro 6.1 se clasifican cuatro proyectos según su *B/C*. Nótese cómo el proyecto *E* es el que tiene el valor *B/C* más alto (1,5), pero *G* tiene el mayor *VAN*, por lo que el criterio *B/C* proporciona un *ranking* erróneo de los proyectos en el cuadro 6.1. El beneficio más bajo por unidad de coste corresponde al proyecto *H*, 0,8. Una justificación para rechazar el proyecto *H* es que *B/C* = 0,8 es menor que la unidad y, por lo tanto, por cada unidad monetaria invertida en el proyecto sólo se recuperan 0,8, por lo que se pierde el 20 % de la inversión.

Cuadro 6.1. Indicadores para la selección de proyectos (valores descontados)

Proyecto	Beneficio	Coste	*VAN*	Beneficio/Coste
E	300	200	100	1,50
F	780	600	180	1,30
G	1.250	1.000	250	1,25
H	960	1.200	−240	0,80

La regla del *VAN* habría rechazado el proyecto *H* porque implica pérdidas de $240 si se llevase a cabo. El criterio de aceptar el proyecto con *VAN* > 0 indica que los proyectos rentables son *E, F* y *G*, todos ellos con un *B/C* mayor que 1.

Por lo general, hay más proyectos con un *VAN* > 0, o *B/C* > 1, que los fondos disponibles, y las agencias públicas se ven obligadas a elegir entre el conjunto de proyectos rentables, un subconjunto que simultáneamente garantiza el máximo bienestar social y satisface la restricción presupuestaria.

Consideremos una restricción presupuestaria de $800. En este caso elegimos los proyectos *E* y *F,* siendo el *VAN* de $280. La clasificación de los proyectos de acuerdo con la ratio *B/C* conduce a la misma selección. Supongamos ahora que el presupuesto es de $1.600. En este caso, los proyectos que permiten un *VAN* total mayor ($430) son *F* y *G*; mientras que *E*, con la ratio *B/C* más alta, queda fuera del subconjunto óptimo.

Un problema adicional al descrito con el uso de la ratio *B/C* como indicador de la rentabilidad del proyecto es que es sensible a la forma en que se comparan los beneficios y los costes, a diferencia del *VAN* que produce el mismo resultado si los costes se definen como costes o como beneficios negativos.

Tomemos, por ejemplo, el proyecto *E*, y supongamos que se compone de dos períodos –el año cero, en el que se materializa la inversión, y el año uno– y supongamos una tasa de descuento del 10 %. Dos alternativas compatibles con un *VAN* de $100 son las siguientes:

$$VAN = -200 + \frac{330}{1+i} = 100, \tag{6.4}$$

$$VAN = -100 + \frac{330-110}{1+i} = 100. \tag{6,5}$$

En el primer caso, la relación *B/C* es igual a 1,5, como se muestra en el cuadro 6.1. En el segundo, depende de cómo definamos los costes. Si los costes se definen como tales, el valor de $110 es un coste con un valor presente de $100, y *B/C* es igual a 1,5. Sin embargo, si el coste se trata como un beneficio negativo (por ejemplo, una agregación de ganadores y perdedores), el beneficio es de $220 y el *B/C* es igual a dos. Nótese que el *VAN* es $100 en ambos casos.

Aunque hay casos en que un *VAN* positivo no es una condición suficiente para la aprobación de un proyecto, el *VAN* es ampliamente considerado el criterio más fiable, y la única recomendación es evitar su uso mecánico sin pensar en las características de los proyectos que queremos comparar, como discutimos en el resto del capítulo.

La tasa interna de rendimiento (*TIR*)

Otro indicador es la *TIR*, que es simplemente el valor de *i* que hace que el *VAN* sea igual a cero. Por lo tanto, la *TIR* es la tasa de descuento más alta que el proyecto admite antes de tener una rentabilidad negativa (véase la figura 5.2). Cuanto más rentable sea el proyecto, mayor será el rango de valores de *i* con un *VAN* positivo.

Volviendo a la figura 5.2 puede verse cómo el *VAN* y la tasa de descuento están inversamente relacionados. Si aumentamos convenientemente *i*, se alcanza un valor para el que el *VAN* toma el valor cero ($i^* = 7,5\%$). Este valor es la *TIR*, y la regla de decisión es aceptar el proyecto si i^* es más alto que la tasa de interés, y rechazarlo en caso contrario.

La *TIR* también tiene algunas debilidades, ya que puede haber más de un valor de *i* que haga que el *VAN* sea igual a cero. Esto puede suceder si durante la vida del proyecto los beneficios netos cambian de signo. Además, no siempre el proyecto con *TIR* más alta es el que tiene el mayor *VAN*.

6.3. Criterios de decisión: elegir entre proyectos de diferente duración

Selección entre proyectos mutuamente excluyentes con vidas útiles diferentes

Utilizando el *VAN* como regla de decisión, la probabilidad de errores en la selección de proyectos alternativos disminuye. Sin embargo, es necesario que los proyectos sean comparables. Veámoslo a través de un ejemplo. El cuadro 6.2 muestra dos proyectos mutuamente excluyentes, cuya finalidad es la de salvar un obstáculo natural en la construcción de una carretera. El problema que resuelven ambas alternativas es idéntico. El Proyecto *X* tiene una vida útil de 50 años, el coste de construcción es de $1.550, y los costes de operación y mantenimiento son $150 anuales. El Proyecto *Z* tiene una vida más corta (25 años), sus costes de construcción son de $500, y sus costes de operación y mantenimiento son $250 anuales. Ambos proyectos tienen los mismos beneficios anuales ($360), que suponemos que están limitados a ahorros de tiempo. La tasa de descuento es del 10 %.

Elegir entre estos proyectos supone una disyuntiva entre costes de construcción y de operación: un mayor coste de construcción al principio permite un coste de operación y mantenimiento más bajo durante la vida del proyecto. Veamos la rentabilidad de ambos proyectos.

Cuadro 6.2. Selección de proyectos con diferente vida útil

(valores monetarios en $)

Proyecto	Duración (años)	I	C_t	B_t
X	50	1.550	150	360
Z	25	500	250	360

I: coste de construcción, C_t: coste anual de operación y mantenimiento; B_t: beneficio anual como resultado de ahorro de tiempo.

$$VAN(X) = -1.550 + \sum_{t=1}^{50} \frac{360-150}{(1+i)^t}, \tag{6.6}$$

$$VAN(Z) = -500 + \sum_{t=1}^{25} \frac{360-250}{(1+i)^t}. \tag{6.7}$$

Con una tasa de descuento del 10%, los valores del VAN son los siguientes:[1]

$$VAN(X) = -1.550 + (9{,}91481)\ 210 = 532{,}11, \tag{6.8}$$

$$VAN(Z) = -500 + (9{,}07704)\ 110 = 498{,}47. \tag{6.9}$$

Podría pensarse que el proyecto X es superior al proyecto Z porque su VAN es más alto. Sin embargo, los proyectos no son comparables ya que, resolviendo ambos el problema con el mismo grado de eficacia, el proyecto X lo hace para 50 años y el proyecto Z para 25.

La comparación de los dos proyectos requiere un proceso previo de homogeneización. Dos procedimientos para hacer comparables los proyectos son los siguientes. El primero se basa en considerar un proyecto imaginario que consiste en construir Z dos veces para resolver el problema en el mismo período de tiempo que el proyecto X. Por (6.9) sabemos que el VAN del proyecto Z es igual a $498,47. Un proyecto Z idéntico se vuelve a construir a principios del año 26, y su flujo de beneficios netos dura desde el año 26 hasta el año 50. El VAN de este proyecto idéntico es de $498,47, pero situado al final del año 25 (o lo que es lo mismo, al comienzo del año 26), por lo que para obtener el valor actual del VAN en el año 25 necesitamos dividir por $(1 + i)^{25}$.

---

[1] Recuérdese que la suma (S) de una unidad de beneficio neto durante T años es $S = (1 - (1 + i)^{-T})/i$. Para $i = 0{,}1$ y $T = 25$, $S = 9{,}07704$. Para $T = 50$, $S = 9{,}91481$ (véase el capítulo 4).

$$VAN(2Z) = 498{,}47 + \frac{498{,}47}{(1 + i)^{25}}. \tag{6.10}$$

Durante un período de 25 años y una tasa de descuento del 10 %, el factor de descuento es igual a 0,09230, por lo tanto:

$$VAN(2Z) = 498{,}47 + (0{,}0923)\ 498{,}47 = 544{,}48. \tag{6.11}$$

Este resultado muestra que es más rentable elegir el proyecto *Z*, que se repetirá al final de su vida útil.

El otro procedimiento consiste en calcular el *beneficio neto anual equivalente* ($\hat{B}$), que consiste en calcular el beneficio anual neto medio que, multiplicado por el factor *S* (véase la nota 1) correspondiente a la vida útil y la tasa de descuento, es igual al *VAN* del proyecto:

$$VAN = S\hat{B}. \tag{6.12}$$

Resolviendo para $\hat{B}$ obtenemos el *beneficio neto anual equivalente*:

$$\hat{B} = \frac{VAN}{S}. \tag{6.13}$$

El valor de $\hat{B}$ para el proyecto *X* es de \$53,668 y para el proyecto *Z* es de \$54,916, por lo que el proyecto *Z* es preferible al proyecto *X*, a pesar de tener un *VAN* inferior.

6.4. *Optimal timing:* cuando aplazar es rentable

Un *VAN* positivo indica, en principio, que el proyecto es socialmente deseable. Sin embargo, decir que el proyecto tiene un *VAN* positivo en el año base no significa que el proyecto deba ser aprobado. Cuando posponer un proyecto es posible, es necesario considerar el momento óptimo de ejecutarlo. Consideraremos dos casos, dependiendo de si el retraso del proyecto revela o no información adicional valiosa.

Cuando no se revela información adicional

Incluso con un *VAN* positivo, es necesario comprobar si es más rentable comenzar hoy o esperar hasta el próximo año. Pueden darse algunas circunstancias que hacen que lo óptimo sea posponer el proyecto en el caso de que sea técnicamente factible. Tal vez la demanda está creciendo, pero los beneficios sociales derivados de esa demanda en el primer año no compensan el coste de oportunidad de la inversión. Supongamos que el proyecto implica una inversión inicial de I y beneficios netos anuales B_t. Aplazar el proyecto en un año es rentable si:

$$\frac{iI}{1+i} + \frac{B_{T+1}}{(1+i)^{T+1}} > \frac{B_1}{1+i}. \tag{6.14}$$

La desigualdad estricta en (6.14) muestra, en su lado izquierdo, el valor actual del beneficio de posponer el proyecto un año, y que consiste en el pago de intereses sobre el coste de inversión multiplicado por el factor de descuento $(1/(1+i))$, y los beneficios descontados obtenidos en el período $T + i$ como resultado de terminar un año más tarde. El lado derecho de la desigualdad representa el beneficio perdido del primer año, en valor actual, por posponer el proyecto.

Si el beneficio en el año $T + 1$ no es significativo, podemos simplificar la expresión (6.14) a:

$$i > \frac{B_1}{I}, \tag{6.15}$$

donde B_1/I es la tasa de rendimiento de la inversión en el primer año. Si la tasa de descuento es superior a dicha tasa de rendimiento en el primer año del proyecto, es preferible esperar.

Obtención de información adicional al retrasar el proyecto

Cuando hay incertidumbre sobre los beneficios netos futuros, la inversión es parcial o totalmente irreversible, y es posible posponer la decisión de inversión para adquirir más información, la regla del *VAN* puede ser engañosa a menos que incluya el coste de oportunidad de ejercer la opción de invertir (Dixit y Pindyck, 1994). Esta opción de inversión es clara en el caso de los gobiernos que tienen los derechos de propiedad de la tierra y los recursos naturales, así como la autoridad para decidir sobre la construcción de proyectos de interés general ahora o más adelante en el futuro.

En estas circunstancias, si invertimos hoy hemos renunciado al valor de la información que se revelará en períodos sucesivos, incluyendo información que podría haber aconsejado no invertir, y que ya no puede utilizarse una vez que se tomó dicha decisión, dada la irreversibilidad de la inversión y, por tanto, el carácter irrecuperable de los costes (costes hundidos).

Si retrasar el proyecto revela información valiosa sobre los beneficios netos anuales, el valor económico de dicha información se pierde cuando se realiza la inversión. En las condiciones descritas (es decir, irreversibilidad, incertidumbre y posibilidad de posponer) existe un coste de oportunidad adicional de realizar la inversión en el presente. Invertir hoy implicará la pérdida del valor económico de la información revelada por la espera, y, por lo tanto, debe incluirse como un coste del proyecto. La regla del *VAN* positivo sigue siendo válida si el coste de oportunidad mencionado se incluye en el cálculo del *VAN*.[2]

¿Cuál es el coste de perder esta información invirtiendo ahora? Lo que el inversor estaría dispuesto a pagar por mantener la opción de flexibilidad. Podemos obtener este coste como la diferencia entre el *VAN* calculado si se invierte en el período cero y el calculado si se retrasa el proyecto. Dicha diferencia es el valor que se pierde si no esperamos (es decir, el coste de invertir ahora).

Una manera alternativa de incorporar el coste de invertir ahora es presentando la decisión entre dos proyectos mutuamente excluyentes: uno consiste en invertir ahora, y el otro retrasando la inversión. Sólo tenemos que calcular el *VAN* de ambos proyectos y elegir el que tiene un *VAN* más alto.

Un ejemplo puede ayudarnos a entender la importancia de considerar la opción de esperar como una alternativa. El proyecto representado en la figura 6.1 muestra una inversión en infraestructura portuaria para el tráfico de transbordo de contenedores.

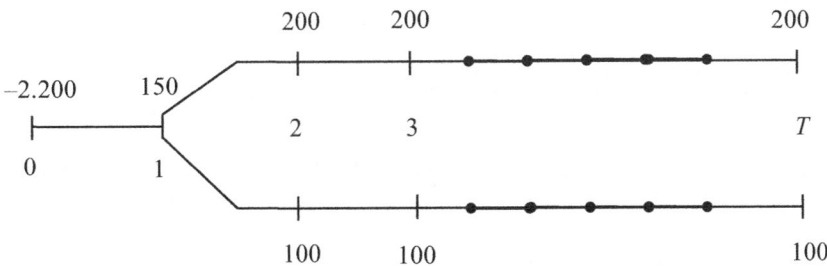

Figura 6.1. Ejemplo: un proyecto con incertidumbre de demanda.

El proyecto requiere una inversión de $2.200 en el año base. El beneficio social en el primer año es de $150. En el segundo año, dependiendo de la decisión de una compañía naviera de firmar un contrato a largo plazo con el puerto o con un puerto competidor, el beneficio es de $200 o $100 con la misma probabilidad y a

---

[2] Véanse Pindyck (1991); Dixit y Pindyck (1994). Para contribuciones anteriores, véanse: Arrow y Fisher (1974), Henry (1974), Fisher y Hanemann (1987), Mensink y Requate (2005).

perpetuidad ($T \rightarrow \infty$). La decisión de la compañía naviera se conoce a principios del segundo año. La tasa social de descuento es del 5%.

Nos enfrentamos a una inversión irreversible, hay incertidumbre de demanda, y la decisión de inversión puede posponerse a la espera de la decisión de la compañía naviera. Suponemos que no hay ninguna acción estratégica que pueda afectar la decisión de la compañía naviera, u otros beneficios o costes sociales adicionales que los ya descritos.

El *VAN* esperado de este proyecto de inversión es el siguiente:

$$\text{E}(VAN) = -2.200 + \frac{150}{1+i} + \sum_{t=2}^{\infty} \frac{100 \cdot (0,5) + 200 \cdot (0,5)}{(1+i)^t} = 800. \qquad (6.16)$$

Como se ha descrito, una vez que se ha realizado la inversión y después del primer año (con un beneficio cierto de \$150), los beneficios en el resto de los años pueden aumentar a \$200 o disminuir a \$100 con la misma probabilidad, dependiendo de la decisión de la compañía naviera. Por lo tanto, el *VAN* del proyecto a perpetuidad si la empresa no firma el contrato es el siguiente:

$$VAN_{(\text{no firma})} = -2.200 + \frac{150}{1+i} + \sum_{t=2}^{\infty} \frac{100}{(1+i)^t} = -152. \qquad (6.17)$$

Alternativamente, si la compañía naviera firma el contrato:

$$VAN_{(\text{firma})} = -2.200 + \frac{150}{1+i} + \sum_{t=2}^{\infty} \frac{200}{(1+i)^t} = 1.752. \qquad (6.18)$$

Estos resultados muestran que la inversión conducirá a una pérdida de \$152 o a un beneficio de \$1.752 con la misma probabilidad (es decir, 0,5). Por lo tanto, el *VAN* esperado es igual a $-152 \cdot (0,5) + 1.752 \cdot (0,5) = 800$, un resultado que ya habíamos obtenido en (6.16). Si el agente que toma la decisión es neutral ante el riesgo, se acepta el proyecto.

Nótese que posponer este proyecto un año no sería rentable si no se considera la información revelada en el segundo año, ya que el beneficio del primer año es superior al tipo de interés multiplicado por la inversión, de acuerdo con la expresión (6.15). Por lo tanto, a pesar de que parece que no hay ganancias derivadas de la espera, retrasar no sólo implica perder el beneficio del primer año y ahorrar el coste de oportunidad del dinero invertido (reflejado en la tasa de descuento); también hay un beneficio adicional que proviene de la información que revela la espera. Cuando el proyecto se retrasa un año, sabemos si la compañía naviera firmará el contrato o no. Por lo tanto, sabemos si los beneficios anuales son \$100 o \$200 a partir del año dos.

Consideremos un proyecto alternativo que consiste en posponer la inversión un año. Una vez calculado el *VAN* esperado, comparamos este valor con el *VAN* esperado de invertir ahora y, por último, se procede a elegir el proyecto con el *VAN* esperado más alto.

Si al esperar sabemos que la empresa no va a firmar el contrato (y, por lo tanto, el beneficio anual es igual a $100), la mejor opción es no invertir, y debido a esta decisión se evita el *VAN* negativo de (6.17), siendo el *VAN* en este caso igual a cero. Dado que este resultado (*VAN* = 0) puede ocurrir con la misma probabilidad con la que se obtiene cuando el contrato se firma (beneficios anuales = $200), el *VAN* esperado de posponer es:

$$\text{E}(VAN)_{\text{(posponiendo)}} = \frac{1}{2}\left(\frac{-2.200}{1+i} + \sum_{t=2}^{\infty}\frac{200}{(1+i)^t}\right) = 857. \tag{6.19}$$

Comparando el *VAN* esperado de invertir ahora ($800) con el *VAN* esperado de posponer la inversión un año ($857), la decisión óptima es retrasar el proyecto y, después de esperar un año, construir sólo si la compañía naviera decide operar en el puerto. La disposición a pagar para mantener la opción de invertir es de $57, la diferencia entre (6.19) y (6.16).

Es interesante observar que el *VAN* esperado de invertir en el presente es positivo y, por tanto, el proyecto se aprobaría si la inversión fuese del tipo «ahora o nunca». Incluso esperar un año no es rentable cuando no se revela información adicional. Sin embargo, si la opción de esperar es factible, podemos pensar en ello como si hubiera otro proyecto que consistiera en esperar, y que tenemos que comparar con el proyecto consistente en invertir ahora. Los cálculos muestran que la decisión óptima en el caso anterior consiste en esperar.

Parece, por tanto, que la regla convencional del *VAN* sigue siendo válida si el problema se aborda como la elección entre dos proyectos mutuamente excluyentes: uno en el que se invierte ahora, el otro en el que se espera un año, ya que de lo contrario la aplicación mecánica de la regla del *VAN* conduciría a conclusiones engañosas.

El *VAN* sigue siendo válido como criterio de decisión siempre que el coste de invertir en el presente incluya el coste de oportunidad de no esperar, o que la opción de esperar se defina como una alternativa a la inversión ahora, y se trate el problema como la elección entre dos proyectos mutuamente excluyentes.

El valor de la opción es el coste de oportunidad de invertir ahora. El valor de la flexibilidad de tomar la decisión de inversión el próximo año es la diferencia de los dos *VAN* ($57 en nuestro caso). En otras palabras, el inversor estaría dispuesto a pagar $57 más por esta flexibilidad. El cálculo del valor de la opción también se puede abordar como el coste de inversión adicional que el inversor está dispuesto a aceptar para obtener flexibilidad de tomar la decisión el próximo año:

$$E(VAN)_{(posponiendo)} = \frac{1}{2}\left(\frac{-I}{1+i} + \sum_{t=2}^{T}\frac{200}{(1+i)^t}\right) = 800. \qquad (6.20)$$

En este caso, el coste de inversión sube a \$2.320, lo que indica que el inversor está dispuesto a pagar \$120 más para tener la flexibilidad de invertir en un año cuando se revela la información, que tener que invertir «ahora o nunca».[3]

Por último, hay que recordar que, en la argumentación anterior, hemos supuesto que el inversor es neutral ante el riesgo. En el caso de un inversor averso al riesgo, la comparación entre invertir ahora y esperar introduce un nuevo elemento de variabilidad en el resultado que afecta a la decisión: al invertir ahora, el resultado es, o bien pérdidas (\$152), o bien beneficios (\$1.752); al esperar un año, las posibilidades son muy diferentes cuando el proyecto es rechazado (beneficios cero) o cuando se acepta (\$1.714).[4]

Ideas para recordar

- El valor actual neto de un proyecto es el indicador económico clave para expresar en un único valor la rentabilidad social de un proyecto. Consiste en la suma de todos los beneficios y costes del proyecto, debidamente descontados. La tasa de descuento es crucial en el cálculo del *VAN*. Existen otros indicadores para la decisión, como la relación beneficio/coste o la tasa interna de rendimiento. El *VAN* es el más fiable, pero es sólo una condición necesaria, como muestra el caso de proyectos mutuamente excluyentes con diferentes duraciones o cuando retrasar es óptimo.
- El cálculo del *VAN* debe incluir el coste de oportunidad de la opción de invertir. Cuando hay incertidumbre sobre los beneficios netos futuros, la inversión es parcial o totalmente irreversible, y posponer revela información relevante, la regla del *VAN* puede ser engañosa a menos que incluya el coste de oportunidad de ejercer la opción de invertir.

---

[3] Observe que el coste adicional de inversión (\$120) ocurre en el primer año con probabilidad 1/2. Expresado en valor actual, dicho coste es \$57, el valor de la opción de esperar obtenido como la diferencia entre los valores actuales de dos proyectos mutuamente excluyentes consistentes en invertir ahora o posponer la decisión hasta el año siguiente.

[4] Cuando el decisor es averso al riesgo, la utilidad del valor esperado es mayor que la utilidad esperada. Para el análisis de la incertidumbre en los proyectos de inversión y la actitud del sector público ante el riesgo, véanse los capítulos 9 y 11.

- Este valor de opción es claro en el caso de los gobiernos que tienen los derechos de propiedad de la tierra y de los recursos naturales, así como el poder de decidir sobre la construcción de proyectos de interés general ahora o en el futuro. Proyectos como las grandes inversiones en infraestructura son irreversibles y están sujetos a incertidumbre de demanda. Invertir hoy implicará la pérdida del valor económico de la información revelada por la espera y, por lo tanto, debe incluirse como un coste. La regla *VAN* sigue siendo válida si el coste de oportunidad mencionado se incluye como coste al calcular la rentabilidad del proyecto.

7. Valoración económica de bienes para los que no hay mercado (I)

Sólo el necio confunde valor y precio.

(Antonio Machado)[1]

7.1. Introducción

La evaluación de los impactos positivos y negativos de los proyectos y las políticas públicas es particularmente difícil (y controvertida) cuando no hay mercado para tales impactos. A veces el proyecto está diseñado específicamente para mejorar un bien medioambiental o para evitar su deterioro. En otras ocasiones, el propósito es otro y el impacto medioambiental aparece como un efecto secundario del proyecto.

Por ejemplo, existen políticas de seguridad que reducen el riesgo de muerte en el trabajo y proyectos que aumentan el valor recreativo de lagos y ríos mejorando la calidad del agua. En cambio, existen políticas como la promoción de la producción industrial (o la ganadería) que contribuyen al calentamiento global, y proyectos como la construcción de un aeropuerto con efectos externos, como el ruido o el deterioro del paisaje.

Ignorar las externalidades negativas o positivas de un proyecto puede ocultar su verdadero coste de oportunidad o, equivalentemente, los verdaderos beneficios que la sociedad obtiene de su implementación. Si la rentabilidad social del proyecto es sensible a la magnitud de la externalidad, incluso puede cambiar la decisión de aceptar-rechazar, o alterar el *ranking* si la decisión es elegir entre un conjunto de proyectos. El problema es cómo valorar los beneficios y costes de los bienes para los que no se intercambian cantidades en el mercado y no existen precios para su valoración.

La sección 7.2 describe cómo las externalidades y los bienes públicos son un desafío para la valoración económica. Cuando no hay un mercado en el que se negocie con el bien afectado por el proyecto, la estimación de la disposición a pagar (o a aceptar) implica la búsqueda de métodos alternativos, como los datos observables en el mercado de otro bien ordinario relacionado, o el diseño de

---

[1] Poeta español (1875-1939).

encuestas que pondrían a los individuos en situaciones hipotéticas para obtener valores monetarios de bienes para los que no hay mercado. La valoración requiere una comprensión previa de las relaciones que hay entre el cambio en el bien para el que no hay mercado y el bienestar de los individuos.

Las medidas monetarias de los cambios en la utilidad de los individuos se abordan en la sección 7.3. Un cambio en la cantidad o calidad de un bien público afecta al bienestar individual, pero la utilidad es inobservable, y el economista ha de basarse en una medida monetaria del cambio en la utilidad. Por esta razón, se presentan los conceptos de variación compensatoria y de variación equivalente, su relación con los derechos de propiedad y las razones que explican por qué suelen divergir.

Básicamente hay dos enfoques para la valoración de los bienes para los que no hay mercado: el primero, basado en las preferencias reveladas, y el segundo en preguntas a los individuos mediante encuestas, y que se conoce como el de las preferencias declaradas (capítulo 8). El enfoque de preferencias reveladas tiene dos métodos principales, presentados en la sección 7.4: el del coste de viaje y el de precios hedónicos. En ambos, el analista se apoya en el mercado de un bien relacionado donde se obtiene la información.

7.2. Valoración económica de los bienes para los que no hay mercado

Externalidades y bienes públicos

El coste privado de un bien es el beneficio neto perdido por un agente económico en la mejor alternativa de los recursos utilizados en la producción de ese bien, mientras que, en el caso del coste social, este beneficio neto es el perdido por la sociedad. La diferencia es pertinente cuando los individuos, al consumir o producir bienes, afectan al bienestar de otras personas ajenas a la transacción de mercado. En este caso, decimos que hay una *externalidad,* y el beneficio o el coste privado y social difieren. Las externalidades pueden ser positivas o negativas y pueden ser generadas por empresas o consumidores.

Un ejemplo de externalidad positiva es un servicio de seguridad contratado por una persona para vigilar su casa, el cual beneficia a otros residentes ya que ahora viven en un vecindario más seguro sin pagar por ello. Una externalidad negativa sería, por ejemplo, la causada por una empresa que contamina el aire y daña la salud de los individuos afectados por las emisiones. En el primer caso hay una externalidad generada por un individuo que beneficia a otros individuos, mientras que en el segundo es una empresa que produce un efecto externo que perjudica a los individuos. Puede haber diferentes posibilidades, y todas tienen en común la imposibilidad (o la dificultad) de encontrar mercados para tales bienes (o males).

El coste marginal social es igual al coste marginal privado más la externalidad. Si no hay externalidades, o cualquier otra distorsión como los impuestos, el coste social de producir una unidad de bien es igual a su coste privado. Si la externalidad es negativa (por ejemplo, la contaminación), el coste social es igual al coste privado más el coste adicional que genera la externalidad. Si el efecto externo es positivo (por ejemplo, una vacuna), el beneficio social será mayor que el beneficio privado. La diferencia entre el beneficio marginal social y privado (es decir, el valor de la externalidad) no tiene por qué ser constante, pudiendo aumentar o disminuir con la escala de la actividad.

Cuando un individuo consume una unidad de un bien privado impide que otro individuo pueda disfrutar de dicha unidad (rivalidad), y el vendedor puede excluir al individuo si se niega a pagar el precio (excluyente). Hemos argumentado que la producción o el consumo de algunos bienes afectan a otras personas ajenas a la transacción del mercado, pero existe un caso extremo de un bien que es no rival ni excluyente denominado *bien público puro*. Si el bien no es ni rival, ni excluyente, no puede ser producido y vendido en el mercado. Los faros han sido el ejemplo clásico de libro de texto.[2]

En el análisis coste-beneficio hay muchos casos de proyectos que afectan a un bien público (como la reducción de la contaminación atmosférica o la mejora de la calidad del agua de un río) que hay que evaluar, aunque no existan transacciones de mercado de las que podamos obtener información sobre la disposición a pagar.

A veces, el cambio en el nivel del bien público no es el objetivo principal, pero el proyecto produce efectos secundarios que cambian ese nivel. Este es el caso, por ejemplo, de obras públicas que generan intrusión visual. El coste social que representa la reducción del placer de contemplar el paisaje es un coste del proyecto. Otra cuestión es la dificultad de expresar razonablemente este coste como un número para el cálculo del beneficio social neto del proyecto.

---

[2] El faro, como ejemplo de bien público, fue cuestionado por Ronald Coase después de revisar la historia de los faros y descubrir que habían sido operados de forma privada en Inglaterra y Gales, aunque otros argumentan que esto sólo significa que hay mecanismos alternativos para el suministro de bienes públicos (en este caso, el gobierno permitió cobrar a los buques que utilizaban puertos cercanos). El sistema de posicionamiento global (GPS) puede ser un ejemplo más actualizado de bien público. Probablemente hay un número casi infinito de variaciones, que van desde un bien público puro a uno estrictamente privado. Un puente es un ejemplo de una de estas variaciones en la que los conductores pueden ser excluidos a menos que paguen un peaje. Sin embargo, si el coste marginal de un usuario adicional es igual a cero, el uso del puente es no rival y el resultado es ineficiente. No obstante, cuando la demanda aumenta, la congestión aparece y el coste marginal de utilizar el puente es positivo.

Otros bienes importantes para los que no hay mercado están relacionados con la salud y la seguridad. La inversión en seguridad vial tiene como objetivo principal la reducción del número y la gravedad de los accidentes. El output de este tipo de proyectos se mide con el número de muertes y lesiones evitadas. Otros proyectos afectan al estado de salud de las personas, aunque este no sea el objetivo principal del proyecto, como ocurre, por ejemplo, con una central eléctrica que aumenta la producción de electricidad y reduce la calidad del aire. En ambos casos, se produce un cambio en el bienestar de los individuos afectados, y el reto para el economista es calcular el valor económico de estos efectos superando el problema de la ausencia de mercados para estos bienes.

Un cambio en los recursos naturales o en la probabilidad de riesgo para la salud puede afectar a los consumidores y productores a través del mercado. Este es el caso de un aumento de la calidad del agua de un embalse que causa una reducción de costes y precios de los productos agrícolas. En otros casos, el consumidor se beneficia directamente, y no a través de una transacción de mercado. Por ejemplo, cuando el gobierno provee de áreas recreativas en una ciudad. En otras ocasiones, los individuos se ven afectados a través de una transacción de mercado en la que no participan como vendedores o compradores, como sucede en el caso del ruido o la contaminación, con las consiguientes consecuencias para la salud y la seguridad de las personas.

Además, al considerar a los propietarios de los factores de producción, la provisión de un bien público puede aumentar la renta de un factor de oferta fija, como sucede en el caso de la recuperación de un espacio natural contaminado que aumenta el valor del suelo privado circundante. Por último, los contribuyentes se verán afectados negativamente en muchos casos, soportando los costes de inversión y mantenimiento de los proyectos destinados a la mejora de los bienes medioambientales.

Hay que tener en cuenta que un individuo puede pertenecer a más de un grupo en nuestra sociedad simplificada y, por tanto, su bienestar puede verse afectado a través de diferentes canales debido a sus múltiples «identidades». La introducción de una regulación de aire limpio puede hacer que el individuo mejore en cuanto a su pertenencia al grupo «resto de la sociedad» o como propietario del suelo, y empeore como productor y consumidor de electricidad o como inquilino (consumidor), al pagar ahora un alquiler más alto.[3]

La parte práctica de este argumento radica en la importancia de que el analista tenga claro qué modelo utiliza como referencia antes de entrar en la cuan-

---

[3] En el caso extremo de un mundo de agentes homogéneos sólo el propietario del factor fijo se beneficiaría de esta regulación. Véase el sugerente capítulo «El principio de indiferencia» en Landsburg (1993).

tificación de los beneficios y costes. La agregación del cambio en el excedente de los consumidores, de los productores y del «resto de la sociedad» puede dar lugar a una doble o triple contabilización, si el cambio en el excedente de los consumidores se ha obtenido preguntando a los individuos sobre su disposición a pagar por la introducción de la regulación anticontaminación. En este caso, la reducción de los beneficios de las empresas afectadas por una política más estricta, o la mayor calidad del aire que respiran normalmente, se incluirá en sus respuestas. El individuo no es sólo un consumidor, sino que también puede ser accionista, por lo que la pregunta debe formularse claramente antes de hacer uso de cualquier número resultante. Esto nos da una pista sobre la dificultad asociada a la valoración económica de los bienes para los que no hay mercado a partir de las respuestas obtenidas mediante encuestas sobre valoración monetaria de los cambios en los recursos naturales, los atributos medioambientales o la salud.

El efecto sobre el bienestar de un cambio en un bien para el que no hay mercado

La comprensión de la relación entre un proyecto medioambiental y su impacto en el bienestar social no sólo se limita a su contenido económico. Se requieren algunos conocimientos sobre los vínculos biológicos y ecológicos detrás de los cambios en la cantidad y la calidad de los flujos de bienes medioambientales y de recursos naturales. Freeman (2003) propone ver el valor económico de estos flujos como el producto de tres conjuntos de relaciones funcionales.

La primera es la relación entre la intervención humana y el cambio en el bien medioambiental (por ejemplo, la biomasa de algunas especies para uso comercial o recreativo, o la calidad del aire). Dos tipos de intervenciones del ser humano son relevantes en este aspecto. Una ocurre en el mercado cuando, por ejemplo, una fábrica contamina el aire. La otra se refiere a las acciones del gobierno cuando regula las actividades comerciales que afectan al medio ambiente (por ejemplo, la internalización de externalidades mediante impuestos pigouvianos), o a las acciones que se centran directamente en la protección o mejora del bien medioambiental (por ejemplo, la creación de parques naturales).

Hay dos canales en la intervención sobre el bien medioambiental: el directo, como el aumento de la fauna cuando el uso del suelo se restringe a través de una regulación gubernamental; o el indirecto, como el comportamiento de los agentes que cambian con la nueva regulación. La reacción de los individuos y las empresas debe ser considerada antes de predecir el efecto final de la acción gubernamental en el bien medioambiental.

Una vez establecido el cambio en la calidad o cantidad del bien medioambiental, se requiere una segunda relación para conocer el efecto en los usos del bien para el ser humano. El uso de los recursos puede ocurrir en el mercado, como es el caso de la pesca comercial o el nivel de calidad del recurso para actividades recreativas (por ejemplo, número de días de calidad aceptable del agua para las actividades deportivas en un río). Una vez más, hay un efecto directo en la producción (por ejemplo, toneladas de peces capturados y días de actividad recreativa) causado por el cambio en el nivel (cantidad o calidad) del bien medioambiental, y un efecto indirecto, ya que la producción también se ve afectada por el uso de otros inputs, además del bien medioambiental, cuyas cantidades varían como respuesta al cambio en el nivel del bien medioambiental (por ejemplo, el cambio climático afecta indirectamente al cultivo a medida que los agricultores cambian el uso de inputs como reacción a las nuevas condiciones de producción).

La tercera relación es el vínculo entre el output y el bienestar, lo que nos lleva a la valoración económica del cambio en el bien medioambiental. El objetivo final del economista no es medir el cambio en el número de días que el río es apto para fines recreativos, o el cambio en algún indicador físico de los contaminantes en el aire después de cualquier acción para mejorar el medio ambiente. El objetivo es medir el cambio en el bienestar social, y esto puede incluir dos tipos de valor, el valor de uso y el valor de no uso del cambio en el bien medioambiental.

7.3. Disposición a pagar y disposición a aceptar

El problema de bienes como el aire limpio, el silencio o las vistas panorámicas, es que no existen mercados en los que se determinen precios y cantidades y, por lo tanto, es difícil medir en términos económicos una variación en el nivel de contaminación atmosférica, ruido o intrusión visual asociada a un proyecto.

En ausencia de un mercado primario para su valoración, hay que buscar otros bienes relacionados para los que sí exista un mercado y en los que se reflejen los efectos económicos de los cambios en el bien para el que no hay mercado. Por ejemplo, el mercado inmobiliario refleja en los precios de la vivienda el ruido que implica la operación de un aeropuerto cercano o la existencia de zonas verdes. Cuando no existe la posibilidad de utilizar un mercado «aliado», la alternativa es preguntar directamente a los individuos por el valor económico del impacto sobre su bienestar. En el primer caso tenemos los métodos denominados preferencias reveladas y, en el segundo, las preferencias declaradas (capítulo 8).

A partir de la función de utilidad indirecta $U = V(PM)$, donde la utilidad (U) del individuo depende indirectamente de los precios de los bienes consumidos (P) y de la renta (M) (véase el capítulo 11), incorporamos un bien público (Johansson, 1993) de modo que, según la expresión (7.1), podemos expresar la utilidad individual en función del vector de precios de los bienes privados, el nivel de provisión del bien público (g), definido en términos de cantidad o calidad, y de la renta:

$$V(P, g, M). \tag{7.1}$$

Supongamos que un proyecto mejora la calidad del bien público medioambiental *g*. Esta mejora podría ser en la calidad del aire o en el nivel de ruido. La utilidad inicial del individuo se representa como U^0 y la utilidad final, una vez que se ha llevado a cabo el proyecto, como U^1 (los superíndices 0 y 1 indican *sin* y *con* el proyecto, respectivamente):

$$U^0 = V(P^0, g^0, M^0), \tag{7.2}$$

$$U^1 = V(P^1, g^1, M^1). \tag{7.3}$$

El aumento del bienestar de las personas causado por la mejora del bien público es igual a $U^1 - U^0$. Lo ideal sería medir el cambio en la utilidad a causa del proyecto, pero la utilidad no es observable y los economistas, ante la imposibilidad de medir la utilidad directamente, recurren a medidas monetarias de los cambios en la utilidad (véase el capítulo 11). Dos aproximaciones para obtener valoraciones de los individuos de los cambios en el bien para el que no hay mercado son: la disposición a pagar y la disposición a aceptar.

Una manera de medir en términos monetarios el cambio de utilidad experimentado por un individuo es preguntarle cuánto dinero estaría dispuesto a pagar por la mejora. Esta es la variación compensatoria (*CV*) y, bajo el supuesto de una respuesta sincera, el individuo estaría dispuesto a pagar una cantidad (*CV*) que le dejaría indiferente con respecto a la situación inicial sin la mejora. Esta idea es lo que recoge la expresión (7.4):

$$U^0 = V(P^0, g^0, M^0) = V(P^1, g^1, M^1 - CV). \tag{7.4}$$

Alternativamente, podemos medir el aumento de la utilidad del individuo preguntándole por la cantidad mínima de renta que aceptaría para renunciar a la mejora. Esta es la variación equivalente (*EV*) y, suponiendo que el individuo dice la verdad, dicha cantidad de renta es la que, renunciando a la mejora, lo dejaría indiferente con respecto a la situación que habría alcanzado con la mejora. Esta idea es lo que recoge la expresión (7.5):

$$U^1 = V(P^1, g^1, M^1) = V(P^0, g^0, M^0 + EV). \qquad (7.5)$$

Un ejemplo ayudará a aclarar la diferencia entre los dos conceptos y su uso práctico. Consideremos el caso de una persona cuya afición es la pesca en un río, el cual estará contaminado si se aprueba el proyecto de construcción de una fábrica. La previsible caída en la calidad de vida de este individuo tiene que ser valorada para incluirla como coste social en la evaluación del proyecto. La falta de un mercado para el bien «agua limpia» crea la dificultad de valoración de este daño. Si se le preguntase al pescador cuánto está dispuesto a pagar para evitar el daño, probablemente responderá airadamente que nada y que, en cualquier caso, deberíamos indemnizarlo por el daño causado. La cuestión es quién tiene el derecho a contaminar.

Supongamos que el derecho a contaminar lo tiene el propietario de la fábrica. La pregunta de cuánto pagaría el individuo para evitar el daño tiene más sentido y, si responde con sinceridad, la respuesta sería, dentro del límite de su renta, el máximo que lo dejase indiferente a seguir pescando en aguas no contaminadas.

Supongamos alternativamente que es el pescador el que tiene derecho al agua no contaminada. La pregunta que ahora tendría sentido es: ¿cuánto es la compensación mínima que aceptaría por la contaminación del río? Dependiendo del valor que el individuo dé a la pesca, y de la existencia de sustitutivos, requeriría una mayor o menor cantidad de compensación, una compensación que, en este caso, no estaría limitada por su renta, por lo que podría ser infinita.[4]

El caso del pescador muestra que la medición de efectos externos no es única, y depende de quién tiene los derechos de propiedad. Supongamos alternativamente que el individuo pesca en un río contaminado y que el proyecto mejora sustancialmente las condiciones de pesca. Si los derechos de propiedad de la calidad del agua pertenecen al pescador, la pregunta es cuánto estaría dispuesto a aceptar para continuar con el río contaminado (es decir, por renunciar al proyecto de descontaminación). En este caso, no habría límite de renta para la compensación. En el caso de que la fábrica tenga el derecho a contaminar, la pregunta es cuánto está dispuesto a pagar el pescador para descontaminar. Ahora la respuesta está limitada por la renta del individuo (el cuadro 7.1 representa las distintas situaciones).

Este ejemplo muestra que en algunas preguntas hay un límite de renta y en otras no. Además, no hay razón para esperar que los importes monetarios aceptados o pagados por los particulares en sus respuestas sean iguales, ya que el nivel

---

[4] Un ejemplo que ilustra por qué podría darse el caso de una compensación infinita es cuando existe un alto riesgo de morir. Generalmente, pocos estarían dispuestos a un riesgo extremo con probabilidad de muerte cercana a 1 aunque la compensación fuese infinita.

de vida del individuo varía con el tipo de pregunta, y si la utilidad marginal de la renta no es constante, *CV* y *EV* son diferentes (véase el capítulo 11).

Cuadro 7.1 Métodos para valorar la externalidad

	¿Quién tiene el derecho de propiedad de la calidad del agua?	
	Pescador	**Fábrica**
Río limpio que se contamina	*CV/WTA*	*EV/WTP*
Río contaminado que se limpia	*EV/WTA*	*CV/WTP*

CV: variación compensatoria; *EV*: variación equivalente; *WTP*: disposición a pagar; *WTA*: disposición a aceptar.

Según la modelización de la sociedad hecha en el capítulo 2, un proyecto que mejora la calidad del agua de un río puede afectar a diferentes grupos sociales. Por ejemplo, el grupo «resto de la sociedad» (mejor calidad medioambiental de la que disfrutan los excursionistas), los «productores» (mayores beneficios debido a las reducciones de costes derivados de una mayor calidad del input), los «trabajadores» (cambio de salarios y condiciones laborales), los «consumidores» (a través de los precios más bajos de los bienes ofrecidos por los productores con costes más bajos) y los «contribuyentes» (que financian el proyecto y reciben ingresos fiscales).

En la práctica, la formulación correcta de la pregunta que induce al individuo a revelar su valoración monetaria del cambio experimentado por un bien medioambiental es fundamental. Si se le pregunta sobre la disposición a pagar por la mejora medioambiental, sin mayor aclaración, probablemente obtendremos un valor que incluya el cambio en el excedente del individuo como consumidor, pero también como productor, trabajador y contribuyente. A menos que se informe al individuo de que su valoración del cambio en el bien medioambiental debe excluir el cambio en su renta como accionista, trabajador o contribuyente, la suma de los excedentes de los grupos sociales incluidos en nuestro modelo sería incorrecta.[5]

Hemos visto que la *CV* y la *EV* pueden ser diferentes (véase el capítulo 11 para una explicación más detallada), pero la disparidad observada entre la disposición a pagar (*WTP*) y la disposición a aceptar (*WTA*) es mayor de lo que el efecto renta explicaría. Horowitz y McConnell (2002) encontraron disparidades significativas:

---

[5] Para un análisis riguroso de la *CV* y la *EV* y las preguntas planteadas a los individuos, véase Johansson (1993).

las diferencias son mínimas para los productos privados, pero la relación *WTA/ WTP* es de aproximadamente 10 para los bienes públicos, y la explicación no parece estar en los problemas relacionados con la encuesta.

Explicaciones plausibles de las diferencias observadas son las que se exponen a continuación. En primer lugar, el efecto sustitución en bienes sin apenas sustitutivos disponibles, como ocurre con algunos bienes medioambientales. Si las posibilidades de sustitución son limitadas, se requerirá una compensación más alta para una reducción de la cantidad o calidad del bien medioambiental (Hanemann, 1991). Otras explicaciones se refieren a conceptos como la aversión a la pérdida y la dependencia con respecto a un punto de referencia, lo que significa que el individuo da más peso a una pérdida que a una ganancia de idéntica cuantía (véase Kahneman y Tversky, 2000). Otra explicación se basa en la idea de irreversibilidad en el contexto de la incertidumbre (véase la sección 6.4). El coste adicional de ejecutar una opción (cuando el bien medioambiental no se mantiene en el nivel actual) podría reflejarse en la exigencia de una compensación más alta necesaria para la reducción de dicho nivel (Zhao y Kling, 2001).

7.4. Valoración mediante preferencias reveladas

Existen dos enfoques para medir el beneficio de un proyecto que afecta a un bien medioambiental: la medición basada en las preferencias reveladas y la basada en las preferencias declaradas (es decir, encuestar a las personas para que revelen información sobre sus preferencias).

La situación más simple ocurre cuando el cambio en el bien para el que no hay mercado es un input para producir un bien ordinario. Por ejemplo, un proyecto público que mejora la calidad del agua, la cual es utilizada como input por una empresa de suministro de agua, y por tanto la provisión del bien público (calidad del agua en los embalses o acuíferos) afecta a la función de costes de dicha empresa al reducir el coste medio de producción de agua potable. Esta reducción de costes acabará aumentando la utilidad de los consumidores si los precios bajan, y la de los propietarios de factores de producción si sus excedentes aumentan.

El problema de no tener un mercado para la valoración de un bien público puede ilustrarse con dos ejemplos de acciones que afectan a los bienes medioambientales. En primer lugar, un proyecto municipal consistente en la creación de una zona verde en la ciudad. En segundo lugar, la construcción de un aeropuerto que aumenta el ruido en el área residencial afectada.

En ambos casos el evaluador necesita conocer el cambio en el beneficio social con el proyecto (en el primer caso, el aumento del beneficio social derivado de la nueva zona verde, mientras que en el otro, la pérdida de beneficio social como consecuencia del ruido producido por las aeronaves). En el segundo caso se podría pensar que, como sabemos cuánto cuesta la insonorización de una casa, podríamos estimar el coste del ruido calculando el coste por hogar de la insonorización y multiplicar por el número de casas dentro del mapa del ruido. ¿Es este realmente el coste del ruido? Posiblemente no lo es, porque la exposición al ruido no se puede evitar cuando los individuos salen o abren sus ventanas.

El problema de los gastos defensivos, tal como se denomina a esta respuesta ante el impacto, así como el comportamiento de prevención (es decir, los costes en los que las personas incurren en acciones para evitar el ruido o un mayor riesgo de enfermedad), es que no miden el valor total del cambio en el mal para el que no hay mercado (por ejemplo, el ruido) sino el límite inferior de la disposición a pagar de los individuos por la reducción de su bienestar.

En ambos casos, zona verde y ruido, podemos intentar estimar el valor económico del bien (mal) para el que no hay mercado observando el comportamiento de los consumidores en el mercado de un bien ordinario, por ejemplo, el mercado inmobiliario, o en el caso de riesgos para la salud, el mercado laboral. Sin embargo, este método proporciona información sobre el valor de uso del bien medioambiental, pero generalmente pasa por alto el valor de no uso que podría ser significativo en muchos casos, como veremos más adelante.

Volviendo al caso del pescador y la calidad del agua del río, se requieren dos condiciones para medir el beneficio social de la descontaminación de este con otro mercado (como, por ejemplo, el de los permisos de pesca). Necesitamos, por un lado, que el bien sea no esencial y, por el otro, complementariedad débil. La primera condición conlleva que el individuo puede ser compensado con algún nivel de renta si la pesca se prohibiese. La segunda, que cuando la cantidad del bien (número de permisos) es cero, el aumento en la calidad del agua no afecta a la utilidad del individuo.

Cuando no se cumplen estas condiciones, el valor de la mejora de la calidad del agua no puede estimarse en el mercado aliado (permisos), ya que si existe valor de no uso, no estará reflejado en las transacciones del mercado de permisos de pesca. Cuando este sea el caso, tenemos que estimar los beneficios del bien medioambiental a través de métodos directos, es decir, las denominadas preferencias declaradas (capítulo 8).

El método de precios hedónicos

Un enfoque basado en las preferencias reveladas es observar cómo el ruido afecta al precio de la vivienda, comparando los precios de las casas cerca del área afectada por el ruido. Por ejemplo, las casas cercanas a un aeropuerto serían comparadas con otras de características similares, pero con diferentes ubicaciones y sin exposición al ruido. La suposición inicial es que, entre un conjunto de casas similares, los individuos pagan más por las que están menos expuestas al ruido y, por lo tanto, podemos estimar la disposición a pagar para evitarlo e inferir de esa diferencia de precio el coste implícito del ruido para los individuos afectados.

Esta aproximación se basa en la concepción del bien como un conjunto de atributos (Lancaster, 1966). Por tanto, una casa se describe como un bien compuesto de un número de habitaciones, tamaño del jardín, vistas, calidad de construcción, ubicación, y así sucesivamente. Si también añadimos que las casas tienen diferentes niveles de exposición al ruido, podemos estimar el coste implícito del ruido.

La estimación del coste del ruido mediante este método ha de contemplar algunos problemas estándar, como, por ejemplo, tener presente que la diferencia de precio observada entre una casa expuesta al ruido y otra casa que no lo está no puede explicarse únicamente por este hecho, porque la cercanía al aeropuerto también beneficia a la zona aumentando, por ejemplo, la accesibilidad al centro de la ciudad, debido a su mejor conexión por carretera o mediante la construcción de nuevas líneas de metro que forman parte del proyecto de construcción del aeropuerto. Por otra parte, aquellos que han elegido vivir cerca del aeropuerto pueden no tener las mismas preferencias con respecto al ruido que el individuo promedio en la sociedad y, por lo tanto, se habrá subestimado el coste del ruido para la mayoría de los individuos por un problema de sesgo de selección.

Supongamos que el precio de la vivienda (P) es una función de las siguientes variables:[6]

$$P = f(R, N, A, F, O), \tag{7.6}$$

donde P: precio de la vivienda, R: número de habitaciones, N: nivel de ruido, A: tiempo de acceso al centro de la ciudad, F: características de la zona (tasa de criminalidad, número y calidad de las escuelas, etc.), O: otros factores.

Una vez que tenemos una muestra representativa de casas, estimamos la función (7.6), cuya forma funcional comúnmente se supone que es logarítmica:

$$ln\,P = b_0 + b_1\,ln\,R + b_2\,ln\,N + b_3\,ln\,A + b_4\,ln\,F + b_5\,lnO. \tag{7.7}$$

---

[6] Dos supuestos comunes en el método de precio hedónico son que la función de utilidad del individuo es débilmente separable y que existe complementariedad débil. El primer supuesto implica que el tipo marginal de sustitución entre la vivienda y el nivel de ruido no depende de las cantidades de otros bienes. El segundo supuesto implica que, si la demanda de vivienda es cero, también lo es la disposición a pagar para evitar el ruido. El valor de uso pasivo o no uso (sección 8.2) de la calidad medioambiental no es captado mediante este método ya que no aparece reflejado en el precio de la vivienda.

En primer lugar, queremos saber cómo varía el precio de la vivienda con respecto a los cambios en el nivel de ruido, y la ecuación (7.7) nos permite estimar esta relación. Calculando la derivada del logaritmo de precio con respecto al nivel de ruido, manteniendo constantes las otras variables explicativas, obtenemos la elasticidad del precio con respecto al nivel de ruido:

$$\frac{\partial ln\, P}{\partial Ln\, N} = b_2\,, \tag{7.8}$$

o expresado de otro modo:

$$b_2 = \frac{\partial P}{\partial N}\frac{N}{P}. \tag{7.9}$$

En la expresión (7.9), $\partial P/\partial N$ es el cambio en el precio de las casas cuando cambia el nivel de ruido, lo que se denomina el precio implícito, o precio hedónico, del ruido. Despejando $\partial P/\partial N$ en (7.9):

$$\frac{\partial P}{\partial N} = b_2\frac{P}{N}. \tag{7.10}$$

Como muestra la expresión (7.10), el precio del ruido depende del parámetro b_2 (cuyo signo esperado es negativo), el precio de la vivienda (P) y el nivel de ruido (N). Por lo tanto, el precio hedónico del ruido no es constante a menos que P y N siempre varíen en la misma proporción, lo cual no muestra la evidencia empírica, ya que la relación entre el bien privado y la calidad medioambiental no es lineal en los niveles observados.

Vale la pena recordar lo que expresa $\partial P/\partial N$. Esta derivada parcial es el precio del ruido interpretado, por ejemplo, como cuánto disminuye el precio de la vivienda cuando el ruido aumenta en la zona donde se encuentra dicha vivienda. Este precio hedónico debe aproximarse al valor actual neto de la externalidad negativa durante la vida útil de la vivienda. Por lo tanto, la externalidad se mide por una sola cifra para todo el período. En este terreno el riesgo de doble contabilización aumenta, ya que es fácil añadir costes asociados al ruido, aunque ya estén incorporados en los precios de las viviendas.

Finalmente, hay que destacar que las limitaciones de este método están asociadas con las dificultades de información sobre daños a largo plazo sobre la salud, el sesgo de selección, variables omitidas y la variabilidad suficiente en las observaciones, entre otros.

El método del coste de viaje

El método del coste de viaje también se apoya en el mercado de un bien ordinario relacionado con el bien para el que no hay mercado. La idea consiste en estimar una función de demanda que capte lo que los individuos que visitan, por ejemplo, un parque natural, están dispuestos a pagar por su disfrute. La disposición total a pagar incluye el precio de la entrada, los gastos de viaje (gasolina, por ejemplo), el gasto en bienes necesarios (equipos de pesca y escalada, por ejemplo) y el tiempo invertido en el viaje desde su lugar de residencia. La población está constituida por las personas que visitan el parque.

Este método se utiliza para medir los beneficios que los individuos obtienen del disfrute de actividades recreativas y deportes al aire libre como la pesca, remo o simplemente la visita a un parque. Cuanto más lejos resida el visitante, más cara será la visita. Habrá una distancia para la cual el precio completo (o generalizado) es tan alto que la demanda es cero. Los individuos hacen un número diferente de visitas de acuerdo con la distancia, la cercanía de los sustitutivos, la renta, etc. La tarea del investigador es estimar una función de demanda que relacione el número de visitas y el precio generalizado que pagan, y que va subiendo con la distancia desde el lugar de residencia de los visitantes.

Consideremos el caso de un parque natural visitado por individuos de diferentes zonas, cada vez más distantes del parque. Supongamos que hemos identificado esas áreas con sus respectivas poblaciones, renta, educación, edad, etc. El número de visitas al parque desde la zona i se puede expresar como:

$$Q_i = f(C_i, H_i, F_i, O_i), \qquad (7.11)$$

donde Q_i: número de visitas originadas en la zona i, C_i: coste (o precio) generalizado del viaje desde la zona i, H_i: población de la zona i, F_i: características de la población de la zona i, O_i: otras características de la zona i.

En la expresión (7.11) el coste generalizado de viaje (C_i) es igual a:

$$C_i = cD_i + v_i T_i + P, \qquad (7.12)$$

donde C_i: coste (o precio) generalizado del viaje desde la zona i; c: coste por kilómetro; D_i: distancia de la zona i; v_i: valor del tiempo en la zona i; T_i: tiempo de viaje desde la zona i; P: precio de la entrada al parque.

Una vez que hemos estimado una ecuación que relaciona el número de visitas con las variables explicativas según (7.11), los resultados suelen mostrar que el número de visitantes es menor cuando aumenta el precio generalizado. El siguiente paso es suponer que, si se aumenta el precio de la entrada al parque, el número de visitas bajará de acuerdo con los coeficientes estimados de la muestra que incluye todas las áreas que generan viajes al parque y precios generalizados que cambian con la distancia. De esta manera, construimos una función de demanda de mercado con el número de visitas en el eje horizontal y el precio generalizado en el eje vertical, cuyos puntos se obtienen por hipotéticos aumentos del precio de la entrada y viendo cómo el incremento resultante del coste generalizado afecta al número de visitas. El precio máximo de reserva es el que haría que el número de visitas sea igual a cero.

Cabe destacar que esta hipotética función de demanda se construye bajo el supuesto de que la relación observada entre el número de visitas y el cambio en el precio generalizado real (dado un precio de entrada constante) es similar a la relación entre el número de visitas y los aumentos hipotéticos del precio de la entrada. Una vez que tenemos esta función de demanda, la estimación del excedente que los individuos obtienen de sus visitas al parque es inmediata.

Por lo tanto, el método del coste de viaje se basa en la valoración de un bien para el que no hay mercado (visitas al parque) a través del coste de acceso al mismo (precio de la entrada, gastos de viaje, equipos, etc.). Al igual que con los precios hedónicos, el método del coste de viaje supone complementariedad débil entre el bien medioambiental y los bienes privados que se consumen conjuntamente, lo que significa que, cuando el gasto en bienes privados es cero, la utilidad derivada del bien medioambiental es cero, por lo que el método del coste de viaje mide sólo el valor de uso, ignorando el valor de uso pasivo. Este supuesto implica que el valor de un parque natural sólo está relacionado con su uso. Con este método no se capta el valor del parque para los que no lo visitan.

Ideas para recordar

- La reducción de accidentes o la mejora de un bien medioambiental pueden ser los principales objetivos de un proyecto. En otros casos, los cambios en el número de accidentes y en la calidad de algunos atributos medioambientales son efectos secundarios de proyectos que persiguen objetivos completamente diferentes. En ambos casos necesitamos medir el valor de los cambios en el nivel de algunos bienes para los que no hay mercado.
- Es importante conocer lo básico de las relaciones físicas y biológicas que hay entre el impacto medioambiental y el efecto final sobre el bienestar individual. De lo contrario algunos elementos clave podrían pasarse por alto, afectando a la validez de los resultados.
- La valoración económica cuando no hay mercado en el que se intercambie el bien sigue dos enfoques básicos. Uno se basa en las preferencias revela-

das, utilizando mercados de otros bienes ordinarios relacionados con el bien para el que no hay mercado. El otro consiste en preguntar directamente a los individuos mediante encuestas, especialmente diseñadas para obtener su disposición a pagar o a aceptar con respecto a los cambios del bien para el que no hay mercado.

- Los dos métodos principales basados en preferencias reveladas para la valoración económica de un cambio en el bien sin mercado son los precios hedónicos y el coste del viaje. La estimación del valor económico a través de los costes asociados al gasto defensivo y al comportamiento de prevención sólo puede considerarse un límite inferior de la máxima disposición a pagar de la sociedad para evitar el efecto negativo del impacto.

- Tanto en el método del coste de viaje como en el de precios hedónicos, el analista trabaja con un mercado relacionado donde se revela cierta información útil sobre la disposición a pagar de los individuos. Este enfoque para la valoración económica del bien sin mercado sólo revela información sobre el valor de uso del bien medioambiental. Por lo tanto, si el bien tuviese un valor pasivo o de no uso, se subestimaría el valor económico total.

8. Valoración económica de bienes para los que no hay mercado (II)

El desastre exige una respuesta, pero a menudo es la equivocada. Eso es lo que sugiere la experiencia de Sir Bernard Crossland, un experto en seguridad que encabezó la investigación de un desastroso incendio en el metro de Londres en 1987, en el que murieron 31 personas. Esta semana, Sir Bernard cuestionó los 300 millones de libras (450 millones de dólares) invertidos después del desastre en puertas a prueba de fuego, escaleras mecánicas de metal y similares en el metro de Londres. El dinero, dijo, podría haber tenido un mejor uso en poner detectores de humo en los hogares. Podría haberse instalado uno en cada casa del país. Los incendios domésticos matan a unas 500 personas al año, la mayoría en hogares sin detectores de humo.

(*The Economist*, 11 de septiembre de 2003)

8.1. Introducción

Cuando la medición de los cambios económicos en los bienes para los que no hay mercado no puede derivarse de la observación directa de las elecciones de los individuos, los economistas tratan de obtener esta información preguntando a los individuos directamente mediante encuestas cuidadosamente diseñadas para obtener el valor monetario de los cambios en el bien medioambiental, el nivel de seguridad, o cualquier otro bien que no se intercambie en el mercado. Este es el caso del denominado valor de no uso o valor de uso pasivo (disposición a pagar por la existencia del bien con independencia de su uso directo).

Hay dos posiciones contrapuestas respecto a la medición del valor económico de bienes para los que no hay mercado como los medioambientales. Una rechaza la posible cuantificación en términos monetarios de cambios en el bienestar derivados de los cambios en el bien medioambiental, o en la probabilidad de riesgo físico (tener un accidente). La otra admite la posibilidad de asignar valores monetarios a la contaminación del aire, la preservación de la fauna salvaje o una reducción del riesgo de morir.

La sección 8.2 explica el concepto de valor de no uso y el intento de medir-
lo a través del método de *valoración contingente*, una técnica basada en encuestas
que crea un mercado hipotético mediante el cual se intenta obtener valores monetarios. Describimos los principales elementos de este método de preferencias
declaradas, que ha de diseñarse con extremo cuidado para evitar los sesgos más
evidentes, y también mostramos la posición de los economistas que consideran
que estos esfuerzos de diseño no son suficientes para modificar la naturaleza hipotética del ejercicio.

El enfoque de preferencias declaradas no se limita a la valoración contingente. Cuando el bien sin mercado se define como un conjunto de atributos, el
análisis conjunto (*conjoint analysis*) es una alternativa para medir la intensidad
de las preferencias de los individuos. La sección 8.3 describe una de las metodologías más utilizadas para la aplicación del análisis conjunto, los denominados *experimentos de elección*, que consisten en la descripción del bien de acuerdo
con los atributos y niveles seleccionados. El encuestado elige entre las distintas
opciones, que pueden incluir un precio. A partir de la elección entre opciones
presentadas al entrevistado, es posible estimar la valoración monetaria de diferentes atributos.

En la sección 8.4 se analizan algunos temas relativos a la disposición individual
a pagar y el bienestar social. En primer lugar, el tratamiento del altruismo en el
análisis coste-beneficio, con especial referencia a la posibilidad de doble contabilización cuando la motivación altruista se añade a la valoración puramente egoísta.
En segundo lugar, el problema ético asociado con la medición monetaria de algunos bienes, como el impacto en el bienestar de las generaciones futuras o en la
vida humana. En tercer lugar, el conflicto entre la satisfacción de las preferencias
individuales y el bienestar individual cuando las preferencias individuales estuvie-
sen distorsionadas.

La valoración económica de los cambios en el riesgo físico se presenta en la
sección 8.5. Se aborda la valoración de salvar una vida anónima, así como los métodos más utilizados para su estimación. Los cambios en la probabilidad de sufrir
un accidente pueden traducirse en número de lesiones y muertes, y al observar
los intercambios que realizan las personas entre la seguridad y otros bienes, o a
través de preferencias declaradas, es posible estimar el valor de pequeños cambios
en el nivel de riesgo. Por último, en la sección 8.6, analizamos la transferencia de
valores obtenidos en otros estudios para evitar los costes de realizar encuestas
específicas, así como sus posibles inconvenientes.

8.2. Valoración mediante preferencias declaradas: el método de valoración contingente

Valor de uso pasivo

El valor económico de un bien medioambiental no se reduce a lo que sus usuarios directos están dispuestos a pagar por él. El valor de este bien excede la valoración de sus usuarios directos (por ejemplo, aquellos que visitan un parque natural). Para los economistas medioambientales, el valor de no uso (o de uso pasivo) es el valor que los individuos atribuyen a los bienes medioambientales que no utilizan directamente, aunque estarían dispuestos a pagar una cierta cantidad de dinero por su conservación.

El valor total no sólo consiste en el valor de uso, valor de legado y valor de opción (tener la posibilidad de un uso futuro). Las especies en peligro de extinción o los parques nacionales también tienen un valor intrínseco o de existencia, no necesariamente relacionados con su uso directo o indirecto por los individuos (Pearce y Turner, 1990). El valor de uso pasivo de los bienes medioambientales y las diversas posiciones que se pueden tomar frente a la posible valoración monetaria pueden ilustrarse con el ejemplo de una política pública consistente en declarar una zona como reserva para la fauna en peligro de extinción o, alternativamente, el arrendamiento de la zona para su explotación minera. Si se opta por la reserva natural, el público no podrá visitarla, por lo que el beneficio social sólo se deriva del valor de uso pasivo (Carson et al., 2001).

Una posición respecto a la posible cuantificación del valor de uso pasivo es que este valor no se puede expresar en dinero. Aunque se admita que el valor de no uso debe considerarse en la decisión de declarar la zona como reserva animal o para su explotación minera, esta debería tomarla el responsable de la toma de decisiones, asistido por expertos. Alternativamente, existe la defensa de que el análisis coste-beneficio del proyecto incluya los beneficios que los individuos obtienen del uso pasivo del recurso, y estos beneficios se pueden monetizar preguntándole a los individuos su disposición a pagar para que la zona sea declarada reserva natural.

El informe de la NOAA[1] sobre el método de valoración contingente, que se cita con frecuencia como el respaldo académico original para la valoración del valor de no uso de los bienes medioambientales,[2] respaldó la idea de uso pasivo de los recursos naturales y su valoración monetaria. El objetivo del informe era evaluar

---

[1] National Oceanic and Atmospheric Administration (1993)
[2] El informe está firmado por Kenneth Arrow, Robert Solow, Paul R. Portney, Edward E. Leamer, Roy Radner y Howard Schuman.

los procedimientos para la evaluación de los daños medioambientales resultantes de los vertidos de petróleo al mar.

Los autores distinguen entre el valor de uso y el valor de uso pasivo. El primero puede ser identificado y medido a través de la información contenida en las transacciones de mercado. Los daños a la pesca comercial y al turismo son más fáciles de estimar que los daños a los pescadores y otros deportistas que visitan el lugar en el que se producen los vertidos de petróleo. Aunque estos daños también pueden estimarse, entrañan mayor dificultad.

Las pérdidas de los usuarios directos son las que se conocen como valores de uso porque las sufren aquellos que hacen un uso activo del recurso dañado. Sin embargo, como se indica en NOAA (1993, p. 4602), estas no son las únicas pérdidas asociadas con el impacto medioambiental:

> [...] durante al menos los últimos veinticinco años, los economistas han reconocido la posibilidad de que los individuos que no hacen ningún uso activo de una playa, río, bahía u otro recurso natural de este tipo puedan, sin embargo, obtener satisfacción de su mera existencia, incluso si no tienen intención alguna de hacer uso activo de los mismos.

Este concepto se ha denominado valor de existencia, y es el componente principal de lo que ahora se denomina valor de no uso o valor de uso pasivo.

Las limitaciones de los métodos basados en preferencias reveladas para determinar el valor de un bien para el que no hay mercado, especialmente en lo que respecta al valor de uso pasivo, llevaron a los economistas a utilizar encuestas en las que, mediante la creación de un mercado hipotético, se les preguntó directamente a los individuos cuánto estaban dispuestos a pagar para preservar la conservación de especies en peligro de extinción, para evitar un impacto negativo en el paisaje, o para evitar un aumento del riesgo para la salud, entre otros.

Los economistas han hecho grandes esfuerzos para evaluar en términos monetarios el daño a los bienes medioambientales y los beneficios de políticas específicas para la conservación y mejora de los mismos. Los escépticos de los métodos basados en encuestas para la valoración de bienes medioambientales apuntan al origen de los datos (preferencias declaradas), ya que muchos economistas prefieren los datos obtenidos mediante la observación del comportamiento de los individuos en el mercado.

La resistencia a aceptar este método de valoración basado en el uso de preferencias declaradas en un contexto simulado tiene su justificación en las dificultades teóricas y prácticas que entraña. Sin embargo, esta preferencia por las estimaciones obtenidas mediante la observación directa del comportamiento no es compartida por otras ciencias sociales (Carson et al., 2001).

La necesidad de valorar el medio ambiente más allá del valor de uso del recurso parece evidente cuando se trata, por ejemplo, de la valoración de los daños causados por los vertidos de petróleo en el mar. No parece razonable limitar el valor económico del perjuicio a la indemnización que las compañías de seguros tienen que pagar a los afectados directos. En muchos casos, los bienes medioambientales no son ni excluyentes ni rivales, especialmente en el caso de los valores de uso pasivo. Es concebible que existan individuos dispuestos a pagar por la conservación de los océanos libres de contaminación incluso si no disfrutan de su uso directo.

Valoración contingente

El método de valoración contingente intenta obtener el valor de no uso de los bienes medioambientales, valor que, como hemos visto, no se captura por el método del precio hedónico o el método del coste de viaje. En la sección 7.3 se revisan los conceptos de variación compensatoria y equivalente y su relación con la disposición a pagar y a aceptar, y cómo el uso de uno u otro depende del *statu quo* y la asignación de derechos de propiedad. En la práctica de la valoración contingente, la disposición a pagar se utiliza generalmente para hacer más creíble el ejercicio de valoración. Básicamente, este método consiste en preguntar a los individuos cuánto están dispuestos a pagar por una acción que previene el daño medioambiental o mejora la situación existente.

Hanemann (1994) señala que, en la investigación, los detalles importan y, por lo tanto, la forma en que se diseña y lleva a cabo la encuesta es crucial, existiendo suficiente experiencia en la actualidad sobre cómo llevarla a cabo con sensatez. El reto es cómo capturar el valor que el bien medioambiental tiene para el individuo. Dos elementos claves han sido conseguir que el entrevistado se enfrente a una situación específica y realista en lugar de abstracciones, y que trate de responder a preguntas cerradas que simulan el contexto de votación en un referéndum.

Dado que el objetivo es medir las preferencias de los individuos, la buena práctica de valoración contingente evita cuestiones generales como: ¿Cuánto estaría usted dispuesto a pagar para conservar los bosques? Según Hanemann (1994, p. 22) preguntas de este tipo no tienen sentido: «lo que tiene sentido es pagar impuestos o precios más elevados para financiar acciones particulares de alguien, con el fin de proteger un espacio natural concreto de alguna manera en particular».

En esta búsqueda para simular situaciones reales y escapar de la abstracción, Hanemann recomienda evitar un contrafactual del tipo «¿Cuánto habría pagado para evitar el vertido de petróleo del Exxon Valdez?». Debido a que el accidente es irreversible, la situación en la que se coloca al entrevistado es extremadamente hipotética. Ante esta pregunta, la siguiente alternativa es más realista: «¿Qué pagaría por este nuevo sistema que limitaría el daño de cualquier derrame futuro de petróleo en Prince William Sound (lugar donde se produjo el accidente del Exxon Valdez)?».

La variación compensatoria (*CV*), que es la máxima disposición a pagar por el proyecto (mejora medioambiental en la discusión a continuación), podría obtenerse de la pregunta abierta que refleja la expresión (7.4), donde *g* es un bien medioambiental que experimentará una mejora gracias al proyecto. Recopilando esta información para todas las personas, tendríamos la expresión monetaria del cambio en la utilidad causada por el proyecto.

El problema es que esta pregunta abierta no condujo a buenos resultados en el pasado, teniendo que ser reemplazada por la pregunta cerrada de las expresiones (8.1), (8.2) y (8.3), donde ω es una cantidad fijada por el entrevistador en su pregunta y que varía en diferentes submuestras. Si $\omega > CV$, el individuo prefiere la situación sin el proyecto; si $\omega < CV$, el individuo prefiere el proyecto; y si lo que se le pide es que pague su precio de reserva ($\omega = CV$), el individuo estará indiferente.[3]

$$U^0 = V(P^0, g^0, M^0) > V(P^1, g^1, M^1 - \omega), \qquad (8.1)$$

$$U^0 = V(P^0, g^0, M^0) < V(P^1, g^1, M^1 - \omega), \qquad (8.2)$$

$$U^0 = V(P^0, g^0, M^0) = V(P^1, g^1, M^1 - \omega). \qquad (8.3)$$

A diferencia de lo que ocurre con los precios (*P*) de los bienes privados, la disposición a pagar de los individuos no es observable. Los individuos conocen su precio de reserva (si suponemos que tienen preferencias bien formadas acerca del bien sobre el que se les pregunta), pero el entrevistador lo desconoce. Las expresiones (8.1), (8.2) y (8.3) tienen un componente aleatorio que permite expresarlas en términos de probabilidad y, por lo tanto, construir a partir de las respuestas una función de probabilidad acumulada que permite inferir la disposición a pagar por el bien medioambiental.

Obtener una estimación del valor de ω que satisfaga (8.3) es el objetivo de estas encuestas. La mayoría de dichas entrevistas contienen lo siguiente (Carson et al., 2001):

- Una sección introductoria que contextualiza el proyecto.
- Una descripción detallada del bien sobre el que el entrevistado ha de responder.

---

[3] La pregunta formulada con la intención de obtener ω se ha presentado en diferentes formatos: abierto, subasta, tarjeta de pago, elección dicotómica de un solo límite, elección dicotómica de doble límite y una opción dicotómica medio acotada (véase Pearce et al., 2006).

- El marco institucional en el que se proporciona el bien medioambiental.
- Los métodos de pago.
- Un método para obtener las preferencias del individuo con respecto al bien.
- Preguntas que revelen información de por qué el individuo respondió algunas preguntas como lo hizo.
- Un conjunto de preguntas sobre las características del individuo, incluyendo actitudes e información demográfica.

Todos los elementos anteriores requieren que el entrevistado entienda exactamente lo que se le pregunta y que haya asimilado la información que el entrevistador le proporciona antes de responder a las preguntas sobre los cambios en el bien medioambiental. La encuesta debe diseñarse para que el entrevistado crea que sus respuestas influirán en el proceso de toma de decisiones con respecto al bien medioambiental. Para que el ejercicio sea creíble, es necesario que el método de pago sea realista, y que el individuo realmente crea que tendrá que pagar la cantidad que ha indicado en sus respuestas, si el proyecto se aprobase.

«Respuestas hipotéticas a preguntas hipotéticas»

Para muchos economistas, estos esfuerzos de diseño son insuficientes para modificar la naturaleza hipotética del ejercicio. La crítica del método de valoración contingente puede resumirse en la frase: «obtenemos respuestas hipotéticas a preguntas hipotéticas». Diamond y Hausman (1994) sostienen que este método de valoración no es válido para medir el valor de no uso de los bienes medioambientales. Dado que no tenemos datos reales sobre transacciones en el mercado de bienes medioambientales para poder comparar con las respuestas de los entrevistados sobre la hipotética disposición a pagar, necesitamos estándares para juzgar la credibilidad, la fiabilidad y la precisión. La precisión se mejora aumentando el número de respuestas, pero la credibilidad y la ausencia de sesgos significativos no.

Diamond y Hausman (1994, p. 63) sostienen que el principal problema de la valoración contingente no es el diseño de la encuesta, sino simplemente que este método no mide las preferencias de los individuos:

> Este escepticismo proviene de la creencia de que los problemas internos de consistencia provienen de la ausencia de preferencias, no de un defecto en la metodología de la encuesta. Es decir, no creemos que la gente generalmente tenga posiciones claras sobre lugares medioambientales concretos (de los que en muchos casos nunca han oído hablar); o que, dentro de los límites del tiem-

po disponible para la encuesta, los entrevistados se centrarán con éxito en la identificación de preferencias, excluyendo otros elementos para responder a las preguntas. Esta ausencia de preferencias se manifiesta en las incoherencias detectadas entre encuestas similares, implicando que las respuestas a encuestas no son una base satisfactoria para la política.

Los problemas con el método de valoración contingente son bien conocidos: el sesgo hipotético, enraizado en la naturaleza hipotética de la encuesta; el sesgo estratégico, ya que el individuo cambia intencionadamente su verdadero valor para afectar el resultado; el llamado efecto de incrustación, que consiste en que las respuestas no varían significativamente cuando cambia el alcance del bien medioambiental; el sesgo de anclaje, que consiste en la influencia que ejerce sobre la respuesta del individuo el primer número que se le proporciona en la pregunta; y el sesgo de encuadre, que se refiere a la influencia sobre la respuesta del individuo que tiene la forma en la que éste recibe la información y las preguntas.

Los expertos en valoración contingente han rediseñado sus encuestas para evitar los sesgos más evidentes, pero Diamond y Hausman ponen el énfasis de sus críticas en el hecho de que el método produce respuestas que no son consistentes con la teoría económica. Citan el efecto de incrustación, ya que los valores obtenidos para la disposición a pagar en diferentes encuestas son similares, independientemente de la magnitud del problema al que se enfrenta el encuestado.

Si cuando al preguntar a los encuestados cuánto están dispuestos a pagar para resolver un problema que origina la muerte de 2.000 aves, la respuesta es aproximadamente la misma que cuando la cifra es de 20.000 o 200.000 (Desvousges et al., 1993), algo preocupante está sucediendo, que podría explicarse por la ausencia de preferencias individuales con respecto al bien público, así como al hecho de que los individuos no estén teniendo en cuenta las implicaciones de sus respuestas en sus restricciones presupuestarias.[4]

Si las respuestas no miden la intensidad de las preferencias de los individuos, es decir, la cantidad que están dispuestos a pagar por el bien medioambiental, entonces ¿qué miden, suponiendo que no se trata de números aleatorios? Según Diamond y Hausman, los encuestados pueden estar expresando una actitud hacia el bien medioambiental, en una escala monetaria, porque esto es lo que ha solicitado el entrevistador. Tal vez están recibiendo algún tipo de recompensa moral por su apoyo a una buena causa, especialmente cuando no hay que pagar por ello. Podría ser también que estén haciendo una especie de análisis coste-beneficio sobre lo que consideran bueno para el país. Incluso pueden estar expresando su

---

[4] Para una revisión de casos similares en encuestas sobre la disposición a pagar por bienes públicos, véase Frederick y Fischhoff (1998).

reacción frente al hecho que se ha producido (descarga de petróleo en el mar), en lugar de la valoración económica del cambio en el bien medioambiental en un sentido estricto.

Frente a esta crítica, Carson et al. (2001) señalan que la soberanía del consumidor es un principio esencial en la teoría económica, y, por tanto, no es relevante si la disposición a pagar por el bien para el que no hay mercado está motivada por algún tipo de satisfacción moral. La teoría económica no entra en cuestionar las razones detrás de la utilidad obtenida cuando el individuo consume los bienes que elige. No obstante, cuando la satisfacción moral tiene su origen en complacer al entrevistador, en lugar de derivarse de la contribución de la existencia del bien medioambiental (o a su mejora), el motivo deja de ser irrelevante. El problema ahora es que la disposición a pagar declarada no refleja ninguna conexión con el bien, sino con la interacción con el entrevistador. Este efecto puede evitarse con entrevistadores competentes y un diseño cuidadoso de la encuesta.

En cuanto a la insensibilidad de las respuestas al tamaño o alcance del bien medioambiental, existe evidencia empírica que apoya la posición crítica sobre la irrelevancia del tamaño o escala del bien que se valora (2.000, 20.000 o 200.000 aves), pero también contra quienes sostienen que se trata de un problema general de valoración contingente. Carson et al. (2001) discuten la evidencia disponible sosteniendo que, además del rechazo en la mayoría de los estudios de la hipótesis de insensibilidad, los problemas identificados están asociados a un mal diseño de la encuesta y a la forma de llevarla a cabo, problemas que han desaparecido en las encuestas de valoración contingente que se realizan en la actualidad.[5]

Otro problema es la información manejada por el individuo sobre el fenómeno al que ha de responder. El individuo puede estar interesado en preservar algunas especies de aves, pero no ser consciente de hechos biológicos clave, como la relación entre el tamaño de la población y la probabilidad de supervivencia, así como del impacto del daño ecológico que se está evaluando en la variación del tamaño en la población de esa especie.

Según Diamond y Hausman, estas preferencias basadas en información incompleta son una mala base para la política medioambiental, por lo que sería preferible tener una evaluación sobre el impacto del cambio medioambiental realizada por expertos, en lugar de preguntar directamente al público. Para aquellos que creen que la valoración económica de los bienes para los que no hay mercado es posible, y que su validez depende de un esfuerzo serio del diseño de la encuesta, cualquier información relevante (como es la población crítica para la supervi-

---

[5] Para una discusión sobre los problemas de la valoración contingente, véase Pearce et al. (2006).

vencia de una especie), debe presentarse al entrevistado con el fin de obtener respuestas significativas.

Probablemente parte del descrédito del método de valoración contingente sea el resultado del trabajo realizado por muchos de sus defensores. No cabe duda de que idear un mercado hipotético, convencer al entrevistado de que responda honestamente sobre la valoración de algo que no va a experimentar directamente, y además obtener respuestas fiables, es una tarea difícil. En palabras de Hanemann, uno de los economistas más destacados en la teoría y práctica de la valoración contingente:

> [...] sería engañoso sugerir que las encuestas de valoración contingente van a funcionar bien en todas las circunstancias. Estoy seguro de que podrían existir situaciones en las que un investigador de valoración contingente no pueda idear un escenario plausible para el tema evaluado. Tampoco quisiera argumentar que todas las encuestas de valoración contingente son de alta calidad. El método, aunque claro y directo, es de hecho difícil de implementar sin caer en varios tipos de problemas de diseño que requieren esfuerzo, habilidad e imaginación para resolverlos. Cada estudio en particular debe ser examinado cuidadosamente, aunque esto es aplicable a cualquier estudio empírico.
>
> Si bien creo en la viabilidad de utilizar la valoración contingente para medir el valor que tiene el medio ambiente para las personas, no estoy defendiendo un estrecho análisis beneficio-coste para todas las decisiones de política medioambiental, ni sugiriendo que todo puede o debe ser cuantificado. Habrá casos en los que la información es inadecuada, las incertidumbres demasiado grandes, o las consecuencias demasiado profundas, o complejas, para reducirlas a un solo número. (Hanemann, 1994, p. 38)

8.3. Análisis conjunto

La base conceptual del análisis conjunto se basa en la modelización de la demanda de un bien como la demanda de un conjunto determinado de atributos (Lancaster, 1966). Cualquier bien puede contemplarse como un conjunto de características (por ejemplo, un coche puede verse como un motor, accesorios, tamaño, dispositivos de seguridad, diseño y precio). Las preferencias del consumidor se definen sobre el conjunto de atributos, y es posible estimar los valores de las características pidiéndole al individuo que elija entre diferentes alternativas, consistentes en paquetes que contienen diferentes niveles de los atributos (por ejemplo, en una opción, el espacio interior del vehículo mejora pero la velocidad es menor; en otra, la velocidad y el precio son más altos; y así sucesivamente).

Este método de valoración ha sido ampliamente utilizado en *marketing* y en economía del transporte. Por ejemplo, el transporte público ha sido analizado por medio de este enfoque (Domenich y McFadden, 1975). La utilidad de los usuarios de transporte público aumenta cuando se reduce el tiempo de viaje, el tiempo de espera, el tiempo de acceso y egreso, y el precio; y cuando aumenta con la calidad del servicio, por lo que el análisis conjunto ofrece al analista la posibilidad de estimar cuánto valoran los individuos las diferentes características del servicio, permitiendo la evaluación económica de programas de gasto alternativos para mejorar el transporte público.

Existen diferentes metodologías para la aplicación práctica del análisis conjunto (experimentos de elección, *ranking* contingente, *rating* contingente y comparación por pares), pero básicamente consiste en la descripción del bien según un conjunto de características seleccionadas y los niveles de dichas características. Se le pide al individuo que clasifique, califique o elija entre varias opciones (diferenciadas por sus características y niveles). La elección o clasificación se consideran mejores que la calificación porque los encuestados no se ven obligados a traducir la intensidad de sus preferencias en números. La ventaja de este enfoque es que, al incluir el precio o el coste en las opciones, la solución a las disyuntivas presentadas a los encuestados nos permite estimar la valoración monetaria de diferentes atributos.

Pearce et al. (2006) proporcionan un ejemplo de análisis conjunto aplicado a la limpieza del río Támesis. El objetivo es evaluar varios programas de inversión para reducir la cantidad de agua de lluvia que se convierte en agua residual y que acaba en el río, degradando la calidad del agua. Los costes de inversión son conocidos, y lo que necesitamos es la valoración económica de la mejora de este bien para el que no hay mercado. Este bien se define como la reducción del volumen de aguas residuales que entran en el río, y sus atributos son los siguientes: disminución de los impactos visuales de las aguas residuales, reducción del número de días en los que la exposición al agua del río es un riesgo para la salud, y reducción del número de peces muertos.

El encuestado tiene que elegir entre las diferentes opciones, donde el nivel de los atributos varía, incluido el coste de limpieza. Se supone que la utilidad del individuo *i* es una función lineal de los atributos (y sus niveles) en las diferentes alternativas *j* que se presentan al encuestado, y de algunos factores no observables.

$$U_{ij} = b_1(\text{residuales})_{ij} + b_2(\text{salud})_{ij} + b_3(\text{peces})_{ij} + b_4(\text{coste})_{ij} + e_{ij}, \quad (8.4)$$

donde *residuales* es la proporción de aguas residuales en el río; *salud* es el número de días por año en los que los deportes acuáticos no son aconsejables debido al aumento del riesgo para la salud (enfermedad menor); *peces* es el número de muertes de peces por año; *coste* es el coste de una opción (para el encuestado). Los coeficientes b_1, b_2, b_3 y b_4 son parámetros desconocidos, y e_{ij} es un término de error para tener en cuenta las características no observables.

Los coeficientes estimados en la ecuación (8.4) son negativos, ya que un aumento de cualquiera de estos atributos reduce la utilidad del encuestado.[6] Cada coeficiente muestra el peso que el individuo medio concede al atributo correspondiente, esto es, la utilidad marginal con respecto a este. Por ejemplo, b_1 es el cambio en la utilidad total con respecto a un pequeño cambio en el volumen de agua residual que entra en el río.

El cociente de dos coeficientes es la relación marginal de sustitución entre dos características. En este estudio, los coeficientes estimados son $b_1 = -0{,}035$; $b_2 = -0{,}007$; $b_3 = -0{,}029$; $b_4 = -0{,}019$. El cociente b_3/b_2, por ejemplo, indica que el hogar medio experimenta una pérdida de utilidad por la muerte de peces aproximadamente cuatro veces mayor que por el aumento de la exposición a riesgos menores para la salud.

A partir de la ecuación (8.4) es posible obtener un valor medio de la disposición a pagar de los hogares en la muestra.[7] El cociente entre cualquier coeficiente con respecto al coeficiente de coste indica la disposición a pagar para reducir el valor de la variable correspondiente. En este estudio, el hogar medio está dispuesto a pagar b_1/b_4 por una reducción de las aguas residuales, siendo el valor de esta relación £1,84; b_2/b_4 para una reducción de la exposición al riesgo de salud (£0,37); y b_3/b_4 para una reducción de las muertes (£1,53).

A partir de estos precios implícitos de cambios en los atributos es posible calcular los beneficios totales de un proyecto de inversión que reduce las aguas residuales que entran en el río. Tomando como caso base el valor físico de cada atributo sin el proyecto, y una vez que conocemos los valores físicos esperados con el proyecto, la disposición a pagar del hogar promedio para eliminar los efectos negativos de la entrada de aguas residuales en el río es:

$$WTP = 1{,}84\Delta residuales + 0{,}37\Delta salud + 1{,}53\Delta peces, \qquad (8.5)$$

donde *WTP* es la disposición a pagar del hogar medio. Multiplicando este valor medio (£76) por los 5,6 millones de hogares en el área servida por Thames Water, obtenemos una estimación de la disposición a pagar por año.

Se ha argumentado que este método es superior a la valoración contingente, ya que es posible estimar los valores de las principales características del bien medioambiental que se está evaluando. Además, los encuestados (en el modelo de

---

[6] Para una descripción completa del estudio, véase EFTEC (2003).
[7] 1.214 clientes de Thames Water.

elección y clasificación) no tienen que dar un valor monetario a sus preferencias, obteniéndose dicha valoración monetaria de información revelada al elegir entre opciones donde se ha incluido una variable de coste.

Aunque el análisis conjunto pueda considerarse una mejor opción cuando el bien medioambiental es complejo y tiene múltiples atributos, es cierto que esta complejidad crea problemas de validez y confiabilidad comunes a cualquier método de preferencias declaradas. Las dificultades cognitivas del encuestado que se enfrenta a elecciones entre paquetes con varios atributos, y varios niveles para cada atributo, crean problemas de diseño e interpretación (véanse Adamowicz et al., 1998; Pearce et al., 2006).

8.4. Preferencias individuales y bienestar social

Altruismo y valor de no uso

Se argumenta que los individuos están dispuestos a pagar para aumentar el bienestar de terceros, además del suyo propio, lo que obliga a añadir el motivo altruista a la valoración puramente egoísta. De ser así, el valor de preservar el medio ambiente sería mayor que la valoración que pasa por alto el altruismo. Las características del bien medioambiental favorecen que el individuo esté dispuesto a pagar más por su conservación si se preocupa por el bienestar de los demás.

Aunque los resultados obtenidos en encuestas basadas en preferencias declaradas sugieren que las personas están dispuestas a pagar por encima de sus valores privados, es importante considerar la naturaleza de estos sentimientos altruistas para responder a la pregunta de si la disposición a pagar del individuo i con respecto a su preocupación con respecto al individuo j debe incluirse en el análisis coste-beneficio.

Con el altruismo no paternalista, la función de utilidad del individuo i incluye la utilidad del individuo j como argumento. Esto significa que i se preocupa por el bienestar de j, pero la cesta de consumo de j es irrelevante para i. En el caso del altruismo paternalista, el consumo de un bien determinado por j es un argumento en la función de utilidad de i.

Se considera que cuando el altruismo es no paternalista, el sentimiento altruista es irrelevante para el análisis coste-beneficio. El siguiente ejemplo (Bergstrom, 2006) sirve para ilustrar que es fácil sesgar significativamente la valoración si no se formula la pregunta correcta. Supongamos que A y B son una pareja que mantienen presupuestos separados y se preguntan si alquilar un apartamento más grande con dos habitaciones adicionales. Una habitación se utilizará exclusivamente como estudio por A y la otra como sala de juegos exclusivamente por B. A está dispuesto a pagar \$100 por el estudio y, como quiere a *B*, pagaría \$50 más para ver a *B* feliz con su sala de juegos (que *A* nunca utilizará). Del mismo modo, *B* está dispuesto a pagar \$100 por su sala de juegos y, como quiere a *A*, pagaría \$50 más para que *A* tenga su estudio (que *B* nunca utilizará).

El alquiler adicional para el nuevo apartamento es de \$250, que se dividirá por igual entre ambos. ¿Deberían alquilarlo? Si se incluye la disposición a pagar altruista, la respuesta es sí (300 > 250), mientras que, si se excluye, la respuesta es no (200 < 250). ¿Cuál es la respuesta correcta?

Consideremos el caso en que el apartamento se alquila porque hemos incluido la disposición a pagar por el bienestar del otro, además del propio. Una vez que el apartamento se alquila, el individuo *A* está peor porque valora el cambio en \$100 y tiene que pagar \$125 (la mitad del alquiler adicional). Sin embargo, como se preocupa por *B*, revisa la situación en que ha quedado su pareja y observa que también está peor (pagó \$125 por algo que le produce una satisfacción de \$100). Podemos concluir que se equivocaron alquilando el apartamento más grande.

La paradoja de este resultado se resuelve considerando que, si se incluyen los beneficios, también deben incluirse los costes. Cada uno de los individuos está feliz si el otro tiene el bien que le hace feliz, pero también es menos feliz si su pareja tiene que pagar un alquiler más alto. El problema se resuelve en la práctica incluyendo el coste en la pregunta o, alternativamente, excluyendo directamente el altruismo. Ambas alternativas conducen al mismo resultado.

Se argumenta que la disposición a pagar de las personas a las que les preocupa el bienestar de los demás (por ejemplo, su seguridad y el consumo de bienes medioambientales) debe incluirse en el análisis coste-beneficio cuando el altruismo es paternalista. Entonces, tan importante como la intensidad de las preferencias altruistas es la naturaleza de estas preferencias. Por ejemplo, en el caso de proyectos que salvan vidas, es importante considerar cómo se ha estimado el valor de una vida estadística. Jones-Lee (1992) demuestra que con paternalismo puro, el valor de una vida estadística aumenta significativamente (entre un 10 y un 40 % mayor en el caso del Reino Unido) respecto al valor para una sociedad de individuos puramente egoístas.

Principios morales y valoración económica

La valoración económica de los impactos medioambientales también ha sido criticada desde los principios éticos o morales, partiendo de que el valor de uso pasivo no puede medirse en términos monetarios. Dentro del valor de uso pasivo está el valor de existencia. El uso de la disposición a pagar, por ejemplo, para determinar la supervivencia de una especie no es razonable desde esta posición ética. El aborto es moral o inmoral, y sigue siendo una cosa u otra independientemente de las cantidades que las personas están dispuestas a pagar para permitirlo o prohibirlo.

Suponiendo que se hayan resuelto los problemas de diseño y ejecución de la encuesta, la valoración contingente tiene limitaciones que, aunque comunes a la medición neoclásica del valor de bienes ordinarios, no deben ignorarse debido a su repercusión en la valoración de bienes medioambientales únicos. La primera es la aceptación de la disposición a pagar para medir el valor de los bienes para la sociedad, teniendo en cuenta que dicha disposición a pagar no sólo refleja las preferencias de las personas entrevistadas, sino también su renta. La segunda limitación es que las preferencias de las generaciones futuras no cuentan. Sólo son importantes las preferencias de la generación actual con respecto a sí misma y a las generaciones futuras, lo que en términos de los bienes medioambientales heredados para las nuevas generaciones crea un problema ético.

Preferencias distorsionadas

Existe otra complicación que afecta particularmente al medio ambiente y a la evaluación de programas de salud: la distinción entre la satisfacción de las preferencias individuales y el bienestar de los individuos. Adler y Posner (2001) llaman la atención sobre las preferencias desinformadas, distinguiendo entre las instrumentales, intrínsecas, adaptativas y objetivamente malas. Las preferencias instrumentales se modifican proporcionando información, por ejemplo, negarse a beber agua con flúor porque el individuo cree que la fluoración causa cáncer. Las preferencias intrínsecas también se modifican, pero no porque haya un error en las creencias del individuo, sino porque el individuo no tiene suficiente información cuando se le pide y dicha información cambia las preferencias (la disposición a pagar por un proyecto de arte es baja porque el individuo no conoce las cualidades estéticas del proyecto).

Las preferencias adaptativas y objetivamente malas crean un conflicto evidente con el principio de soberanía del consumidor. El individuo vive en condiciones miserables y sus preferencias se han adaptado a esta situación de precariedad y pérdida de autoestima, de manera que, según esas preferencias adaptativas, valora negativamente, por ejemplo, una mejora en su entorno porque su desgracia y resentimiento social le hacen creer que la mejora lo perjudica.

Las preferencias que son objetivamente malas también violan el principio de soberanía del consumidor. Si la sociedad acepta que no hay ningún beneficio social derivado de que los niños fumen, podría darle un valor cero a la pérdida de beneficios de la industria tabacalera si un proyecto reduce el número de niños que fuman. En cualquier caso, se trata de ejemplos y circunstancias extremos que no afectan a la mayoría de los proyectos. No obstante, y con respecto a los impactos medioambientales (como el calentamiento global), puede ser útil considerar los argumentos anteriores sobre la relación, a veces compleja, entre las preferencias individuales y el bienestar social.

8.5. El valor de la vida

Existen proyectos y regulaciones cuyo objetivo principal es salvar vidas, mientras que otros, que persiguen diferentes objetivos, implican un aumento o disminución de lesiones y muertes durante la vida de dichas intervenciones.

El título de esta sección puede parecer inmoral, y uno debe apresurarse a dejar claro que no estamos hablando de la vida de una persona en particular. El valor de la vida de un individuo concreto no es el objeto de esta sección. En general, se podría decir que la vida humana tiene un valor infinito cuando se trata de la propia, o también si se nos pide que valoremos la vida de nuestros seres queridos, e incluso, en circunstancias extremas, muchas personas arriesgan sus vidas para evitar la muerte de un desconocido.

Tampoco parece que la sociedad establezca límites para salvar la vida de un individuo determinado. Un alpinista en peligro de muerte recibirá todo tipo de ayuda del gobierno para rescatarlo, y los esfuerzos de rescate no serán detenidos porque se haya alcanzado un cierto nivel de gasto.

En esta sección no se tratan cuestiones morales o filosóficas. Por el contrario, su orientación es bastante pragmática, y dado que las personas realizan intercambios implícitos entre renta y seguridad en su vida cotidiana, el gobierno debería, en principio, considerar los valores que se obtienen en dichas disyuntivas reales con el fin de informar sobre las políticas públicas en este ámbito.

Los economistas sostienen que, dada la escasez de recursos, la elección entre bienes es inevitable, y que estas decisiones también afectan a la seguridad. Pensemos por un momento qué pasaría con el número de lesiones y accidentes mortales si se prohibiera conducir a más de 30 km por hora en todas las carreteras. Es más que probable que el número de muertes por accidentes de tráfico se redujese drásticamente. Sin embargo, si preguntamos a los individuos si aceptarían esta prohibición a cambio de una reducción significativa en el número de accidentes y muertes, en los que ellos o sus familias tienen una baja pero cierta probabilidad de estar involucrados, lo más probable es que una mayoría respondería que no. La razón: el mayor coste de transporte, con todos los inconvenientes y pérdidas económicas asociados a tal reducción del límite de velocidad.

El ejemplo anterior es deliberadamente extremo y cualitativo, pero sirve para ilustrar que las personas cambian comodidad, velocidad e ingresos por riesgo físico, a veces desinformados, pero en muchas otras veces conscientes del riesgo que asumen a cambio de otros bienes. Cuando se acepta la existencia de esta compensación implícita, se entra en el terreno de la valoración económica de la vida. El significado de este concepto es el siguiente: en la medida en que la sociedad acepta riesgos que podrían reducirse renunciando a otros bienes públicos y privados, es interesante ver cuánto están dispuestos a pagar las personas, o a aceptar, en este tipo de transacciones. El término *valor de la vida* adquiere una dimensión menos dramática y más práctica, porque lo que está en juego no es realmente el valor de la vida en sentido estricto, sino a cuánto están dispuestos los individuos a renunciar de otros bienes a cambio de vivir con niveles más altos de seguridad.

Veremos que lo que se valora en el análisis coste-beneficio es el aumento o disminución en la probabilidad de eventos que pueden resultar en lesiones o muertes. No nos referimos a situaciones extremas, sino a cambios en la probabilidad de muerte o lesiones asociadas a una regulación o a un proyecto de inversión, como la normativa concerniente a la conducción de un vehículo o a la construcción de un puente. El papel de la economía en este contexto consiste en que los recursos son escasos, y la necesidad de elegir entre usos alternativos también cuenta en decisiones que incluyen el bien seguridad, respetando las preferencias individuales, siempre y cuando no existan problemas de información, racionalidad limitada o preferencias gravemente distorsionadas (véanse Adler y Posner, 2001; Sunstein, 2014).

Supongamos que estamos considerando construir una presa y entre sus costes nos enfrentamos a una probabilidad de 1/10.000 de que una vida anónima se pierda durante la vida del proyecto. ¿Debería construirse la presa? Si el valor de la vida fuese infinito, este proyecto nunca se llevaría a cabo. En la práctica, es probable que si los beneficios sociales en términos de producción de electricidad, por ejemplo, superan suficientemente los costes de construcción, mantenimiento y operación de la presa, sí se lleve a cabo el proyecto. Si uno toma la posición extrema de no dar un valor específico a la vida anónima que se perderá, es probable que le demos un valor cero en la evaluación económica del proyecto (o simplemente los costes monetarios de la compensación legal). Parece que la idea de explorar el valor que la sociedad da a la pérdida de vidas anónimas merece ser considerada.

El valor de una vida estadística

En realidad, no se trata ni del valor de la vida ni del denominado valor de una vida estadística (VSL). Lo que se calcula es la disposición media a pagar, o a aceptar, para pequeños cambios en la probabilidad de muerte. Merece la pena hacer una distinción entre la disyuntiva a la que se enfrenta un individuo en particular y el

VSL. En el primer caso, tenemos una sola persona que está dispuesta a pagar una cierta cantidad para reducir el riesgo de muerte dadas sus circunstancias personales de renta, estado de salud, nivel de seguridad o aversión al riesgo, entre otras. En el caso del VSL, tenemos una cohorte de población de individuos. Para el individuo, lo que tenemos es su relación marginal de sustitución entre el riesgo y renta, mientras que el VSL es la media de la relación marginal de sustitución entre el riesgo y la renta del grupo. Este valor es, de hecho, una disposición media a pagar para cambiar una probabilidad concreta de muerte (por ejemplo, 1/10.000) dentro de una población con diferencias de renta, entre otras.

Consideremos el caso de un individuo dispuesto a pagar $100 para reducir un riesgo de muerte de 1/100.000. Dividiendo la disposición a pagar entre dicha probabilidad obtenemos un valor implícito de la vida de $10 millones. Otra forma de expresar esta idea es considerar que tenemos una población de 100.000 individuos que viajan de A a B, son idénticos y conscientes de que uno de ellos morirá en un accidente de coche durante el año. Si una persona representativa está dispuesta a pagar un máximo de $100 para financiar un proyecto que eliminará dicho riesgo, y multiplicamos por el número de individuos, obtenemos los $10 millones que dicha población está dispuesta a pagar, como máximo, para evitar esa muerte anónima (o estadística).

Para entender algo mejor el significado de estos $10 millones y su limitación, consideremos la siguiente expresión de la utilidad esperada de estar vivo o muerto:

$$E(U) = (1 - \pi)U(M, 1) + \pi U(M, 0), \tag{8.6}$$

donde tenemos dos estados posibles: muerto, denotado por 0, y vivo, denotado por 1, con probabilidades asociadas de π y $1 - \pi$, respectivamente. Cuando el individuo está vivo, con un nivel de renta M, su utilidad es $U(M, 1)$ y cuando está muerto la utilidad es $U(M, 0)$, que podría ser cero o positiva.

Preguntemos al individuo sobre la máxima disposición a pagar (v) para reducir el riesgo de muerte a su nivel actual π. La cantidad máxima de dinero que podríamos tomar del individuo lo dejaría indiferente entre la utilidad esperada en (8.6) y la utilidad cierta de estar vivo pero con una renta menor ($M - v$):

$$U(M - v, 1) = (1 - \pi)U(M, 1) + \pi U(M, 0). \tag{8.7}$$

La expresión (8.7) muestra que el individuo está indiferente entre una utilidad esperada con un riesgo asociado de muerte, y un nivel de utilidad cierto, sin ese riesgo pero con menores ingresos. La clave está en ver cómo v responde a pequeños cambios de π. Este es el intercambio que hay que cuantificar ($\partial v / \partial \pi$). En el ejemplo anterior, el cambio en v fue de $100 cuando el riesgo de muerte π se incrementó en

1/100.000. Por lo tanto, el «valor de la vida», igual a $10 millones en nuestro ejemplo, se obtiene mediante la derivada $\partial v/\partial \pi$.

Supongamos que hemos estimado el VSL en $10 millones,[8] y no existen problemas de información, racionalidad limitada o preferencias distorsionadas. Antes de utilizar este valor para la evaluación económica de proyectos y políticas, hay varias matizaciones que hacer (Sunstein, 2014).

La primera es aclarar que cuando se realiza la estimación de la disposición a pagar, el «valor de la vida» expresado por $\partial v/\partial \pi$ no es independiente del nivel de riesgo y renta de la población, ni del cambio en el nivel de riesgo presente. Por lo tanto, decir que el valor de una vida estadística es de $10 millones no tiene sentido sin vincular la disposición a pagar con el contexto de donde provienen las estimaciones. Por ejemplo, no cabe esperar que se obtenga la misma cifra de $10 millones si el cambio en la probabilidad de muerte es de 1/100.000 o por el contrario es de 1/10.000. Esto requeriría una disposición a pagar de $100 para eliminar un riesgo de 1/100.000 y de $1.000 para eliminar un riesgo de 1/10.000, lo que parece poco probable, ya que no parece razonable que la disposición a pagar para reducir el riesgo de muerte sea lineal.

La segunda es que un único VSL es incompatible con la existencia de individuos heterogéneos y de diferentes tipos de riesgos. La disposición a pagar es diferente para diferentes individuos porque estos difieren en su actitud hacia el riesgo. La disposición a pagar es sensible al riesgo inicial (π en las expresiones 8.6. y 8.7) y a la heterogeneidad en preferencias, edad y renta. Además, las personas muestran diferentes grados de aversión al riesgo ante diferentes sucesos, como el riesgo de cáncer, contaminación alimentaria o un accidente de avión. Por lo tanto, no hay un solo VSL, y existe evidencia de que las personas mayores tienen un VSL más bajo, que la disposición a pagar para evitar las muertes por cáncer es mayor que para el caso de muertes imprevistas y que, tal como era de esperar, para los ricos el VSL es más alto que para los pobres.

Aunque deben utilizarse diferentes VSL para diferentes individuos y tipos de riesgo, la práctica común es el uso de un único valor dentro de un país. Se podría considerar que esto es lo equitativo, pero depende de quién pague para reducir el riesgo. El uso de diferentes VSL para ricos y pobres sólo refleja sus diferencias en la disposición a pagar sobre la disyuntiva entre riesgo y renta. Dada la distribución de la renta, y en ausencia de problemas de información, racionalidad limitada y preferencias distorsionadas, el VSL individual debe ser respetado incluso cuando las diferencias de renta son la causa de las disparidades en la disposición a pagar.

---

[8] La mediana de EE. UU. Las estimaciones del mercado laboral están en el rango de $9 millones a $11 millones (Viscusi, 2018).

«Un VSL uniforme comparte algunas de las características de una política que obligara a que todas las personas compren Volvos. En principio, el gobierno sólo debería forzar aquellos intercambios que la gente considera aceptables, al menos si realmente le preocupa su bienestar. Este principio es la concepción correcta de la equidad en el riesgo. Nótese, una vez más, que el argumento para utilizar la disposición a pagar no implica satisfacción con la distribución existente de la riqueza. El problema con los intercambios forzados es que no hacen nada para alterar las distribuciones existentes. De hecho, empeoran a los pobres, requiriendo que usen sus recursos limitados para algo que no quieren comprar» (Sunstein, 2014, p. 117). No obstante, cuando los individuos no pagan por la reducción del riesgo, como en el caso de las donaciones a países pobres, el uso de un solo VSL es inocuo.

De todos modos, la individualización completa no es posible en la práctica, y para algunos bienes no es ni siquiera útil. Es prácticamente imposible conocer el VSL de cada individuo, y no es muy útil en el caso de muchos proyectos y regulaciones que implican bienes públicos, tales como la reducción de la contaminación atmosférica. En estos casos, la exclusión no es viable, y una vez que se proporciona el bien para un individuo, se benefician todos.

Por último, vale la pena subrayar que el contexto de la teoría y estimación del VSL está vinculado a riesgos estadísticamente pequeños. No nos ocupamos aquí de derechos básicos de las personas, como el acceso al agua potable, ni tampoco de riesgos catastróficos.

Un concepto relacionado, con implicaciones significativas para las políticas públicas, es el valor de un año de vida estadística (VSLY). ¿Es el valor de salvar una vida anónima independiente de los años esperados de esa vida? Si la respuesta es no, y se aplica un VSL promedio a toda la población, el VSL de los mayores debe ser inferior al de los jóvenes. El tema es bastante espinoso y en términos empíricos no está claro si la disposición a pagar de las personas mayores durante años de vida adicionales podría ser menor o mayor si se enfrentan a mayores riesgos para la salud, pero tienen ahorros para gastar en sanidad.

La cuestión está lejos de resolverse si nos fijamos en la dimensión de equidad del problema. Si por razones de equidad se aplica un VSL único a cualquier persona independiente de su edad, el VSLY será mayor para los individuos mayores. Si la equidad se entiende como el mismo VSLY para ambos, el valor de reducir el riesgo de muerte disminuye con la edad. «Las alternativas consistentes en utilizar un VSL uniforme o un VSLY constante por año de esperanza de vida dan estimaciones diametralmente opuestas de cómo se deben tratar las diferencias en la esperanza de vida, a pesar de que ambos son supuestamente equitativos» (Sunstein, 2018).

La discusión previa sobre el VSL para individuos diferentes (por ejemplo, por nivel de renta), se aplica por igual a personas de diferente edad si se enfrentan a la disyuntiva entre un cambio en la probabilidad de muerte y una variación en su renta. Siendo estos individuos similares en todos los demás aspectos, están dispuestos a pagar una cantidad diferente en función de su edad.

El valor de una vida estadística también se estima mediante técnicas basadas en encuestas, como el método de valoración contingente, y experimentos de elección (véanse las secciones 8.2 y 8.3). Los problemas asociados con los valores obtenidos mediante encuestas, en las que se pide a los individuos su disposición a pagar o aceptar cuando se enfrentan a cambios en los niveles de seguridad, son similares a los descritos anteriormente en la valoración de bienes medioambientales.

También se ha utilizado el enfoque de preferencias reveladas para estimar el VSL. El método de la *diferencia salarial compensatoria* está basado en la identificación de contextos en los que el individuo intercambia renta por los cambios en la probabilidad de muerte o lesiones. Antes de describir este último método, describimos a continuación el enfoque de *capital humano*, basado en la pérdida de ganancias debido a la muerte del individuo, y que se utiliza para determinar la compensación en sentencias por homicidio involuntario.

Capital humano

El enfoque del capital humano, o el coste de la muerte, es un método de valoración utilizado para estimar el VSL basado en la estimación del valor actual de los ingresos futuros esperados de la víctima, dada su esperanza de vida y su renta esperada. En disputas legales, para establecer compensaciones por muerte, es común emplear el valor descontado de las ganancias futuras. Un abogado argumentaría que la muerte de un profesional altamente cualificado debe ser compensada por el valor de una suma equivalente a los salarios que habría ganado durante el resto de su vida.

El valor de los ingresos en valor actual (*DE*), perdidos como resultado de una muerte, es el flujo descontado de los salarios anuales de la víctima durante el resto de los años que habría vivido si el accidente no hubiera ocurrido. Supongamos que estamos estimando el valor de las ganancias perdidas debido a un proyecto en 2020 que causa la muerte de un individuo en ese año. Una forma de calcularlo se muestra en la expresión (8.8), donde w es el salario de cada año y π es la probabilidad en el año base de que el individuo todavía esté vivo en un año determinado (denotado por el superíndice). En estas expresiones la duración de la serie no importa si no excluimos los años en los que π es significativamente diferente de cero.

$$DE = w_{2020}\,\pi_{2020}^{2020} + \frac{w_{2021}\,\pi_{2020}^{2021}}{(1+i)} + ... + \frac{w_{2200}\,\pi_{2020}^{2200}}{(1+i)^{180}}. \tag{8.8}$$

En general,

$$DE = \sum_{t=t_0}^{\infty} w_t \pi_{t_0}^t (1 + i)^{-(t-t_0)}, \qquad (8.9)$$

donde t_0 es el año base.

La debilidad de este método de valoración es que utiliza la información del mercado de trabajo en un sentido equivocado. El valor de los ingresos perdidos representa el producto marginal del trabajador para el empleador, es decir, es el valor económico para la empresa, pero no para el empleado, y no mide la disposición a pagar del individuo por pequeños cambios en la probabilidad de muerte. Además, llevado al extremo, podría argumentarse que la muerte de un pensionista o de un individuo desempleado permanentemente no implica pérdida social alguna, o incluso podría resultar beneficiosa si se deduce el consumo ahorrado.

Diferencias salariales compensatorias

Este método se basa en las preferencias reveladas, aunque también utiliza la información del mercado de trabajo. Si tuviéramos información para un número suficientemente grande de trabajadores, expuestos a diferentes niveles de riesgo sobre el que están perfectamente informados, y utilizásemos las primas salariales para compensar la toma de tales riesgos, se podría obtener una estimación del valor de una vida estadística.

En la práctica, y a partir de una muestra representativa de empleados, este método trata de determinar la relación entre la brecha salarial en diferentes profesiones con diferentes probabilidades conocidas de muerte. La debilidad de esta aproximación es que los dos supuestos básicos requeridos, que los trabajadores eligen voluntariamente esas profesiones y que son plenamente conscientes de las probabilidades de perder la vida, no son del todo realistas.

Con un modelo simple como en (8.10) puede estimarse b_1, por lo que es posible aproximar el VSL, aislando el coeficiente b_1 de los efectos de otras variables como el sexo, la experiencia, la edad y un conjunto de características de utilidad o desutilidad del trabajo.

$$Salario\ anual = b_0 + b_1\ riesgo\ anual\ de\ muerte + \sum_{i=2}^{n} b_i\ otras\ variables\ de\ interés + e, \quad (8.10)$$

donde e es un término de error para tener en cuenta la influencia de variables no observadas.

Este enfoque basado en datos del mercado de trabajo suele resultar en estimaciones del VSL mayores que con el enfoque de preferencias declaradas. En el caso del mercado laboral de Estados Unidos, las estimaciones de VSL están en el rango de 9-11 millones de dólares. «Basándose en una muestra de estudios de preferencias declaradas, la OCDE, por ejemplo, recomienda un VSL de referencia de 3,6 millones de dólares, con un rango de VSL de 1,8 millones de dólares a 5,5 millones de dólares [...] El enfoque de transferencia de beneficios que recomiendo es utilizar las cifras de VSL de los Estados Unidos como base y ajustar estas diferencias a la baja en función de la elasticidad de la renta del VSL. La cifra de referencia de VSL que usaré es de 10 millones de dólares. Las estimaciones de elasticidad de la renta para los EE. UU. suelen estar en el rango 0,5-0,6, pero las estimaciones internacionales la sitúan justo por encima de 1,0, que es la que voy a utilizar como la estimación de elasticidad de la renta para mis cálculos» (Viscusi, 2018, p. 4).

Una cuestión esencial con respecto a la utilización práctica de los valores obtenidos en el mercado de trabajo, es si el valor estimado de una vida estadística puede ser extrapolado al resto de la población. Esta transferencia de valor de la mano de obra es difícil de justificar. El valor de una vida estadística obtenida en el mercado laboral proviene de personas con características muy diferentes a las del ciudadano medio, especialmente en lo que respecta a la actitud frente al riesgo.

En general, el VSL estimado (b_1) debe tomarse como un límite inferior cuando se extrapola a toda la población. Además, no hay un valor único implícito de la vida, ni siquiera para el mismo individuo. La compensación salarial que el individuo A requiere depende del nivel de seguridad en el que se encuentra en el mercado laboral. Podría ser que b_1 se haya estimado en condiciones relativamente seguras debido a la existencia de estrictas regulaciones laborales, lo que significa que la compensación concreta que el trabajador requiere está condicionada por el «alto» nivel de seguridad en el que se encuentra. El mismo trabajador, situado en un nivel más bajo de seguridad, hubiese exigido una compensación mayor; es decir, un salario más alto. En general, la relación marginal de sustitución entre renta y seguridad cambia con el nivel de seguridad.

Además, se supone que el trabajador está bien informado y es consciente de las probabilidades de muerte en los diferentes trabajos que se le ofrecen, y además negocia en condiciones de igualdad con el empleador al fijar su salario. En el mundo real, estas condiciones se incumplen con facilidad. Un trabajador nacido en una zona minera con alto desempleo puede no tener otras alternativas de trabajo y, por lo tanto, la prima de riesgo recibida no es el resultado de una negociación libre. La consecuencia de este hecho es la subestimación del VSL.

Dado que el objetivo es extrapolar el VSL estimado con datos del mercado de trabajo al resto de la población, uno debe ser consciente del caso altamente probable de un sesgo a la baja en la valoración de una vida estadística. Este es el caso de su utilización en la evaluación de proyectos en los que se producen, o se evitan, muertes por contaminación, accidentes de tráfico y similares, que no tienen nada que ver con el mercado laboral donde se estimó el VSL. Consideremos el caso de dos individuos diferentes en su actitud frente al riesgo: el trabajador A y el individuo B, más averso al riesgo que A. Tanto A como B están dispuestos a aceptar un riesgo mayor si son compensados con un aumento de renta. Sin embargo, la compensación requerida por B es superior a la exigida por A. Si se acepta que las personas que aceptan empleos peligrosos tienen, en niveles equivalentes de riesgo, una actitud ante el riesgo menos conservadora que el resto de la población, la compensación que A ha demandado en el mercado laboral subestima la compensación que B pediría.

Otro problema potencial es el riesgo de doble contabilización cuando el valor de una vida estadística, obtenida en el mercado laboral, se utiliza para la valoración de las muertes en la población de trabajadores a la que corresponde el VSL estimado. Si los trabajadores han sido compensados con un aumento de sus salarios en negociación libre y con plena información de las consecuencias de los riesgos asumidos, es erróneo añadir el coste de los accidentes multiplicando el VSL por el número de muertes anónimas que se estima que se producirán por la ejecución del proyecto, ya que en los salarios de los trabajadores del proyecto está incluido el coste de asumir dicho riesgo.

Para concluir, cabe destacar que lo que se pretende en el análisis coste-beneficio es que los cambios pequeños en la probabilidad de muerte, resultantes de la ejecución de un proyecto, reciban un tratamiento adecuado en el cálculo de la rentabilidad social de dicho proyecto. Mantener una posición radical en contra de la valoración puede simplemente traducirse en que las vidas perdidas, o las muertes evitadas, reciban un valor cero. Los economistas no tratan de calcular «el valor de la vida» en un sentido literal, sino de aproximarse al valor implícito de la sociedad en otro intercambio ineludible: a cuanto están dispuestos los individuos a renunciar de otros bienes por la reducción de la probabilidad de morir.

8.6. Transferencia de beneficios

Un problema práctico en la valoración económica de los bienes para los que no hay mercado concierne a la transferibilidad de los resultados obtenidos en otros estudios. En la práctica, dada la imposibilidad de realizar estudios específicos en la evaluación de algunos proyectos, los analistas a menudo recurren al uso de valores obtenidos en otros estudios (y otros contextos). La popularidad de este procedimiento requiere entender lo que implica esta transferencia de valores.

La principal dificultad en la transferencia de valores es que dichos valores se han obtenido en contextos concretos, y puede que no sean comparables a la realidad en la que el proyecto interviene. Es importante saber exactamente qué se le preguntó al entrevistado cuando recibimos su valoración monetaria de un impacto dado. Un claro ejemplo del riesgo de transferir valores sin consideración previa sobre cómo se obtuvo la información es el siguiente:

Supongamos que a una persona en un estudio se le pide su disposición a pagar (*WTP*) por un Jaguar, en un segundo estudio su *WTP* para un Mercedes-Benz, y en un tercer estudio su *WTP* para un Volvo. Obviamente, no se pueden sumar estas tres cantidades no condicionadas de dinero e interpretar el resultado como la *WTP* total por coches de esa persona. O procedemos secuencialmente […] es decir, preguntamos por la *WTP* para un coche condicionada a lo que ya se ha gastado en automóviles en preguntas anteriores, o preguntamos por la *WTP* total para los coches. Desafortunadamente, el uso de datos de valoración existentes en un análisis coste-beneficio es a menudo equivalente al enfoque anterior, en el sentido de que el investigador agrega *WTP* no condicionadas, recogidas de diferentes estudios. El resultado de un estudio de este tipo es, en el mejor de los casos, difícil de interpretar (Johansson, 1993, p. 78-79).

La intuición del ejemplo anterior es que, si añadimos la disposición a pagar no condicionada procedente de diferentes estudios, podemos estar sobreestimando el valor económico de un bien medioambiental. Sin embargo, también puede ocurrir lo contrario, y cometer un error de subestimación de impacto medioambiental negativo añadiendo valoraciones de estudios en un contexto diferente.

La infravaloración mencionada se puede ilustrar con un proyecto que implica la compra de un costoso sistema de protección para evitar vertidos de petróleo en una zona costera que tiene varias playas. Si añadimos la disposición a pagar para proteger cada playa por separado estaremos subestimando el valor que los usuarios atribuyen a la eliminación del riesgo de contaminación.

La razón de la subestimación estriba en que la disposición a pagar obtenida para mantener limpia cada playa, está condicionada a que el individuo sabe que dispone de las otras playas como sustitutos, y, por lo tanto, su valoración monetaria de la playa que suele utilizar, y para la que es entrevistado, será menor que si se le preguntase cuánto está dispuesto a pagar para preservar el estado actual de la playa condicionada a que las otras playas también estarán contaminadas. Para calcular la disposición a pagar total tendríamos que proceder como en el ejemplo de los coches, resultando, en este caso, en una mayor disposición a pagar por preservar las playas dado que hemos condicionado la cuestión al hecho de que las otras playas también han sido contaminadas.

Es práctica común utilizar valores de otros estudios cuando las restricciones presupuestarias no permiten realizar una encuesta específica, o tal vez como un primer paso antes de que se lleve a cabo una estimación adecuada de los valores locales. En cualquier caso, es aconsejable evitar una transferencia mecánica de valores desde otros contextos sin una corrección previa según algunas características de la población en el sitio, como, por ejemplo, la renta per cápita.

A veces, un análisis estadístico de varios estudios (metaanálisis) puede ayudar, relacionando la disposición media a pagar por un bien para el que no hay mercado con un conjunto de variables económicas y demográficas. En este caso, es posible mejorar el proceso en comparación con la transferencia no ajustada de valores, que ignora las diferencias existentes entre el sitio de donde procede el valor y el contexto al que se transfiere.

Ideas para recordar

- El enfoque de preferencias declaradas intenta obtener los valores de los usuarios a través de métodos basados en encuestas. La valoración contingente es una técnica consistente en la construcción de un mercado hipotético en el que los encuestados revelan su disposición a pagar por cambios en los bienes para los que no hay mercado, como los cambios en la calidad medioambiental o en la probabilidad de riesgos para la salud.

- El análisis conjunto se ha presentado como una alternativa a la valoración contingente, ya que el entrevistado sólo tiene que elegir entre opciones, revelando indirectamente su disposición a pagar por los atributos del bien. El análisis conjunto es particularmente apropiado cuando el bien tiene múltiples atributos, aunque esto también tiene sus inconvenientes en términos de la mayor complejidad del ejercicio y sus correspondientes dificultades cognitivas para el entrevistado.

- Estos métodos son una alternativa al enfoque de preferencias reveladas cuando no es posible observar el comportamiento de los usuarios en un mercado relacionado. Este es el caso del valor de no uso, o valor de uso pasivo, de los bienes medioambientales, que requiere la construcción de escenarios hipotéticos y cuyos resultados son muy sensibles al diseño de la encuesta. Algunos críticos sostienen que el principal problema de estos métodos no es la exactitud sino la credibilidad, es decir, el hecho de que las respuestas obtenidas en estas encuestas no midan la intensidad de las preferencias de los individuos. No obstante, se han hecho importantes esfuerzos de investigación para mejorar los métodos y evitar los sesgos más evidentes.

- Los cambios en el riesgo físico, como la reducción de la probabilidad de lesiones graves o de muerte, son el objetivo de algunos proyectos, y en muchos otros se producen muertes o se salvan vidas. Los profesionales que realizan análisis coste-beneficio de proyectos o regulaciones que previenen o aumentan el número y la gravedad de los accidentes, necesitan asignar un valor económico a estos efectos. No es el valor de una vida anónima lo que realmente se valora. Es una disposición a pagar promedio por cambios pequeños y específicos en la probabilidad de muerte.
- Una práctica común en el análisis coste-beneficio es transferir los valores obtenidos en otros estudios para evitar el coste de realizar encuestas específicas. Hay que subrayar el hecho de que los valores de una vida estadística o de impactos medioambientales de los estudios existentes están condicionados al contexto donde se obtuvieron, y tal vez no son transferibles a otros contextos o entornos. Un requisito previo para la transferibilidad de los valores es saber exactamente qué se le preguntó al entrevistado, y en qué circunstancias, cuando proporcionó su valoración monetaria de un impacto determinado.

9. Incertidumbre y análisis de riesgo

Nada es más relajante o persuasivo que la pantalla del ordenador, con sus imponentes matrices de números, colores brillantes y gráficos elegantemente estructurados. Mientras contemplamos el espectáculo, nos volvemos tan absortos que tendemos a olvidar que la computadora sólo responde preguntas, no las realiza. Cada vez que ignoramos esa verdad, el ordenador nos afianza en nuestros errores conceptuales. Aquellos que sólo viven de los números pueden encontrarse con que el ordenador simplemente ha reemplazado a los oráculos a los que la gente acudía en tiempos remotos para que les orientaran en la gestión de riesgos y la toma de decisiones.

(Peter L. Bernstein, 1996, p. 336)

9.1. Introducción

El futuro es incierto, y la incertidumbre significa variabilidad en el resultado asociada a una acción determinada. Es imposible vivir sin riesgo. Conducir de camino al trabajo o comprar activos financieros, por ejemplo, son acciones asociadas con el riesgo de sufrir un accidente o perder renta. Las personas que quieren reducir el riesgo en sus vidas pueden hacerlo asegurándose, reduciendo así la variabilidad de los posibles resultados. Tambien, en cierta medida, evitando la exposición al riesgo. En ambos casos, los individuos pagan un precio por reducir el riesgo a niveles más soportables.

Un individuo cuya afición es escalar montañas puede reducir el riesgo de muerte reduciendo la dificultad de los desafíos a los que se enfrenta, o simplemente renunciando a este deporte de riesgo. A cambio, el individuo tendría que pagar un precio en términos de la pérdida resultante de bienestar (obviamente, ex-ante). Del mismo modo, comprar un seguro puede reducir el riesgo de una pérdida significativa de renta si la casa se incendia. El precio en este caso es la prima del seguro.

Es común distinguir entre riesgo e incertidumbre. La decisión con riesgo sería aquella en la que el individuo conoce las probabilidades reales asignadas a cada resultado. Por ejemplo, la probabilidad de obtener un dos al lanzar un dado es de uno de cada seis (si el juego se repite un número suficientemente alto, obtenemos un dos aproximadamente el 16,67 % del total). Por el contrario, bajo incertidumbre, no tenemos un conjunto objetivo de probabilidades asociadas a los diferentes casos posibles. Por ejemplo, en la predicción del próximo avance tecnológico en energía.

Sin embargo, los que han de tomar decisiones viven en un mundo de incertidumbre en el que su grado de certeza, en relación con los diferentes posibles sucesos relevantes, puede estar sujeto a probabilidades objetivas o subjetivas. Este concepto de probabilidad subjetiva se aplica igualmente al lanzamiento de una moneda no trucada o una moneda que también podría tener dos caras o dos cruces. En ambos casos, uno tiene que trabajar con la misma función de probabilidad (un medio para cada resultado, cara o cruz) aunque en el caso de una moneda previamente testada estemos trabajando con probabilidades duras, es decir, objetivas (Hirshleifer y Riley, 1992).

La distinción es útil para caracterizar dos tipos de acciones a las que se enfrenta el decisor bajo incertidumbre: la acción terminal y la acción informativa. En una situación de acción terminal, no importa si el individuo conoce a priori el número de caras de la moneda que va a lanzar. Por el contrario, en un contexto de acción informativa, el decisor podría estar interesado en invertir para obtener cierta información sobre el tipo de moneda que va a utilizar.

El responsable de la toma de decisiones debe elegir qué acción es más adecuada en la evaluación del proyecto en función de las circunstancias. Tiene que evaluarlo con probabilidades subjetivas asociadas con diferentes estados posibles, pero a veces puede mejorar la confianza en los posibles resultados futuros invirtiendo dinero y esfuerzo para adquirir información adicional sobre las probabilidades reales asociadas con los diferentes estados de la naturaleza (por ejemplo, invertir en previsiones de demanda o en el diseño de contratos que aumenten la probabilidad de seleccionar un constructor eficiente y, por tanto, reducir los costes del proyecto).

El riesgo percibido depende del análisis de la información a priori, la opinión de expertos y el juicio del analista que interpreta toda la información disponible. En una licitación pública para la concesión de una carretera probablemente habrá diferentes previsiones de tráfico. No se puede afirmar ex-ante que una es mejor que la otra porque, a partir de un hecho común, diferentes oferentes asignan diferentes probabilidades a las diversas contingencias que se pueden considerar en la estimación del volumen de tráfico.[1]

La sección 9.2 se ocupa del riesgo en el sector privado. Los inversores privados deciden qué proyectos emprender teniendo en cuenta el riesgo que entraña. Un proyecto arriesgado es en principio menos atractivo, a menos que los rendimien-

---

[1] Cuando varios competidores en una subasta tienen diferentes estimaciones de un bien que tiene un «valor común» (por ejemplo, el volumen de petróleo en un yacimiento), se dice que el ganador de la subasta puede sufrir la «maldición del ganador» y sufrir pérdidas. La explicación es que, en subastas de bienes con valor único y común para todos (a diferencia de una obra de arte, por ejemplo), el que ha licitado por encima de los demás puede que haya interpretado la información de manera excesivamente optimista, sobreestimado el valor del bien subastado.

tos más altos compensen la probabilidad de perder dinero si las circunstancias son desfavorables. Los inversores demandan tasas de rendimiento más altas para los proyectos más arriesgados, como compensación por asumir la probabilidad de sufrir pérdidas.

Cuando un empresario evalúa la compra de un activo financiero, que consiste en un pago inicial de $1.000 a cambio de recibir $1.100 transcurrido un año, está comparando una cantidad cierta tanto en el presente como en el futuro. El activo tiene un rendimiento seguro del 10 %.

Supongamos que el empresario también tiene la opción de invertir $1.000 en un negocio en el que, dependiendo del ciclo económico, obtendría $1.600 si la economía «va bien», y simplemente recuperaría $1.000 si la economía «va mal», con una probabilidad de 0,5 para ambas contingencias.

Dados los dos resultados y las probabilidades asociadas, el valor esperado es igual a $1.300 (es decir, el rendimiento es $0 o $600 con igual probabilidad). Sin embargo, si el inversor es averso al riesgo, no considera el valor esperado como una cantidad cierta. Puede ser que decida comprar el activo que rinde $100, a diferencia del activo que ofrece un rendimiento esperado de $300. La explicación es que, aunque en el activo con riesgo puede obtener $0 o $600 con igual probabilidad, nunca obtendrá $300, en contraste con los $100 que obtiene con seguridad en el activo sin riesgo. Si el inversor estuviese indiferente entre ambos activos, el equivalente cierto de un beneficio esperado de $300 sería igual a $100.

La idea de un equivalente cierto inferior al valor esperado es similar al descuento de beneficios con riesgo a una tasa de descuento superior a la tasa de interés. La única razón para que un inversor averso al riesgo acepte un negocio arriesgado es que el rendimiento esperado, una vez descontado con una tasa más alta (incluyendo una prima de riesgo), sea positivo. Una cuestión clave, que abordamos en la sección 9.3, es si el sector público debe actuar de la misma manera que el sector privado calculando los valores esperados con un descuento más alto que incluya una prima de riesgo, o si debe comportarse de manera diferente.

La certeza completa no existe. Por lo tanto, los proyectos de inversión o las políticas públicas que tienen efectos duraderos requieren predicciones de sus impactos y estimaciones de su magnitud. La incertidumbre asociada con los beneficios y costes de un proyecto implica que los resultados se basan en un rango de valores y sus probabilidades asociadas, en lugar de en valores deterministas. Las secciones 9.4 y 9.5 contienen los fundamentos del análisis de riesgo, una herramienta que, en lugar de utilizar valores deterministas, introduce rangos de valores factibles de variables clave y sus probabilidades de ocurrencia. El análisis de riesgo proporciona información útil para mejorar la toma de decisiones.

9.2. Riesgo en un proyecto privado

Cuando se emprende un proyecto con una vida útil de 30 años, cuyos beneficios netos anuales dependen de diversas contingencias como las condiciones meteorológicas o la tasa de crecimiento de la economía, parte del éxito del proyecto dependerá inevitablemente de nuestra suerte. Sin embargo, los resultados no siempre son aleatorios. Como señala Bernstein (1996), hay una diferencia entre los juegos de azar y aquellos juegos en los que el conocimiento influye en el resultado. Los mismos principios se aplican a la ruleta, los dados o las máquinas tragaperras, pero se requiere algo más para explicar los resultados en el póquer o apuestas en las carreras de caballos. Podría ser que el inexperto gane una ronda, pero cuando el juego se repite muchas veces, el profesional acaba ganando.

Cuando los resultados simplemente obedecen a una distribución de probabilidad aleatoria, aquellos individuos aversos al riesgo que supone la variabilidad de los resultados (aunque esté asociado a la posibilidad de obtener rendimientos más altos) aceptarían felizmente cierta cantidad fija inferior al beneficio esperado del juego. En este contexto, el concepto de equivalente cierto es útil para la valoración de los beneficios de un proyecto sujetos a variabilidad.

La cantidad de dinero que produce la misma utilidad que la utilidad esperada de jugar el juego se denomina equivalente cierto. Dicha cantidad deja al individuo indiferente entre jugar y no jugar. Por ejemplo, en un juego consistente en lanzar una moneda, donde el individuo gana un millón si sale cara y cero si sale cruz, el equivalente cierto es la cantidad mínima de dinero (por ejemplo, cien mil) que tenemos que ofrecer al individuo para dejarlo indiferente entre aceptar esta cantidad y no jugar, o rechazarla y jugar (véase el capítulo 11).

Una persona que está pensando invertir en un proyecto, necesita estimar su valor actual neto, comprobando si es mayor o igual que cero, de acuerdo con la siguiente condición:

$$\sum_{t=1}^{T} \frac{(p_t x_t - C_t)}{(1+i)^t} \geq I_0, \qquad (9.1)$$

donde I_0 es el coste de inversión (realizado en el año cero, por simplicidad), p_t el precio, C_t el coste anual y x_t la cantidad durante los T años del proyecto, e i denota la tasa de descuento.

La expresión (9.1) representa un proyecto en el que no hay otros costes fijos que el coste de inversión en el año cero. Tenemos que estimar dichos costes (perforación petrolera, lanzamiento de un nuevo producto, construcción de una presa, etc.) y predecir los beneficios y costes durante los T años de vida del proyecto. Si T es suficientemente alto, podemos estar seguros de que los valores que finalmente tomen las variables principales, como, por ejemplo, la demanda, diferirán de los predichos.

Consideremos el caso de un proyecto privado consistente en la construcción de un complejo de 150 apartamentos para alquilar en una zona turística. El coste de la construcción está presupuestado en $13.000, y el beneficio neto anual durante la vida útil del proyecto ($T = 15$) depende del número de apartamentos ocupados (x), el alquiler por apartamento y año (p) y los costes anuales de mantenimiento y operación (C). Se trata de una inversión arriesgada. Los ingresos y costes de construcción y operación de los apartamentos pueden variar por varias razones, incluyendo cambios en la economía nacional e internacional (efecto en los costes), cambios en la economía de los países de origen de los turistas (efecto sobre la demanda) y variación en los precios de los competidores (efecto sobre la demanda).

Para incorporar en el análisis la incertidumbre a la que se enfrenta el empresario que está evaluando si invertir en el proyecto, supongamos que la demanda anual sólo toma dos valores: alto, lo que significa una ocupación máxima ($x = 150$), y bajo ($x = 125$). Ambos estados son igualmente probables, e inicialmente supondremos que una vez que se observe un valor, alto o bajo, en el primer año, permanecerá constante en los años siguientes. El coste de operación anual es de $400, independientemente de las tasas de ocupación, y el alquiler por apartamento y año es de $10.

El valor actual neto esperado del proyecto $E(VAN)$ puede expresarse como:

$$E(VAN) = -13.000 + \frac{(0,5 \times 1.000 + 0,5 \times 850)}{1 + i} + ... + \frac{(0,5 \times 1.100 + 0,5 \times 850)}{(1 + i)^{15}}. \quad (9.2)$$

Suponiendo por simplicidad que la tasa de interés real es cero, el $E(VAN)$ esperado es igual a:

$$E(VAN) = -13.000 + (975 \times 15) = 1.625. \quad (9.3)$$

Para entender cómo la incertidumbre afecta al proyecto, pensemos en lo que significa un beneficio de $1.625. Este valor no es un rendimiento real sino esperado, esperado en el sentido de esperanza matemática. Es decir, es el valor al que el beneficio tiende si este proyecto se repite un número suficientemente alto de veces. Como el proyecto se realiza una sola vez, el rendimiento real que el inversor recibe será de $3.500 si la demanda es alta, o sufrirá una pérdida de $250 si la demanda es baja. Estos son los valores reales que el inversor recibirá: $3.500 o –$250.

Si fuese posible asegurarse a todo riesgo a un coste administrativo nulo, la prima justa sería igual a $1.875 (la diferencia entre el resultado con demanda alta y el valor esperado). Este es un seguro completo que garantiza el valor esperado de $1.625 en cualquiera de las contingencias: demanda alta o baja.

Con este seguro, la variabilidad de los resultados desaparece, y un inversor averso al riesgo contrataría el seguro para garantizarse el valor esperado. Vale la pena destacar que, una vez asegurado, no incurrirá en pérdidas, pero tampoco obtendrá los máximos beneficios potenciales. Un empresario amante del riesgo rechazaría la oferta de la compañía de seguros a cambio de tener la oportunidad de ganar $3.500.

En la figura 9.1 aparecen los beneficios con demanda baja (−$250), los beneficios con demanda alta ($3.500), el valor esperado ($1.625) y dos nuevos valores ($1.250 y $200) que explicamos a continuación.

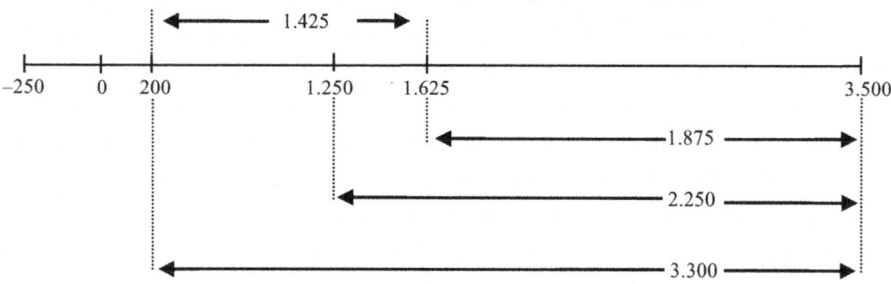

Figura 9.1. Beneficios bajo incertidumbre.

Supongamos que, en la situación inicial sin seguro, un operador turístico ofrece al inversor el siguiente contrato: garantía de ocupación completa de los apartamentos durante los 15 años, a cambio de un pago por debajo del alquiler de mercado. El precio garantizado por apartamento será de $9 para los 150 apartamentos, independientemente de cuántos estén ocupados (al empresario no se le permite alquilar los desocupados). La demanda puede seguir siendo alta o baja, pero ahora, en cualquier caso, el empresario recibe un pago fijo de $1.250, valor situado en la figura 9.1 a la izquierda del valor esperado:

$$VAN = -13.000 + (950 \times 15) = 1.250. \tag{9.4}$$

¿Aceptaría el empresario la oferta del turoperador? No podemos responder a esta pregunta sin conocer su actitud ante el riesgo. Sin embargo, una simple observación de la realidad muestra que muchos individuos aceptan ofertas similares todos los días. Estarían dispuestos a aceptar una cantidad menor pero cierta (por ejemplo, $1.250) por renunciar a un valor esperado más alto ($1.625). Existe un valor seguro, el denominado equivalente cierto, inferior al valor esperado, para el que el empresario está indiferente entre aceptar el valor cierto o jugar el juego, consistente en nuestro ejemplo en una ganancia potencial de $3.500 y una pérdida potencial de $250, es decir, es averso al riesgo. La oferta del operador turístico es como un seguro a todo riesgo, donde el tomador del seguro paga una prima de $2.250 a cambio de tener una ganancia cierta de $1.250.

Supongamos ahora que el equivalente cierto es de $200, tal como se representa en la figura 9.1. Es decir, el individuo es indiferente entre recibir $200 de beneficios seguros frente a la posibilidad de ganar $3.500 o perder $250 con igual probabilidad. Esto significa que, aunque el valor esperado de la inversión es de $1.625, la variabilidad asociada a este valor esperado (beneficio de $3.500 o pérdida de $250) impone un coste derivado de asumir ese riesgo de $1.425, lo que lo hace indiferente entre el beneficio seguro de $200 y el valor esperado de $1.625.

Esto equivale a decir que el empresario es indiferente entre pagar una prima de $3.300 con el fin de asegurar el beneficio máximo de $3.500 o invertir sin seguro. Como el operador turístico está ofreciendo un mejor contrato, pidiendo menos ($2.250) de lo que el empresario está dispuesto a pagar ($3.300), el empresario aceptará la oferta.

A partir de la argumentación anterior, llegamos a la conclusión de que un inversor privado averso al riesgo no utiliza el valor esperado de los beneficios netos anuales para el cálculo del *VAN*, sino el equivalente cierto correspondiente al valor esperado de cada año, equivalentes ciertos que serán menores que los valores anuales esperados, con una diferencia que aumenta con el grado de aversión al riesgo del inversor.

En la práctica, en lugar de asignar equivalentes ciertos correspondientes a los valores esperados de los beneficios netos anuales, el tratamiento del riesgo en proyectos privados suele basarse en elevar el tipo de interés que se utiliza para descontar los beneficios netos anuales esperados, es decir, introducir una prima de riesgo, que se añade al tipo de interés.

Si bien el aumento de la tasa de interés reduce la rentabilidad del proyecto, este enfoque no es lo mismo que el uso de equivalentes ciertos. Añadir una prima de riesgo constante a la tasa de interés supone que la incertidumbre crece exponencialmente con el tiempo, lo que podría no ser el caso, ya que a veces el riesgo es mayor durante los primeros años del proyecto. Por otra parte, tampoco el crecimiento exponencial tiene por qué reflejar la actitud ante el riesgo de los individuos.[2] Por lo tanto, es mejor utilizar los equivalentes ciertos de beneficios y costes, y descontar los flujos con la tasa de descuento libre de riesgo.

---

[2] Una unidad monetaria en el primer año, utilizando una tasa de descuento del 5%, tiene un valor presente de 0,952. En los años 10 y 15, los valores son 0,614 y 0,481, respectivamente. Añadiendo una prima de riesgo del 3%, dichos valores actuales son los siguientes (entre paréntesis aparece la reducción de valor con respecto a la situación sin riesgo): 0,926 (2,7%); 0,463 (24,6%); 0,315 (34,5%).

9.3. El riesgo en el sector público

Existen razones económicas que apoyan un tratamiento diferente del riesgo para los proyectos públicos. Hemos visto que, para un inversor privado averso al riesgo, existe una rentabilidad libre de riesgo (el equivalente cierto) inferior al valor esperado, que lo deja indiferente entre el proyecto con riesgo y un rendimiento libre de riesgo.

Para el inversor privado tiene sentido descontar los beneficios a un tipo más alto, porque el riesgo es un coste real para un averso al riesgo. En la figura 9.1 la rentabilidad esperada del proyecto es de $1.625, pero el equivalente cierto es $200. La diferencia ($1.425) es el coste subjetivo del riesgo. Este coste es un coste real para la sociedad, ya que los beneficios y costes se miden por lo que los individuos están dispuestos a pagar por bienes y servicios, y lo que están dispuestos a pagar para evitar riesgos. En la figura 9.1 el empresario acepta la oferta porque el turoperador pide un precio más bajo que el que el empresario está dispuesto a pagar por la transferencia del riesgo a un tercero.

¿Debería el sector público maximizar el *VAN* de los beneficios sociales netos esperados de los proyectos de inversión y las políticas públicas? ¿O debería maximizar el *VAN* de los beneficios sociales netos ajustados por riesgo?

La base teórica para descartar el segundo enfoque en los proyectos del sector público es el teorema de Arrow y Lind (1970). Las justificaciones anteriores acerca de si el sector público debe hacer uso de las primas de riesgo, como hace el sector privado, son las siguientes:

- El sector público debe utilizar la misma tasa de descuento, ajustada por riesgo, que el sector privado, porque si el sector público utiliza una tasa inferior mientras que el sector privado introduce una prima de riesgo, habrá asignación de recursos ineficiente al invertirse en exceso en el sector público.
- El sector público debe ignorar la incertidumbre y actuar como si fuera indiferente al riesgo. La evaluación del proyecto debe realizarse con los valores esperados y una tasa de descuento libre de riesgo. Dado que se llevan a cabo muchos proyectos similares e independientes, los resultados tenderán al valor esperado. Esto puede interpretarse como si el sector público se está asegurando a sí mismo pagando las pérdidas en situaciones adversas con las ganancias en las favorables.

En contraste con el segundo argumento, el teorema de Arrow y Lind no se basa en la diversificación del riesgo (invirtiendo en un gran número de proyectos el rendimiento tiende al valor esperado), sino que se basa en la idea del reparto del riesgo, ya que la diferencia entre el valor esperado y el equivalente cierto tiende a cero cuando las pérdidas del proyecto se distribuyen entre un gran número de participantes (contribuyentes), tendiendo el coste del riesgo a cero.

Es cierto que, a menos que los individuos sean neutrales o amantes del riesgo, el valor actual neto esperado sobreestima lo que están dispuestos a pagar. El coste social del riesgo dependerá de las preferencias de los que disfrutan de los beneficios y pagan los costes, y de la importancia relativa de estos costes y beneficios con respecto a su riqueza. Otro supuesto del teorema de Arrow y Lind es que el riesgo del proyecto no está correlacionado con los demás recursos de los contribuyentes.

Lo que nos muestra el teorema de Arrow y Lind para la evaluación económica de los proyectos es lo siguiente: supongamos que el gobierno cobra a los beneficiarios su disposición a pagar, y los beneficios netos finales, ya sean positivos o negativos, se distribuyen de manera igualitaria entre los contribuyentes. Si el impacto del proyecto en su renta es muy pequeño, el coste social del riesgo tiende a cero, y el sector público sólo debe guiarse por el valor esperado y no por la varianza.[3]

En el mundo real, los costes y beneficios no siempre se distribuyen de esa manera. Con demasiada frecuencia, el gobierno (los contribuyentes) asume los costes de inversión del proyecto y los individuos reciben los beneficios (y otros costes como impactos medioambientales, accidentes, etc.), cuya magnitud puede suponer, para algunos, una proporción significativa de su renta. Cuando algún efecto del proyecto repercute de manera significativa en un grupo determinado de individuos, se deben realizar los ajustes necesarios para reflejar sus preferencias, lo que significa utilizar el equivalente cierto en lugar del valor esperado.

Una dificultad adicional surge de la naturaleza agregada de los datos utilizados en la evaluación de proyectos. La suma de costes y beneficios puede ocultar diferentes efectos en diferentes grupos de individuos. Los beneficios sociales agregados pueden incluir beneficios para algunos y costes para otros. En este caso, el ajuste para tener en cuenta el riesgo es más complicado. Si, como en muchos proyectos públicos, los costes de inversión y de explotación corren a cargo de los contribuyentes, y los beneficios (y otros costes) recaen sobre grupos de particulares, los costes de inversión y de explotación deben descontarse con la tasa de descuento sin riesgo y los beneficios (y otros costes) deben ajustarse a la baja (o al alza) en función de la incertidumbre con la que están asociados y la actitud frente al riesgo de los afectados.

Johansson y Kriström (2009) advierten del uso de equivalentes ciertos cuando hay otros costes que podrían ser fácilmente ignorados. El proyecto siguiente ilustra este problema. Se solicitó a una planta hidroeléctrica que redujera su produc-

---

[3] Cuando se cumplen las condiciones del teorema de Arrow y Lind, el sector privado también debería emplear una tasa de descuento libre de riesgo. La razón por la que el sector privado agrega una prima de riesgo a la tasa de descuento es por la existencia de ineficiencias en el mercado (Bazelon y Smetters, 1999).

ción en 3,7 gigavatios hora (GWh) al año para limitar la reducción del caudal de agua del río. Los beneficios de este proyecto son medioambientales y recreativos. Se llevó a cabo un estudio de valoración contingente *online* entre las personas que vivían a lo largo del río. Se preguntó por la disposición a pagar, tipo referéndum, obteniéndose una disposición total a pagar por los residentes de $2,6 millones (en valor presente), aproximadamente.

El mercado spot nórdico (Nord Pool) para la electricidad se ilustra en la figura 9.2. Existen diferentes tecnologías de producción, las que suponemos tienen costes marginales constantes. La energía hidroeléctrica y la eólica tienen costes marginales muy bajos. La energía nuclear costes intermedios, y las plantas de combustión fósil tienen los costes marginales más elevados. El precio de mercado es de $50.000 por GWh. Dado que existen más alternativas disponibles, y la demanda fluctúa con el tiempo, la figura proporciona una imagen muy simplificada del mercado real.

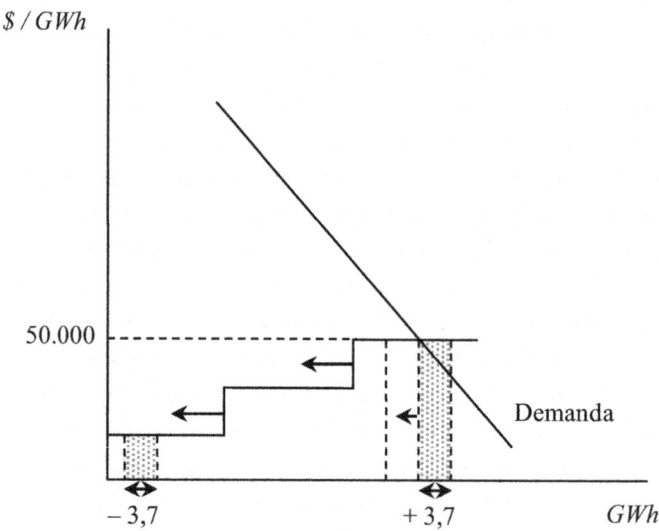

Figura 9.2. El mercado spot de electricidad con diferentes tecnologías.

El propietario de la central hidroeléctrica está dispuesto a aceptar un pago único de 2,6 millones de dólares por aceptar la propuesta. Se trata de un equivalente cierto de 2,6 millones dólares a cambio de reducir la producción anual de electricidad en 3,7 GWh. Se trata de una especie de equivalente cierto frente a la alternativa asociada a la incertidumbre de precios, y además la empresa utiliza una tasa de descuento más alta (superior al 7%) que la sociedad (3% en este caso). Así que un acuerdo es posible. Los residentes locales, o los contribuyentes, están dispuestos a compensar la pérdida de beneficios de la empresa. Aunque no se puede impedir que las dos partes alcancen un acuerdo de esta naturaleza, la pregunta es si el proyecto es socialmente rentable.

El coste social es el coste de reemplazar 3,7 GWh anualmente. En cuanto a la figura 9.2, la oferta escalonada se desplaza a la izquierda por 3,7 GWh. El reemplazar la energía hidroeléctrica (de coste casi nulo) por electricidad basada en combustibles fósiles con un coste marginal de $50.000 por GWh, supone un coste anual de 50.000×3,7=185.000 dólares. Aplicando una tasa social de descuento del 3 %, el coste actual ascendería a $6 millones aproximadamente, lo que muestra que el proyecto no es socialmente rentable.

Desde un punto de vista social, hay que renunciar a un consumo por valor de $185.000 anuales con el fin de liberar recursos para la producción de energía que sustituya a la hidroeléctrica. El valor actual de este coste es de $6 millones si la tasa de descuento es del 3 %. Así que, además de los $2,6m que se supone que se pagarán por el proyecto, hay un coste adicional de $3,4m (6 – 2,6) en renuncia a consumo. Los recursos necesarios para producir la potencia de reemplazo tienen un uso alternativo. Además, se reemplaza la energía hidroeléctrica «limpia» por la electricidad «sucia» basada en combustible fósiles, por lo que también hay una externalidad negativa que añadir. En cualquier caso, incluso si una parte afectada por un proyecto (contribuyentes o residentes locales) puede pagar a otra parte afectada (la empresa), podría haber otros efectos que han de tenerse en cuenta en un análisis coste-beneficio. Los efectos financieros o distributivos podrían estar ocultando los verdaderos beneficios y costes de un proyecto.

Lo que aprendemos de este proyecto es que hay que incluir todos los costes y los agentes afectados en el análisis coste-beneficio. La conclusión en Johansson y Kriström (2009) es que hay que respetar las preferencias privadas (equivalentes ciertos de la empresa hidroeléctrica y de los residentes), y luego incluir cualquier otro coste, como es el coste de la electricidad de sustitución a un coste social más alto. Por lo tanto, se respetan las preferencias individuales (utilizando su disposición a pagar/disposición a aceptar que incluyen el coste del riesgo), y posteriormente se utiliza la tasa de descuento social libre de riesgo.

9.4. Análisis de riesgo

En la sección anterior, y bajo ciertas condiciones restrictivas, el gobierno debe guiarse por el valor esperado ignorando la varianza (el teorema de Arrow y Lind). El reparto de las pérdidas de un proyecto entre muchos contribuyentes fue la principal justificación de la neutralidad ante el riesgo del gobierno. En la práctica, los gobiernos muestran aversión al riesgo. Los políticos y los funcionarios públicos son personas sobre las que pueden recaer los costes de un resultado negativo ex-post, incluso si la decisión de aprobar el proyecto fue óptima ex-ante. El análisis coste-beneficio debe incluir información sobre la variabilidad de los resultados y no limitarse al valor esperado.

En la evaluación económica de proyectos, el uso de valores deterministas es práctica común. Se utilizan con frecuencia valores únicos para cantidades y precios, que provienen de la mejor información disponible, y se tratan como si fuesen a realizarse en el futuro. La rentabilidad social de un proyecto es, de hecho, un valor esperado, que transmite una falsa sensación de precisión.

El cálculo del *VAN* bajo el supuesto de que las variables son deterministas pasa por alto el hecho de que el analista está trabajando con valores esperados, restringiendo innecesariamente el análisis de la rentabilidad social de los proyectos. La incertidumbre que habitualmente afecta a la demanda y a los costes, aconseja la inclusión de variables aleatorias que proporcionen al analista una gama de valores actuales netos y sus correspondientes probabilidades asociadas.

Consideremos las opciones disponibles para adquirir más información sobre el riesgo asociado con el proyecto objeto de evaluación. Antes de ocuparnos del análisis de riesgo, examinemos brevemente la lógica del análisis de *sensibilidad*.

Análisis de sensibilidad

El análisis de sensibilidad consiste en cambiar el valor de una variable y comprobar cómo afecta al resultado del proyecto. Cuando varias variables se modifican simultáneamente, estamos usando escenarios.

Volviendo al caso analizado en la sección 9.2, se construyen 150 apartamentos para los que se espera la ocupación completa. La tasa de descuento es cero. El beneficio social del proyecto es de $3.500. Por lo tanto, si la decisión es aprobar o rechazar, se aprueba el proyecto de construcción del complejo de apartamentos.

Veamos la sensibilidad del *VAN* de este proyecto a los cambios alternativos de x y C. Por ejemplo, cuando la demanda es de 125, las ganancias son de –$250, y cuando los costes son $600, las ganancias son de $500. Por lo tanto, el analista sabe que cuando la tasa de ocupación cae y sólo 125 apartamentos están ocupados, el resultado es una pérdida de $250. La elección de 125 es ad hoc, basada en la creencia a priori de que este valor es la peor situación que el inversor cree posible.

Una opción dentro del análisis de sensibilidad es calcular los valores *umbral* (o «switching value») de las variables relevantes, para comprobar cuánto se puede modificar la variable seleccionada hasta que el *VAN* sea cero. El valor umbral se presenta a menudo en términos relativos, como el cambio porcentual en la variable elegida que hace que el beneficio neto del proyecto sea igual a cero. Por ejemplo, en el caso de los costes de construcción, el aumento máximo antes de que el

VAN sea negativo es del 26,9 %, la reducción del precio es del 15,6 %, y el aumento de los costes anuales del 58,3 %.

El fundamento de los escenarios no es sustancialmente diferente del análisis de sensibilidad. En lugar de modificar una sola variable y mantener las demás fijas, en el análisis de escenarios se observa el efecto combinado de los cambios en algunas variables seleccionadas, cambios correspondientes a diferentes escenarios posibles. Por ejemplo, pueden cambiarse tres variables al mismo tiempo (costes de construcción, costes operativos anuales y demanda), denominando los escenarios como «optimista» (demanda alta y costes bajos), «esperado» (valores medios para costes y demanda) y «pesimista» (demanda baja y costes altos).

El análisis de sensibilidad (y de escenarios) tienen la ventaja de revelar el grado de robustez de los resultados obtenidos ante el cambio en el valor de una variable (o un conjunto de ellas), y comparar los resultados con los obtenidos en el análisis determinista. En nuestro ejemplo, cuando la demanda cae un 16 % desde su valor inicial de 150, el proyecto entra en pérdidas. Este simple análisis de sensibilidad indica que, antes de emprender el proyecto, debería hacerse un esfuerzo para realizar una previsión de demanda más fiable, si se considera que una reducción del 16% no es improbable.

Una vez reconocida la utilidad del análisis de sensibilidad y de escenarios, hay que ser consciente de sus limitaciones, debido al uso de valores de referencia en lugar de un rango de valores y de la probabilidad de que el *VAN* sea positivo o negativo dentro del rango factible de los valores de las variables. El uso de valores únicos es incompleto y arbitrario, y al elegir los valores de las variables individuales, se ignora la interrelación entre dichas variables. La aleatoriedad de muchos de los eventos que afectan al proyecto dará lugar a una realización conjunta de los valores de variables que no tiene por qué ajustarse a una elección rígida de escenarios.

Análisis de riesgo

La alternativa no puede basarse en añadir más variables al análisis de sensibilidad, ya que a medida que se multiplica el número de combinaciones posibles, se acaba proporcionando demasiada información de poco uso práctico al que ha de tomar la decisión. La alternativa al análisis de sensibilidad y escenarios consiste en analizar el impacto de las variables en el *VAN* del proyecto de una manera más sistemática. El método se denomina análisis de riesgo, y a continuación se describe utilizando el ejemplo anterior de los apartamentos.

En el análisis de sensibilidad, la demanda podía tomar el valor 150 en el mejor de los casos y 125 en el peor. Una alternativa al enfoque anterior consiste en utilizar distribuciones de probabilidad, utilizando todos los valores posibles entre 125 y 150, y no sólo los dos extremos. De esta manera se introduce más realismo en la evaluación. En el análisis de sensibilidad se fija el valor de la demanda en 150 o 125, pero no se utilizan las creencias del analista sobre la probabilidad de cualquiera de estos valores, o cualquier otro valor posible en dicho intervalo. Si, dada la información disponible, se estima, por ejemplo, que el valor más probable es 140, el mínimo es 125 y el máximo 150, podríamos usar una función de distribución triangular como la de la figura 9.3.

El análisis de riesgo busca sacar el máximo partido a la información disponible. Si hay alguna información a priori sobre el rango razonable en el cual se espera que estén los valores de las variables relevantes, es preferible utilizar todos los valores, ponderados por la probabilidad de ocurrencia. Cualquier *software* existente para el análisis de riesgo llevará a cabo en poco tiempo un número muy alto de iteraciones, cada una de ellas calculando un valor del VAN. Esto se debe a que el programa seleccionará aleatoriamente un número de apartamentos ocupados de acuerdo con la información proporcionada por la distribución triangular en la figura 9.3, o cualquier otra previamente seleccionada. En el caso de la distribución triangular de la figura 9.3, los valores elegidos con más frecuencia son 140 y los cercanos a este valor.

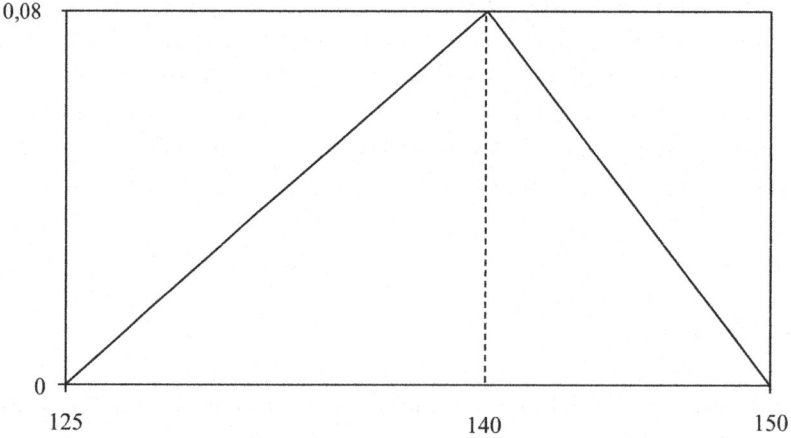

Figura 9.3. Distribución de probabilidad triangular.

En lugar de calcular un solo *VAN* y luego realizar un análisis de sensibilidad con dos o tres valores de demanda para ver cómo cambia el beneficio, ahora podemos tener un número muy alto de *VAN* diferentes, obtenidos con valores de demanda aleatorios dentro del rango 125-150 con sus respectivas probabilidades de acuerdo con la función de distribución de probabilidad seleccionada. El análisis de riesgo se basa en las cuatro etapas siguientes.[4]

1. Modelización del proyecto

Esta etapa es común a cualquier análisis financiero o coste-beneficio, ya sea determinista o estocástico (incorporando incertidumbre). Consiste en construir un modelo que capture la relación entre costes y beneficios a lo largo del tiempo para predecir el *VAN* del proyecto de acuerdo con los valores tomados por las variables.

En el caso del proyecto del complejo de apartamentos, el modelo es simple. Tiene cuatro variables (costes de construcción, costes de operación, el número de apartamentos ocupados y el precio), y los tres últimos pueden tomar diferentes valores durante los 15 años de vida del proyecto.

En general, la decisión sobre las variables del proyecto depende de sus características. Supongamos que se firmó un contrato con la constructora fijando el precio y el plazo de entrega. El contrato incluye una cláusula que prevé una revisión automática del precio si los costes laborales cambian durante los años de construcción. Si se espera que los costes de mano de obra varíen, y además son una parte significativa de los costes totales, los salarios deben incluirse como una variable aleatoria del modelo.

2. Selección de variables de riesgo

De todas las variables que determinan la rentabilidad del proyecto, se deben elegir sólo aquellas que, además de ser susceptibles de experimentar cambiar, si lo hacen, los resultados del proyecto se verán afectados significativamente. Por lo tanto, las variables que cumplen una de las dos condiciones siguientes podrían excluirse: (i) tienen un alto impacto si cambian, pero es poco probable que lo hagan; (ii) es probable que cambien, pero si lo hacen, su impacto es insignificante.

La razón para reducir en la medida de lo posible el número de variables incluidas en el análisis de riesgo es que cuantas más variables se incluyan, más difícil será establecer correlaciones entre ellas, y más probable será que los resultados sean inconsistentes cuando se generen simulaciones aleatorias. Además, al reducir el número de variables, podemos centrar nuestro esfuerzo en el comportamiento y las interacciones de las variables seleccionadas.

---

[4] La descripción de las etapas requeridas para incluir el riesgo utilizando simulaciones de Monte Carlo se basa en Savvides (1994).

3. Distribuciones de probabilidad para las variables

Con incertidumbre, como en nuestro ejemplo, es difícil determinar el valor de las variables del modelo. Conocer la tasa de ocupación exacta durante los próximos 15 años es prácticamente imposible. Sin embargo, podemos ser capaces de determinar el rango probable para el porcentaje de apartamentos ocupados en los 15 años. Si, dada la situación y las características del complejo, con información basada en la experiencia pasada y la opinión de expertos, predecimos que la tasa de ocupación estará en el rango entre el 70% y el 90%, por ejemplo, estaremos en una mejor posición con respecto a cuando utilizamos sólo dos valores.

Una vez fijados los valores mínimo y máximo, tenemos que decidir qué distribución de probabilidad es la que mejor responde a nuestras creencias. La elección del rango y tipo de función de probabilidad es, de hecho, una predicción del futuro que se basa en datos del pasado y también en nuestra visión subjetiva de lo que creemos que será el futuro.[5]

Supongamos que, en el caso de los apartamentos, la información estadística sobre las tasas de ocupación en las últimas décadas, así como la información recopilada a través de entrevistas con expertos, no proporcionan ninguna creencia razonable de que un valor particular dentro del rango factible es más probable que el resto. Sólo conocemos el mínimo (125) y el máximo (150). En este caso, la distribución uniforme de probabilidad (figura 9.4) es la que refleja nuestras creencias a priori.

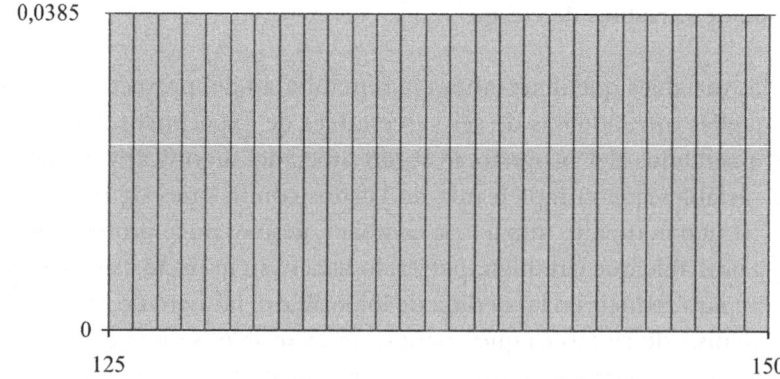

Figura 9.4. Distribución de probabilidad de la demanda.

---

[5] Bernstein (1996) enfatiza que lo que cuenta en su libro está marcado por la tensión persistente entre aquellos que afirman que las mejores decisiones se basan en cuantificaciones y números determinados por los patrones del pasado, y aquellos que basan sus decisiones en creencias con mayor grado de subjetividad sobre el futuro incierto, señalando que esta controversia nunca ha sido resuelta.

Si esta distribución de probabilidad se ajusta mejor a nuestras creencias sobre el futuro, no parece razonable realizar el análisis de riesgo con dos o tres valores, como en el análisis de sensibilidad, o el de escenarios. La distribución de probabilidad uniforme discreta de la figura 9.4 muestra 26 valores igualmente probables. Con este patrón de demanda esperado, la información disponible sobre los valores extremos ayudó a construir la función de probabilidad que se utiliza para realizar simulaciones. En muchos casos, dada la naturaleza del proyecto, puede suceder que haya que elegir una distribución de probabilidad conociendo sólo el valor más probable, y teniendo una idea aproximada de los cambios a ambos lados de dicho valor.

Por ejemplo, puede suceder que esperemos que la cantidad de demanda de un bien se sitúe en torno a un valor medio de 100 y una desviación estándar de 5, con distribución de probabilidad aproximadamente simétrica. En este caso, una distribución normal es adecuada. En general, las distribuciones simétricas deben utilizarse cuando el valor de la variable depende en última instancia de fuerzas opuestas de un peso similar, mientras que las distribuciones asimétricas reflejan situaciones en las que hay rigidez en un lado de la distribución (por ejemplo, si se espera que el precio de la tierra esté dentro de un rango en el que los valores más altos son más probables).

En muchos casos, una distribución uniforme (es decir, la misma probabilidad asignada a cada valor) como se representa en la figura 9.4 puede ser la apropiada si no hay evidencia que apoye asignar un mayor peso a cualquiera de los valores dentro del rango formado por el mínimo y el máximo. Por lo tanto, la distribución uniforme es el punto de partida, compatible con el nivel más bajo de información.

4. Variables correlacionadas

El análisis de riesgo se basa en un programa informático en el que el modelo especificado para calcular el *VAN* se ejecuta muchas veces, tomando en cada iteración el valor fijo de las variables deterministas y tomando aleatoriamente un valor en cada iteración para las variables de riesgo de acuerdo con las distribuciones de probabilidad seleccionadas. Al final del proceso, el programa genera una distribución de probabilidad del *VAN*, es decir, un rango de valores actuales netos con sus respectivas probabilidades.

En el proceso de cálculo, el programa extrae un valor para cada variable de riesgo independientemente del valor elegido para los demás, un procedimiento que puede dar lugar a resultados erróneos, ya que, si algunas variables están correlacionadas, dicha relación debe incluirse en el programa para evitar resultados inconsistentes. Si los retrasos en un aeropuerto dependen de la ratio «vuelos por hora/capacidad del aeropuerto», no tiene sentido que el programa pueda elegir un valor de tiempo de espera alto y simultáneamente un valor bajo para dicha relación. El procedimiento para evitar que el programa genere resultados incoherentes es crear una matriz de correlación en la que se refleje la relación entre una variable y el resto.

9.5. Interpretación de los resultados del análisis de riesgo

El modelo de nuestro ejemplo era el siguiente:

$$VAN = -I_0 + \sum_{t=1}^{15} (p_t x_t - C_t). \tag{9.5}$$

El análisis de riesgo utiliza las variables deterministas previamente selecciona-das. En nuestro ejemplo I_0 siempre es igual a 13.000, p_t es igual a 10 y C_t es igual a 400. Estas tres variables no están sujetas a variabilidad y cada vez que ejecutamos el programa se genera un VAN con estos valores predeterminados. La variable de riesgo es x_t. La distribución de probabilidad para la variable de riesgo se re-presenta en la figura 9.4, una distribución uniforme con un mínimo de 125 y un máximo en 150. Asignamos la misma probabilidad a cualquiera de los 26 valores posibles que pueden tomar la demanda variable cada año.

Una vez que el programa ha generado un número lo suficientemente alto de iteraciones, los resultados se pueden mostrar como una función de distribución de probabilidad, que representa la distribución de probabilidad asociada al VAN del proyecto, y nos permitirá calcular la probabilidad de que el VAN esté por encima o por debajo de un cierto valor o dentro de un rango de valores.

El VAN del proyecto no tiene ahora un único valor que se modifica en mayor o menor grado dependiendo de la aversión al riesgo del responsable de la toma de decisiones. Con el análisis de riesgo tenemos una distribución de probabilidad del VAN del proyecto que contribuye a una decisión más informada. Obviamente, el riesgo del proyecto es exactamente el mismo que con el simple análisis de los valores esperados, el análisis de sensibilidad o el uso de escenarios, pero el riesgo de tomar una decisión incorrecta disminuye después de un análisis de riesgo bien ejecutado.

Recuérdese que, en el ejemplo de la inversión en apartamentos, la evaluación del proyecto basada en el valor esperado de los beneficios y una demanda anual dada por 125 o 150 con la misma probabilidad, se obtiene un beneficio espe-rado de $1.625 (véase la figura 9.1). Si la demanda toma el valor más alto, los beneficios son iguales a $3.500, mientras que si toma el valor más bajo, se sufren pérdidas de $250.

Supongamos, alternativamente, que el valor que la demanda toma en un año no determina la demanda en los años siguientes. Bajo este supuesto, tenemos que hacer la extracción de la variable aleatoria x_t para cada uno de los 15 años del proyecto. El *VAN* obtenido en cada iteración será el resultado de tomar aleatoriamente un valor de x_t dentro de los 26 posibles para cada uno de los 15 años. Este proceso es repetido por el ordenador miles, o cientos de miles, de veces. Debemos hacer hincapié en que el análisis del riesgo no sólo proporciona valores de *VAN*, sino también su probabilidad de ocurrencia.

La figura 9.5 muestra la distribución de probabilidad de los beneficios correspondientes a 100.000 iteraciones del modelo. Es la imagen de 100.000 valores *VAN*, obtenidos al extraer aleatoriamente 100.000 valores de la demanda para cada uno de los 15 años. El *VAN* medio es $1.625, que coincide con el obtenido para el valor esperado de la demanda (véase la figura 9.1). Esto no aporta valor a lo que ya sabemos. Sin embargo, la distribución de los valores actuales netos proporciona nueva información valiosa. Si nuestra conjetura sobre el comportamiento de la demanda es correcta, ahora sabemos que un *VAN* negativo es poco probable, ya que requiere que los valores de baja demanda ocurran durante muchos años, lo que es altamente improbable.

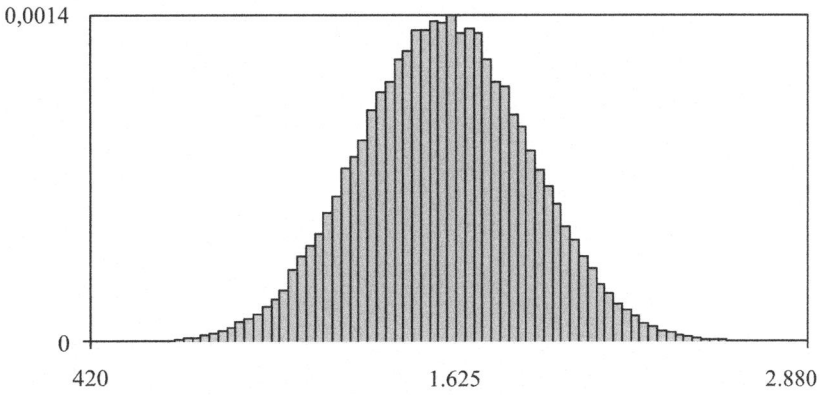

Figura 9.5. Histograma de la distribución de probabilidad del *VAN* (una distribución de probabilidad uniforme de la demanda por cada año del proyecto).

La distribución de probabilidad de beneficios representada en la figura 9.5 muestra que un resultado negativo es improbable, ya que el valor mínimo es $420 y el máximo $2.880, con un valor esperado de $1.625 y una desviación estándar de $291. Sin embargo, sabemos que hay valores de demanda que generan pérdidas. Cuando la demanda es 125, la pérdida es $250, y, como la figura 9.4, muestra que el valor 125 es tan probable como cualquier otro. La paradoja se resuelve cuando se recuerda que para obtener pérdidas de \$250, la demanda tiene que tomar el valor más bajo (125) durante los 15 años.[6]

Lo que aporta el análisis de riesgo, después de repetir el cálculo del *VAN* un número suficientemente alto de veces, es lo improbable de tal resultado negativo. La variable demanda toma el valor 125 en un año dado el 3,85 % de las veces, pero se realizan 15 extracciones, y en estas 15 extracciones sucesivas e independientes el valor 125 tendría que salir siempre para que finalmente se obtengan pérdidas de \$250. La tendencia es hacia la media, y esto es lo que representa la figura 9.5.

La distribución de probabilidad acumulada representada en la figura 9.6 es otra manera de mostrar que no se trata de un proyecto arriesgado porque no hay ningún caso en el que los beneficios sean inferiores a \$420. La figura 9.7 muestra la curva ajustada al histograma de la figura 9.5. La función de densidad de probabilidad ajustada muestra que, por ejemplo, el 99 % de los valores netos potenciales presentes se encuentran en el rango de beneficios positivos (890; 2.360), con una probabilidad prácticamente nula de tener resultados negativos.

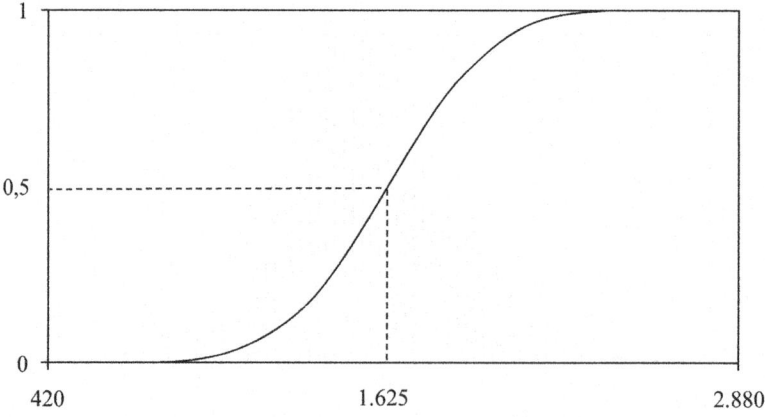

Figura 9.6. Distribución de probabilidad acumulada del *VAN*
(una distribución uniforme de probabilidad de la demanda por
cada año del proyecto).

¿Podemos descartar la posibilidad de pérdidas en este proyecto? En términos prácticos, la respuesta es afirmativa si el modelo que hemos utilizado para la inversión en apartamentos es el adecuado y representa con fiabilidad el comportamiento de las variables en la realidad. El *software* de análisis de riesgo funciona

---

[6] La probabilidad de este evento es $(0,0385)^{15} = 6,05 \times 10^{-22}$.

con los inputs que recibe del analista, pero no puede discriminar entre un modelo que simula de manera apropiada el comportamiento real de otro que no lo hace.

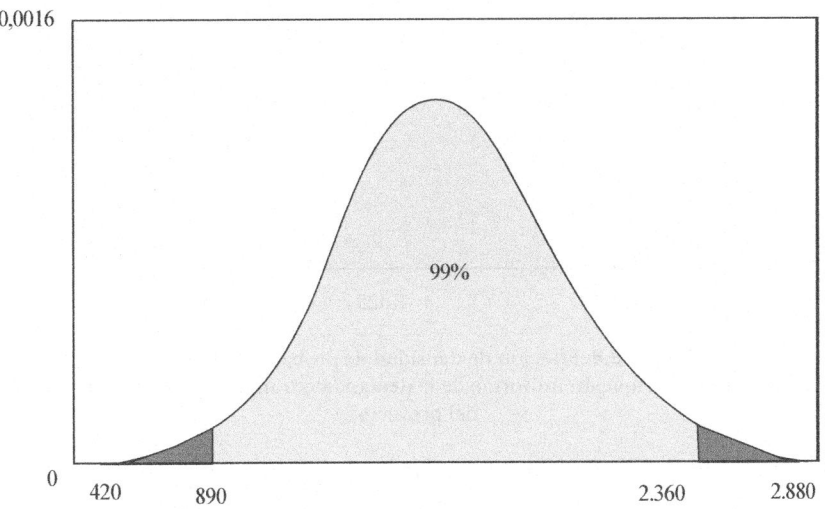

Figura 9.7. Función de densidad de probabilidad del *VAN*
(una distribución uniforme de probabilidad de la demanda por
cada año del proyecto).

El supuesto clave con respecto a la variable de riesgo en nuestro ejemplo es que la demanda se comporta de manera aleatoria cada año, independientemente de lo que sucedió en el año anterior, y también que el número de apartamentos ocupados nunca será inferior a 125 de los 150 a construir, siendo cualquier valor igualmente probable, incluyendo el mínimo y máximo.

Para ilustrar la importancia de los supuestos del modelo, supongamos ahora que la demanda es aleatoria sólo en el primer año dentro de los mismos límites de 125 y 150, y una vez que se ha extraído un valor de *x* para el primer año, permanece constante durante los años siguientes. Si este supuesto representa razonablemente el mundo real, vemos cómo los resultados cambian de manera radical. Aunque la media es la misma ($1.625), los valores mínimos y máximos del *VAN* cambian ($–250 y $3.500), con una desviación estándar de $1.125 ($291 en el caso anterior).

El cambio drástico en los resultados se representa en las figuras 9.8 y 9.9, que muestran dos diferencias significativas con respecto al resultado anterior. En primer lugar, el proyecto presenta la posibilidad de beneficios más altos (un *VAN* de $3.500 es tan probable como la media) y, en segundo lugar, aumenta la variabilidad de los resultados (incluyendo la posibilidad de pérdidas: $–250 es tan probable como cualquier otro dentro del rango).

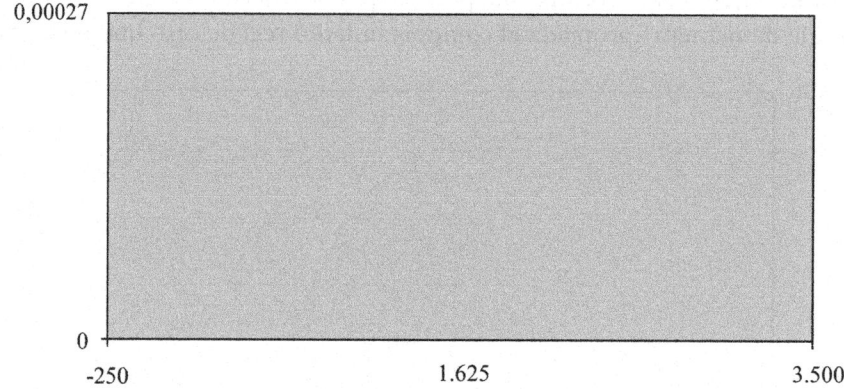

Figura 9.8. Función de densidad de probabilidad del *VAN*
(una distribución uniforme de la demanda durante toda la vida útil
del proyecto).

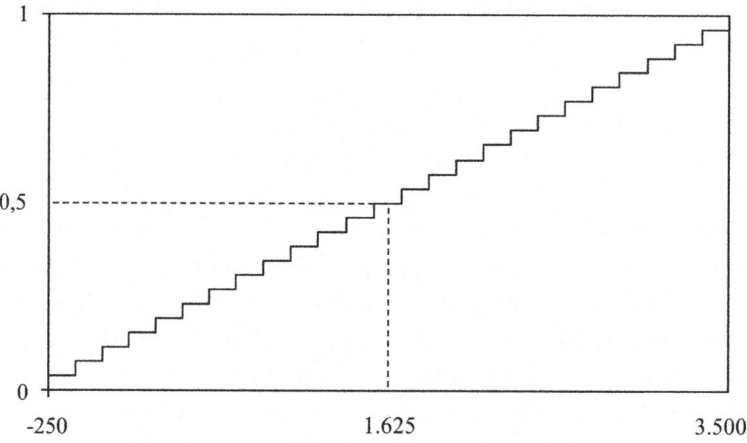

Figura 9.9. Distribución de probabilidad acumulada del *VAN*
(una distribución uniforme de la demanda durante toda la vida útil
del proyecto).

Como era de esperar, los mismos datos conducen a resultados diferentes dependiendo de los supuestos sobre el comportamiento de la demanda. A partir del caso simple anterior podemos apreciar la importancia del esfuerzo por desarrollar un modelo que refleje el comportamiento real de las variables, ya que las consecuencias de una modelización incorrecta pueden tener un impacto significativo en los resultados de la evaluación. Esta manera de analizar el riesgo permite al decisor trabajar con un rango de valores finales y sus respectivas probabilidades, pero su relevancia depende del grado en el que el modelo representa el mundo real.

Criterios de decisión bajo incertidumbre

A veces el análisis anterior es suficiente para tomar una decisión sobre la conveniencia de un proyecto. En otros casos, nada se puede concluir con una sola regla de decisión, especialmente cuando se comparan proyectos o cuando una restricción presupuestaria es vinculante.

Aceptar o rechazar un proyecto

Si la decisión es aceptar o rechazar un proyecto y la distribución de probabilidad del *VAN* social no muestra ningún valor positivo, el criterio es el mismo que en el caso de una evaluación con variables deterministas en las que el *VAN* es negativo: rechazar el proyecto.

Cuando todos los valores de la distribución de probabilidad del *VAN* son positivos, el criterio es, en principio, aceptar el proyecto (ignoramos aquí el momento óptimo de comenzar). La aceptación final del proyecto puede requerir que el resultado financiero también sea positivo, porque si el *VAN* financiero es negativo, o si hay una alta probabilidad de resultados negativos, la decisión dependerá de la restricción presupuestaria.

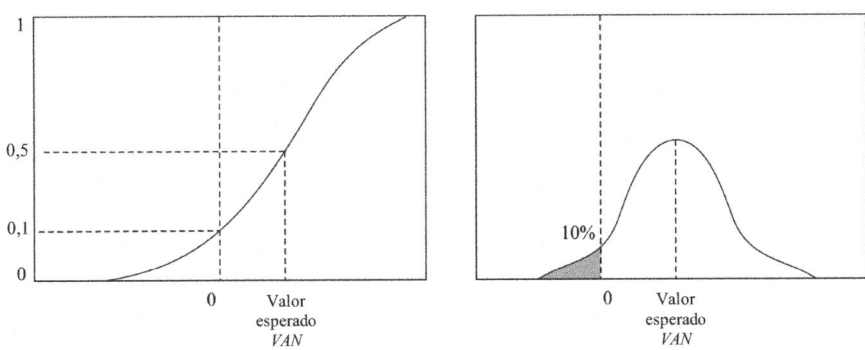

Figura 9.10. Aceptar-rechazar.

Cuando el valor esperado del *VAN* social es positivo y el resultado financiero es aceptable, el proyecto debe ser aprobado si el responsable de la toma de decisiones es neutral ante el riesgo. Sin embargo, a diferencia de la situación con valores deterministas, ahora conocemos la probabilidad de que se produzcan resultados negativos (10% en la figura 9.10) y, por lo tanto, tenemos información adicional para tomar una decisión, que también dependerá de la existencia de restricciones presupuestarias y de la actitud ante el riesgo de quienes toman las decisiones. El examen de otras políticas de fijación de precios, la elección de capacidad, el nivel de servicio, etc., puede ser una forma de mejorar el equilibrio entre la rentabilidad social y financiera del proyecto, siempre que el empeoramiento previsible del *VAN* social no vaya más allá de un nivel aceptable.

Elección entre proyectos

El criterio básico para elegir entre dos proyectos alternativos, *A* y *B*, es seleccionar el proyecto cuya función de densidad de probabilidad indica un mejor resultado. En la figura 9.11 las distribuciones de probabilidad correspondientes no se cortan, y un proyecto es claramente superior al otro. Cabe recordar que incluso en esta situación favorable es necesario comprobar, en el caso de restricciones presupuestarias, que el resultado financiero sea positivo (o que tenga una probabilidad de ser positivo suficientemente alta).

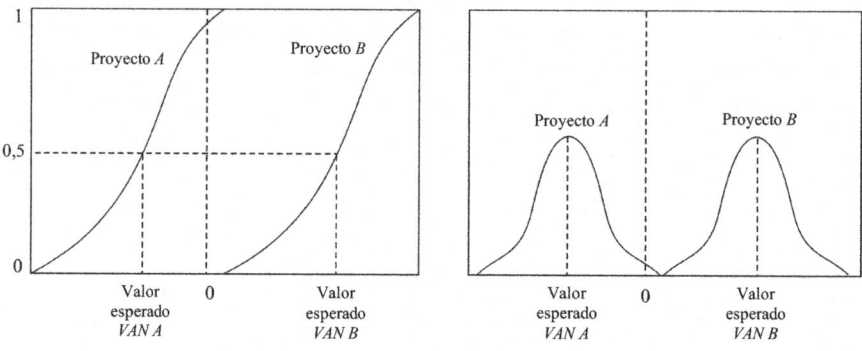

Figura 9.11. Las funciones de densidad de probabilidad no se cortan.

Puede ocurrir que las distribuciones de densidad acumulada de los dos proyectos no se corten, pero las funciones de densidad de probabilidad sí lo hagan, como en la figura 9.12. En este caso, la elección puede depender en gran medida del resultado financiero. En la figura 9.12, el proyecto *B* es preferible al proyecto *A* porque tiene un valor esperado más alto y, además, no existen valores negativos en la función de densidad de probabilidad. Sin embargo, si los resultados financieros son relevantes, puede ser que *A* sea preferible a *B*, si *A* tiene un resultado financiero positivo y *B* negativo.

Veamos el caso de dos proyectos cuyas funciones de densidad acumulada se cortan. La decisión sobre qué proyecto se selecciona depende, como en los casos anteriores, del *VAN* social, del resultado financiero y del nivel de riesgo.

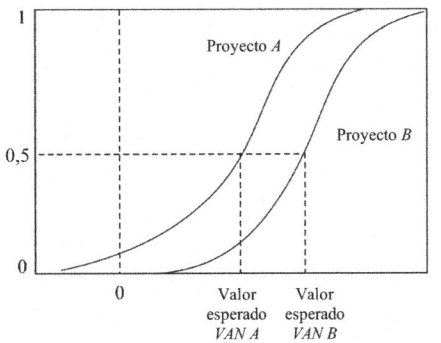
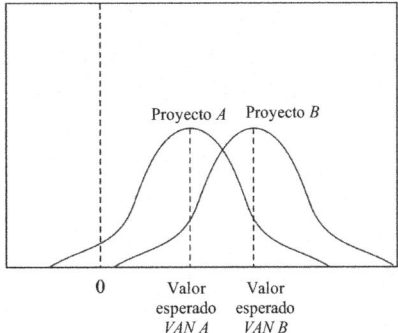

Figura 9.12. Las funciones de densidad de probabilidad se cortan.

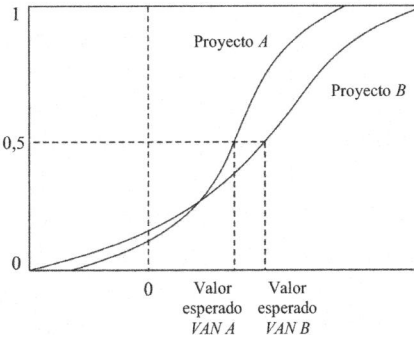
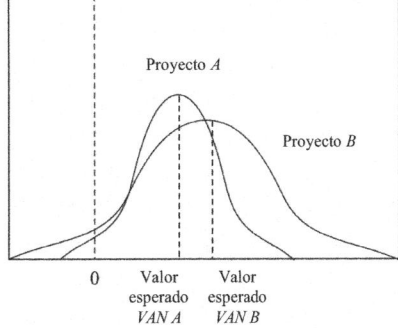

Figura 9.13. Las funciones de densidad acumulada se cortan.

Un primer criterio para elegir entre los dos proyectos representados en la figura 9.13 es comprobar qué proyecto tiene un *VAN* social esperado mayor. Como se muestra en la figura 9.13, el proyecto *B* tiene un *VAN* esperado mayor que el proyecto *A*. Si el *VAN* financiero es positivo en ambos proyectos, se prefiere el proyecto *B*, a menos que el rango más amplio y las probabilidades acumuladas de valores negativos en el proyecto *B*, junto con la aversión al riesgo de los que toman la decisión, hagan que el proyecto *A* sea más atractivo (un *VAN* esperado inferior pero menos arriesgado).

Cuando el *VAN* financiero del proyecto *A* es positivo y el del proyecto *B* es negativo, sería preferible elegir *A* en presencia de una restricción presupuestaria. Si además, el riesgo asociado con el proyecto *A* es menor, como en la figura 9.13, más a favor del proyecto *A*.

Cuando el *VAN* financiero es negativo para ambos proyectos, y existe una restricción presupuestaria, la mejor opción es ver cómo el *VAN* social se ve afectado por los cambios en el nivel de precios, en el diseño de capacidad, en la calidad del servicio, etc. Se trata de buscar el punto óptimo entre la reducción del *VAN* social y la mejora del resultado financiero.

Ideas para recordar

- La incertidumbre es común a todos los proyectos, por lo que su evaluación económica tiene que hacer frente a la variabilidad de los resultados. Para los aversos al riesgo, el valor esperado no tiene en cuenta el coste del riesgo. Es frecuente que se esté dispuesto a aceptar una cantidad menor que el valor esperado si al hacerlo se evita la variabilidad de los resultados.

- El sector público debe guiarse por el valor esperado y no tener en cuenta la varianza. La racionalidad de esta posición se basa en la idea de difusión del riesgo, ya que la diferencia entre el valor esperado y el equivalente cierto tiende a cero cuando los resultados de un proyecto se dividen entre un gran número de participantes (teorema de Arrow y Lind). No obstante, en el caso de beneficios o costes soportados por grupos específicos de particulares, tomar el equivalente cierto de dichos individuos es lo correcto.

- Aunque el sector público puede considerarse neutral ante el riesgo, basando sus decisiones en los valores esperados, la información obtenida a través del análisis de riesgo es útil. La información del rango de valores posibles y sus probabilidades de ocurrencia permite al decisor tener una imagen más completa de los beneficios esperados del proyecto.

- Una decisión del tipo aceptar-rechazar, o la elección entre proyectos, rara vez puede basarse exclusivamente en el *VAN* social. El *VAN* financiero juega también su papel al tomar la decisión final. Por lo general, el decisor se enfrenta a la renuncia de parte del excedente social a cambio de la viabilidad financiera.

- El mejor *software* disponible para el análisis de riesgos no va a garantizar que la predicción sea fiable. El analista necesita un modelo previo que recoja las principales características y relaciones del proyecto. La selección del rango y la distribución de probabilidad de las variables aleatorias, así como la correlación entre ellas, generarán una imagen más completa del valor social del proyecto y su variabilidad. El decisor no sólo tendrá el *VAN* esperado, sino todos los valores posibles del *VAN* y sus probabilidades. Si el modelo no representa el mundo real, el resultado del análisis de riesgo sólo contribuirá a proporcionar una falsa sensación de precisión.

10. Aplicaciones

[...] Creo que debemos dar por sentado que nuestras estimaciones de los costes y beneficios futuros (en particular estas últimas) están inevitablemente sujetas a un amplio margen de error, frente al cual no tiene mucho sentido centrarse en sutilezas destinadas a discriminar con precisión entre las inversiones que podrían tener un rendimiento esperado del 10,5 % y las que producirían sólo un 10 % anual. Para empezar, queremos ser capaces de distinguir las inversiones del 10 % de las que producen un 5 o un 15 %, al tiempo que esperamos que llegue el día en que hayamos resuelto correctamente los muchos problemas de la evaluación de proyectos y que seriamente podemos hasta tratar de distinguir los rendimientos del 10 % de los del 9 o el 11 %.

(Arnold C. Harberger, 1964, p. 1)

10.1. Introducción

Este es un capítulo sobre las aplicaciones de la metodología desarrollada en capítulos anteriores. En este libro hemos abordado el análisis coste-beneficio como un conjunto de atajos razonables en la búsqueda de la rentabilidad social de los proyectos en un sentido amplio. Hay muchos candidatos posibles para un análisis coste-beneficio.

La evaluación económica de infraestructuras de transporte es el contenido de las secciones 10.2 y 10.3. La inversión en infraestructura ferroviaria de alta velocidad es costosa, irreversible y está sujeta a la incertidumbre de demanda y costes. El análisis coste-beneficio del ferrocarril es similar al de cualquier otra infraestructura de transporte, como las carreteras, puertos o aeropuertos. El ahorro de tiempo, el aumento de la calidad, la reducción de la congestión y la disposición a pagar de la demanda generada suelen ser beneficios que comúnmente podemos encontrar en este tipo de proyectos.

Una política que suele traer controversia es el cambio de propiedad de las empresas públicas, ya sea entendida como la venta de activos públicos o, como se aplica ampliamente en todo el mundo, la concesión de dichos activos (contratos de concesión mediante los cuales el sector público cede la prestación de servicios públicos al sector privado por un período de tiempo predeterminado, de acuerdo con las condiciones establecidas en dichos contratos). La sección 10.4 presenta un modelo básico, que es fácil de aplicar a la privatización de las empresas públicas, y en la sección 10.5 se aplica a un contrato de concesión de suministro de agua. El marco analítico es generalizable a la evaluación de la regulación de precios o calidad.

El contenido de la sección 10.6 no es una aplicación en sentido estricto, pero es fundamental para la aplicación del análisis coste-beneficio. Se trata de la importancia de los incentivos. Este es un asunto que no ha recibido suficiente atención en la evaluación económica de proyectos, siendo esencial para el éxito del análisis coste-beneficio como herramienta para la toma de decisiones informadas. El diseño institucional y del tipo de contrato utilizado para la participación privada en proyectos públicos son elementos esenciales en la aplicación del análisis coste-beneficio.

La evaluación ex-ante puede convertirse en un procedimiento burocrático irrelevante a menos que comprendamos el contexto institucional y las funciones objetivo en conflicto de los agentes involucrados. La comprensión de los diferentes niveles de gobierno que generalmente participan en los principales proyectos y políticas, así como la consideración de un menú de contratos para la participación privada, es un paso fundamental si queremos evitar la conversión del análisis coste-beneficio en un procedimiento administrativo inútil en lugar de una herramienta económica para la toma de decisiones.

10.2. Proyectos de inversión: evaluación económica de infraestructuras

La inversión en ferrocarril de alta velocidad ha ganado el apoyo de sus usuarios directos, que valoran su alta calidad y rapidez; de los gobiernos, que la ven como un instrumento para la integración territorial, y para la reducción de la contaminación y de la congestión de las carreteras y aeropuertos; de las autoridades ferroviarias, ya que ha sido un camino de renovación en un contexto de disminución de la cuota de mercado del ferrocarril en la distribución del tráfico entre modos de transporte; y, por último, de las empresas industriales productoras de equipos ferroviarios, por razones obvias.

La introducción de la tecnología conocida como alta velocidad, consistente en infraestructura y material rodante que permite la circulación de trenes de pasajeros a 350 km/hora, ha llevado a una reactivación del transporte ferroviario. Aparte de la propaganda de la industria y la mitificación de los trenes de alta velocidad, esta tecnología compite con el transporte por carretera y aéreo en distancias de 400-600 km, en los que suele convertirse en el modo hegemónico de transporte. Para viajes de corta distancia, el vehículo privado recupera cuota de mercado, y para viajes de larga distancia, el avión no tiene rival.

El problema fundamental de la alta velocidad no es tecnológico, sino económico: el coste de la infraestructura ferroviaria de alta velocidad es elevado, irrecuperable y asociado con fuertes indivisibilidades (el tamaño de la infraestructura es prácticamente el mismo para una línea independientemente del volumen de la demanda existente). En los corredores con baja densidad de tráfico, el coste medio por pasajero es muy elevado, lo que hace que la estabilidad financiera sea inalcanzable.

Dado que los costes de inversión en la infraestructura de alta velocidad están muy por encima de los requeridos por los trenes convencionales, y su uso se asocia con costes medios decrecientes muy pronunciados, la densidad de población y la competitividad de los modos de transporte alternativos determinan en gran medida la viabilidad financiera y social de la inversión. En esta sección presentamos un modelo sencillo para evaluar la inversión ferroviaria de alta velocidad. Independientemente de las cuotas de mercado, y de la retórica política sobre su papel en la integración territorial y su impacto en el medio ambiente y en el desarrollo regional, intentamos responder a la pregunta de si la sociedad está dispuesta a pagar el coste social de esta inversión.[1]

La evaluación económica de la inversión en alta velocidad ferroviaria

Aunque son varios los efectos de la construcción de infraestructuras ferroviarias de alta velocidad, el primer efecto directo es la reducción del tiempo de viaje (al mismo tiempo que aumenta la calidad de los viajes). Además, existen otros beneficios potenciales como la reducción de la contaminación y de la congestión en carreteras y aeropuertos, cuando la demanda desviada es significativa y los precios no son iguales al coste marginal social en los modos alternativos.

En los casos en que la saturación de la red ferroviaria convencional requiere ampliaciones de capacidad, la construcción de una nueva línea de alta velocidad debe evaluarse como una alternativa a la mejora y ampliación de la red convencional, con el beneficio adicional de liberar capacidad. Obviamente, la capacidad adicional tiene valor cuando la demanda supera la capacidad existente en la ruta. En estas circunstancias, la capacidad adicional puede ser valiosa no sólo porque puede absorber el crecimiento del tráfico entre las ciudades atendidas por el tren de alta velocidad, sino también porque libera capacidad en las líneas existentes para satisfacer otros tráficos, como los de cercanías o el transporte de mercancías.

---

[1] Para un análisis más detallado, véanse De Rus (2008, 2009, 2011), De Rus y Nombela (2007).

El tráfico generado es un beneficio directo de estos proyectos, que generalmente se valoran como la mitad de los beneficios de los usuarios existentes de acuerdo con la «regla de la mitad» (véase el capítulo 2). Sin embargo, existe un debate sobre si este tráfico generado implica beneficios económicos adicionales que no se capturan en el análisis coste-beneficio convencional. Los viajes de ocio y los viajes de negocios pueden beneficiar al destino, aunque es crucial distinguir si se trata de una verdadera expansión de la actividad económica o de una simple reubicación de puestos de trabajo y actividad económica ya existente.

Lo que importa es si estos cambios son actividad económica adicional o una mera relocalización de la existente. Además, muchos beneficios indirectos están asociados con la inversión en infraestructuras de transporte en general y no exclusivamente con la alta velocidad, por lo que incluso si aumentan el beneficio social de la inversión en transporte, no necesariamente ponen a la alta velocidad en una mejor posición respecto a otras opciones de inversión en transporte. Además, en los mercados competitivos no distorsionados, el beneficio social del cambio es nulo.

En cuanto a los efectos espaciales, las líneas de alta velocidad tienden a favorecer las ubicaciones centrales, de modo que, si el objetivo es regenerar las ciudades centrales, la inversión ferroviaria de alta velocidad podría ser beneficiosa. Sin embargo, si las áreas deprimidas están en la periferia, el efecto puede ser negativo. El tren de alta velocidad también permite la expansión de los mercados y la explotación de las economías de escala, reduciendo el efecto negativo de la competencia imperfecta y fomentando la ubicación de puestos de trabajo en los principales centros urbanos, donde existen beneficios de aglomeración (Graham, 2007). Es más probable que este tipo de efectos se den en el caso de las industrias de servicios (Bonnafous, 1987).[2]

Basándose en los modelos gravitatorios, Graham y Melo (2011) estimaron los beneficios potenciales de aglomeración para el tren de alta velocidad en el Reino Unido, a través de cambios en los flujos procedentes del ahorro de tiempo de viaje. Estimaron un límite superior del 0,19 % y un límite inferior del 0,02 % del PIB del Reino Unido, concluyendo que «incluso en el mejor escenario de mejora de los tiempos de viaje de larga distancia, así como de cuota de mercado del ferrocarril clásico y alta velocidad, se espera que el orden de magnitud potencial de los beneficios de aglomeración sea pequeño».

El impacto medioambiental de la inversión en alta velocidad ferroviaria tiene dos dimensiones. Por un lado, la reducción del tráfico aéreo y por carretera. En tales casos, su contribución a la reducción de las externalidades negativas de estos modos podría ser positiva, aunque no debemos olvidar que requiere una

---

[2] Véase el capítulo 3.

desviación significativa de los pasajeros procedentes de estos modos. Además, el uso de la capacidad debe ser lo suficientemente alto como para compensar la contaminación asociada con la construcción de la infraestructura ferroviaria y la producción de energía eléctrica para el funcionamiento de los trenes, así como la contaminación acústica. Por otro lado, la infraestructura ferroviaria también tiene un impacto ambiental negativo denominado efecto barrera, además del terreno adicional que requiere para las carreteras de servicio necesarias para la construcción, así como para el mantenimiento y operación posterior. El balance neto de estos efectos depende del valor de las zonas afectadas, el número de personas afectadas, los beneficios del tráfico desviado, etc. (Nash, 2009).

La evaluación de la rentabilidad social del ferrocarril de alta velocidad requiere considerar esta intervención pública como una inversión en infraestructura fija y material rodante especializado, con costes de mantenimiento y operación (como energía, materiales y mano de obra), algunos de ellos fijos y otros dependientes del volumen de la demanda. La inversión genera un flujo de beneficios a lo largo de la vida de la infraestructura.

Los costes de construcción de la infraestructura y los consiguientes costes de mantenimiento y operación pueden expresarse de forma simplificada de la siguiente manera:

$$TC = I_0 + \sum_{t=1}^{T} \frac{(C(x_t) + C_t)}{(1+i)^t}, \tag{10.1}$$

donde TC: costes totales, I_0: costes de inversión en el año 0, $C(x_t)$: los costes de explotación anuales dependientes de x_t, C_t: costes fijos anuales de mantenimiento y operación en el año t, T: vida del proyecto, i: tasa de descuento social, x_t: número de viajes en el año t.

Para simplificar, suponemos aquí que los beneficios de la inversión se limitan a ahorros de tiempo. Los efectos indirectos, así como el beneficio neto de los impactos ambientales, se suponen insignificantes.

La inversión sería socialmente rentable si sus beneficios superan sus costes, de manera que la expresión (10.2) ha de ser mayor que cero:

$$VAN = -I_0 + \sum_{t=1}^{T} \frac{(B(x_1) - C(x_1))(1+\theta)^{t-1} - C_t}{(1+i)^t}, \tag{10.2}$$

donde $B(x_1)$ y $C(x_1)$ son los beneficios y costes anuales del año 1, y θ es la tasa de crecimiento de los beneficios netos anuales.

Dadas las indivisibilidades que afectan a las infraestructuras ferroviarias, los valores de I_0 y C_t apenas se verán afectados por el volumen de demanda (para una

longitud de línea determinada). Cuanto más altos sean los valores de estos parámetros, más difícil será alcanzar un *VAN* positivo. Aunque esto también se aplica
al coste variable, dicho coste sí depende del volumen de demanda. Lo decisivo
para la rentabilidad social del proyecto es el flujo de beneficios que sí depende
estrechamente del número de usuarios durante la vida del proyecto. El nivel de
demanda (el volumen inicial y su tasa de crecimiento) aparece como un factor
clave para satisfacer la condición de rentabilidad social en (10.2).

La figura 10.1 muestra la importancia de la demanda. En ella se representan
el coste medio (*AC*) y el coste marginal (*MC*) del tren de alta velocidad, cuya función de coste total es $C = K + cx$, donde K es el coste fijo anualizado, c es el coste
marginal por viaje realizado por los pasajeros, y x el número de viajes anuales
(constante a lo largo de la vida del proyecto). También se muestran dos curvas de
demanda, D_1 y D_2, correspondientes a un país con baja y alta densidad de población, respectivamente (supongamos que ambas tienen el mismo nivel de ingreso
per cápita).

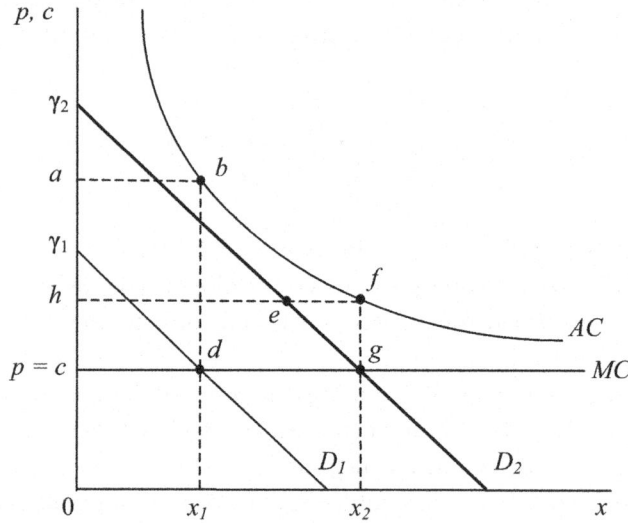

Figura 10.1. Demanda, costes y beneficios sociales del
tren de alta velocidad.

Con precio igual al coste marginal, los ingresos son inferiores a los costes totales
en ambos países, lo que requiere financiación pública para garantizar la estabilidad financiera. En los dos casos mostrados en la figura 10.1 sólo se cubren los costes variables. Sin embargo, el análisis coste-beneficio de ambos proyectos muestra
una rentabilidad social muy diferente.

Aunque en el país de alta demanda (D_2) los ingresos cgx_20 sólo cubren los costes variables, y se producen pérdidas representadas por el área *hfgc* (el coste fijo anual), la disposición a pagar de los viajeros (área $\gamma_2 gx_20$) es mayor que el coste (suponiendo que no haya efectos indirectos o externalidades, o cualquier otra distorsión). Tal como puede observarse, dicha disposición a pagar es mayor que los costes variables (cgx_20). El excedente del consumidor resultante ($\gamma_2 gc$), que podríamos denominar como la disposición a pagar por capacidad, supera el coste de dicha capacidad (*hfgc*) ya que $\gamma_2 eh$ es mayor que *efg*. El resultado económico es positivo a pesar de que el resultado financiero es negativo. En este caso, la infraestructura ferroviaria de alta velocidad aumenta el bienestar social.

En el caso del país de baja demanda (D_1), el resultado financiero es negativo e igual al área *abdc*. Sin embargo, a diferencia del país con alta demanda, la inclusión del excedente del consumidor como beneficio del proyecto no conduce a resultados positivos. La disposición a pagar por capacidad en este país ($\gamma_1 dc$) es menor que el coste de dicha capacidad (*abdc*). La evaluación económica muestra una pérdida social anual equivalente al área $abd\gamma_1$, por lo que podemos concluir que en el país con demanda D_1 no es socialmente rentable construir la infraestructura de alta velocidad.

Merece la pena recordar aquí los supuestos sobre los que descansan las conclusiones relativas a la conveniencia de construir la infraestructura. El primero es que no hay otros efectos relevantes; el segundo es que no existen limitaciones presupuestarias que aumenten el coste de oportunidad de los fondos públicos y, por lo tanto, reduzcan los rendimientos sociales; el tercero es que estamos evaluando un proyecto de forma aislada y la decisión es del tipo «aceptar-rechazar»; el cuarto es que posponer el proyecto no es rentable y, por lo tanto, un $NPV > 0$ es una condición suficiente para aprobarlo; y el quinto es que la eficiencia es el único criterio de decisión.

10.3. Análisis coste-beneficio del tren de alta velocidad: una ilustración

Consideremos un proyecto de inversión en una nueva línea de alta velocidad de 500 km, que sustituye a una línea existente de tren convencional. Esta línea se construiría en un corredor donde operan el transporte por ferrocarril convencional, por carretera y el aéreo. La vida útil del proyecto es de 40 años. No hay estaciones intermedias.

Los costes de inversión ascienden a $10.000 millones en el año base del proyecto (año 0), el valor residual es cero, y el coste medio evitable (mantenimiento) se divide en coste fijo ($150.000 por km y año) y coste variable ($30 por viajero). El precio del billete se establece en $55. Los costes medios del tren convencional, coche y avión también son constantes e iguales a \$36, \$50 y \$90, respectivamente, y en los tres casos el precio es igual al coste medio. El resto de la economía es perfectamente competitiva. El precio generalizado del viaje para cada modo de transporte es $g_i = p_i + v_i t_i$ (i = tren, coche y aire). Los tiempos de viaje para cada modo (t_i) y valores de tiempo (v_i) se especifican en el cuadro 10.1.

Cuadro 10.1. Tiempo de viaje y valor del tiempo
(Longitud de línea: 500 km)

	Tren de alta velocidad	Tren convencional	Coche	Avión
Tiempo total de viaje (en términos decimales)	2,67	6,67	5,30	2,58
Valor del tiempo (\$) (en el año $t = 1$)	-	10	10	20

Los valores del tiempo del cuadro 10.1 crecen cada año en la misma proporción que el crecimiento de la renta. La tasa social de descuento es del 5 % y todos los valores se expresan en términos reales.

Existe incertidumbre sobre el volumen de demanda del proyecto, por lo que, con fines ilustrativos, consideraremos dos escenarios para predecir la demanda futura. El primer escenario es pesimista, con un volumen anual de 5 millones de viajes para el primer año del proyecto, y el segundo es optimista, con un volumen de 15 millones de viajes en el año inicial. Suponemos una elasticidad de la demanda con respecto a la renta igual a 1,2 y una tasa de crecimiento de la renta del 2%.

En el capítulo 2 se discuten dos enfoques equivalentes para llevar a cabo el análisis coste-beneficio: el primero, la suma de los cambios en los excedentes de los agentes sociales; el segundo, la suma del cambio en la disposición a pagar y el cambio en la utilización de recursos, es decir, el ahorro de tiempo, los beneficios del tráfico generado y el cambio en los costes. Suponemos que no existen otros beneficios o costes.

Cambio en los excedentes

Siguiendo el primer procedimiento, hay que agregar los cambios que se producen en los excedentes de los agentes sociales. En primer lugar, los usuarios ganan en términos de reducción del precio generalizado, calculado por separado para cada grupo de usuarios que proceden de otros modos de transporte y que se cambian al tren de alta velocidad. La introducción de este nuevo modo provoca los cambios en los precios generalizados que se recogen en el cuadro 10.2.

Cuadro 10.2. Cambios en los precios generalizados de los pasajeros existentes y desviados
(primer año)

	Precio generalizado en el modo original (1)	Precio generalizado en HSR (2)	cambio (1) – (2)
Tren convencional	36 + 6,67 10 × 102,7	55 + 2,67 10 × 81,7	21,0
Coche	50 + 5,30 10 × 103	55 + 2,67 10 × 81,7	21,3
Avión	90 + 2,58 20 × 141,6	55 + 2,67 20 × 108,4	33,2

A partir de esta información podemos evaluar los beneficios para los usuarios del tren de alta velocidad. Hay que distinguir entre los viajeros del tren convencional (cuyo excedente se obtiene como la diferencia en los precios generalizados tras el cierre del tren convencional), los desviados de otros modos (coche y avión) y de la demanda generada. Tanto para la demanda desviada como para la generada, el aumento del excedente del consumidor es igual al triángulo limitado por la curva de demanda y las diferencias de precios y cantidades. Los beneficios se calculan como la mitad de la diferencia en los precios generalizados, con y sin el proyecto, multiplicado por el número de viajeros desviados o generados.

El cuadro 10.3 muestra, para el escenario de baja demanda, los usuarios que proceden de otros modos y el tráfico generado (se suponen las mismas proporciones para el caso de alta demanda) y los beneficios que estos usuarios obtienen en el primer año.

Cuadro 10.3. Beneficios de los usuarios en el primer año (demanda baja)
(Valores en $)

	Demanda existente y desviada	Demanda generada	Beneficios
Tren convencional	2.500.000 × 21 = 52.500.000	0,5 × 720.000 × 21 = 7.560.000	60.060.000
Coche	0,5 × 500.000 × 21,3 = 5.325.000	0,5 × 140.000 × 21,3 =1.491.000	6.816.000
Avión	0,5 × 1.000.000 × 33,2 = 16.600.000	0,5 × 140.000 × 33,2 = 2.324.000	18.924.000
Total	**74.425.000**	**11.375.000**	**85.800.000**

En el primer año del proyecto los costes y beneficios son los siguientes:

- Excedente del consumidor (tren convencional, demanda desviada y generada): 85.800.000.
- Ingresos: $55 \times 5.000.000 = 275.000.000$.
- Costes de explotación (fijos): 75.000.000.
- Costes de explotación (variables): $30 \times 5.000.000 = 150.000.000$.

Los resultados obtenidos para la vida del proyecto, en ambos escenarios de demanda, son los que se muestran en el cuadro 10.4.

Cuadro 10.4. Beneficios sociales y financieros del ferrocarril de alta velocidad

(millones de $, valores descontados)

	Baja demanda $q = 5.000.000$	Alta demanda $q = 15.000.000$
Cambio en el excedente del consumidor	**3.318**	**9.953**
Tren convencional	2.287	6.861
Coche	196	588
Avión	395	1.186
Generados	440	1.319
Ingresos	**6.697**	**20.092**
Costes de explotación (fijos)	**-1.287**	**-1.287**
Costes de explotación (variables)	**-3.653**	**-10.959**
Costes de infraestructura	**-10.000**	**-10.000**
VAN social	**-4.925**	**7.799**
VAN financiero	**-8.243**	**-2.154**

Nota: Vida del proyecto: 40 años; tasa de crecimiento de la renta, 2%; tasa de descuento, 5%; elasticidad renta de la demanda, 1,2; elasticidad renta del valor del tiempo, 1; p = 55.

Cambios en la disposición a pagar y en los recursos utilizados

El segundo enfoque para calcular el *VAN* del proyecto es centrarse en los cambios en la disposición a pagar y los recursos, ignorando las transferencias de renta. La figura 10.2 muestra para el tren convencional, en el escenario de baja demanda, los beneficios del ahorro de tiempo para los usuarios existentes (el área con rayas inclinadas) y el ahorro de costes derivado del cierre del tren convencional (la zona con rayas horizontales).

En la figura 10.2 los beneficios de los viajes generados están representados por el área sombreada sólida. Puede ver cómo, para el tráfico generado, los beneficios se obtienen calculando la disposición a pagar por los nuevos viajes (la zona bajo la función de demanda en el segmento de los 720.000 viajes generados) menos el valor total del tiempo invertido en dichos viajes.

Nótese que los costes de operación del tren de alta velocidad no están representados en el gráfico y han de ser deducidos para obtener el beneficio neto del tráfico existente, desviado y generado.

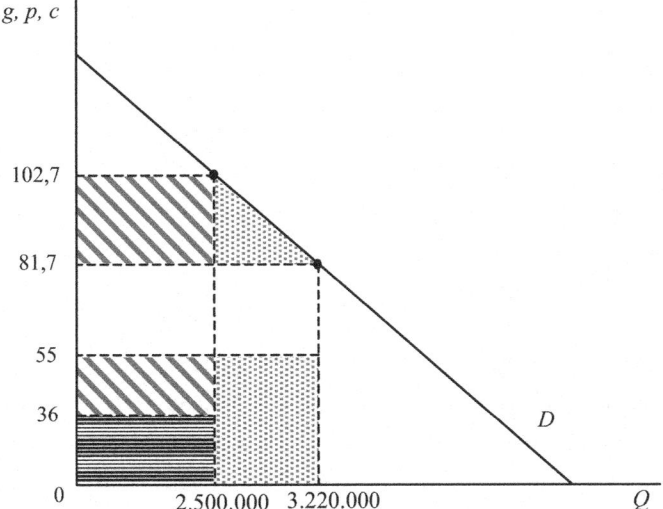

Figura 10.2. Beneficios del tren de alta velocidad (usuarios del tren convencional).

El cálculo para la carretera y el transporte aéreo es similar al empleado para la demanda generada. Téngase en cuenta que en las áreas equivalentes se incluirán el ahorro de costes en carretera y avión. Por último, hay que restar el coste de inversión del proyecto para obtener el *VAN* social. Los resultados obtenidos con este enfoque alternativo se muestran en el cuadro 10.5. El *VAN* social resultante es idéntico con ambos enfoques.

La conclusión que se extrae de esta evaluación es que el proyecto no es socialmente deseable en el escenario de baja demanda, ya que tanto el *VAN* social como el financiero son negativos. Por el contrario, en el escenario de demanda alta, el resultado del *VAN* social es positivo, aunque el *VAN* financiero sigue siendo negativo. Incluso con demanda alta, este proyecto no sería financieramente viable, ya que los ingresos no cubren los costes, por lo que no podría ser explotado por el sector privado sin subvención. Sin embargo, desde el punto de vista social, y en un contexto sin restricciones presupuestarias, los ahorros de tiempo y de costes operativos en modos alternativos, junto con los beneficios de la demanda generada, superan los costes de construcción y operación del proyecto.

Cuadro 10.5. Beneficios sociales del tren de alta velocidad
(millones de $, valores descontados)

	Baja demanda $q = 5.000.000$	Alta demanda $q = 15.000.000$
Ahorro de tiempo	**3.243**	**9.730**
Tren convencional	3.444	10.331
Coche	257	771
Avión	−457	−1.372
Beneficios de los viajes generados	**1.779**	**5.337**
Ahorro de costes	**4.993**	**14.978**
Tren convencional	2.192	6.576
Coche	609	1.827
Avión	2.192	6.576
Costes de explotación (fijos)	**−1.287**	**−1.287**
Costes de explotación (variables)	**−3.653**	**−10.959**
Costes de infraestructura	**−10.000**	**−10.000**
VAN **social**	**−4.925**	**7.799**
VAN **financiero**	**−8.243**	**−2.154**

Nota: Vida útil del proyecto, 40 años; tasa de crecimiento de la renta, 2%; tasa de descuento, 5%; elasticidad renta de la demanda, 1,2; elasticidad renta del valor del tiempo, 1; p = 55.

10.4. Evaluación de políticas: análisis coste-beneficio de la privatización

La evaluación económica de una política de privatización de empresas públicas tiene tres elementos clave: en primer lugar, la existencia de diferencias de costes entre el sector público y el privado; en segundo lugar, el tipo de mercado en el que opera la empresa y la capacidad de ejercer poder monopolístico; y tercero, el precio de venta.

Aun suponiendo que la política de privatización produzca beneficios netos para la sociedad, puede ocurrir que estos beneficios no se distribuyan equitativamente. Puede ser que los productores mejoren con la privatización, pero los consumidores y los trabajadores empeoren. Por lo tanto, para evaluar un proyecto de privatización en la práctica, el analista debe identificar, en la medida de lo posible, a los ganadores y perdedores, y estimar sus ganancias y pérdidas. Todo ello nos permitirá diseñar los mecanismos de compensación, por razones de equidad y aceptabilidad política.

En esta sección y en la siguiente presentamos un modelo básico y una aplicación para evaluar si la sociedad gana o pierde con la privatización de una empresa pública. El modelo puede aplicarse indistintamente a la evaluación de la privatización en sentido estricto o a un contrato de concesión. También puede extenderse a la evaluación de la regulación de precios y calidad.

Beneficios sociales de la privatización y el precio de venta

A menudo, el éxito de la privatización se ha asociado con el precio de venta alcanzado. Es posible que el énfasis en los aspectos financieros de la privatización nos haya hecho olvidar que, en la venta de activos públicos y a diferencia de una transacción entre agentes privados, es necesario saber qué sucede después del intercambio. Por ejemplo, un alto precio de venta de la empresa pública puede reflejar simplemente el valor actual neto de los beneficios monopolísticos esperados por el comprador de la empresa.

Consideremos, como punto de partida, el caso de la empresa pública representada en la figura 10.3, y la evaluación del proyecto consistente en su privatización.[3]

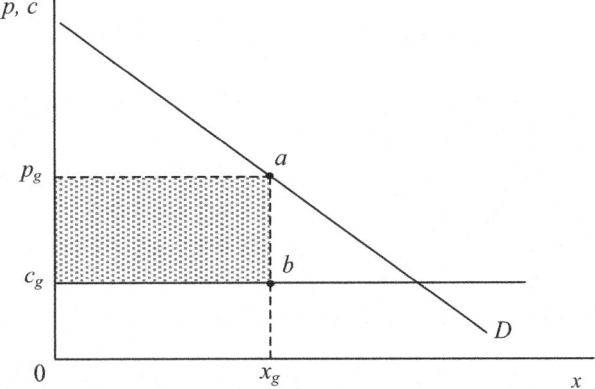

Figura 10.3. Privatización sin cambios en precio y coste.

---

[3] El modelo básico de esta sección se basa en Jones et al. (1990).

La empresa pública cobra un precio p_g y produce al coste unitario c_g, por lo tanto, su beneficio anual es igual a $(p_g - c_g)\,x_g$, equivalente al área $p_g abc_g$ en la figura 10.3. Cuando la empresa es pública, las variables se identifican mediante el subíndice g y cuando pasa a manos privadas por el subíndice p.

¿Cuánto estaría dispuesto a pagar un empresario privado por la empresa pública representada en la figura 10.3 si no hay cambio en el precio $(p_p = p_g)$ ni en el coste $(c_p = c_g)$? Suponiendo que la vida útil de la empresa es de T años, y la tasa de descuento es cero para el sector público y privado, el valor privado de la empresa en manos privadas (V_{pp}) puede expresarse como:

$$V_{pp} = T(p_p - c_p)\,x_p. \tag{10.3}$$

Si el empresario paga V_{pp} por la empresa, el sector público obtiene los beneficios descontados generados por la empresa en manos privadas durante su vida T. Denominando Z al precio pagado por el empresario al gobierno por la privatización, el mayor valor posible de Z es V_{pp}.

Cabe recordar aquí que, a menos que el dinero tenga un valor más alto en manos del gobierno que en manos privadas, Z es una mera transferencia de renta y, por lo tanto, el gobierno estaría indiferente con respecto al valor de Z. No obstante, supondremos que el valor del dinero en manos públicas (λ_g) es mayor que el valor del dinero en manos privadas (λ_p), asignando un valor igual a la unidad a este último, siendo $(\lambda_g - \lambda_p)$ el valor adicional de una unidad monetaria cuando pasa de manos privadas a públicas.[4]

Para que la privatización aumente el bienestar social, se tiene que cumplir la siguiente condición:

$$\lambda_g Z - \lambda_p Z - \lambda_g T\pi_g + \lambda_p T\pi_p > 0, \tag{10.4}$$

donde π_g y π_p son los beneficios antes y después de la privatización (es decir, en manos públicas y privadas, respectivamente).

La expresión (10.4) muestra los cambios que se producen con la venta de la empresa pública, valorada con los multiplicadores sombra de fondos privados y públicos. Nótese que Z es recibido por el gobierno y pagado por el comprador privado. Además, el gobierno pierde el beneficio anual obtenido que tendría sin la venta (π_g) y, al pasar la empresa a manos privadas, el comprador obtiene π_p. Puesto

---

[4] La justificación para suponer que $\lambda_g > \lambda_p$ se apoya en que cuando el gobierno obtiene fondos mediante impuestos, existe un coste adicional (exceso de gravamen) en la economía, lo que implica que, implícitamente, se le está dando más valor al dinero en manos públicas. Por la misma razón, si con la privatización el gobierno obtiene fondos sin distorsionar la economía, el precio sombra de estos fondos debe reflejar el beneficio adicional de evitar el coste del exceso de gravamen al evitarse esa recaudación mediante impuestos (véase la sección 4.6).

que hemos supuesto que en la figura 10.3 el precio y el coste no cambian con la privatización, $\pi_g = \pi_p = \pi$, y (10.4) puede expresarse como:

$$(\lambda_g - \lambda_p)(Z - T\pi) > 0, \tag{10.5}$$

lo que indica que la condición necesaria para aumentar el excedente social no se cumple, ya que Z no puede ser mayor que $V_{pp} = T\pi$.

Dada la situación representada en la figura 10.3, si el gobierno logra vender la empresa al precio más alto que el comprador está dispuesto a pagar, la privatización no cambia el excedente social. Si el empresario paga un precio por debajo de $T\pi$, la sociedad pierde con la privatización.

Supongamos ahora que, como se muestra en la figura 10.4, la empresa privada es más eficiente que la empresa pública ($c_p < c_g$) y el precio no cambia (por lo tanto, $x_p = x_g$). Al privatizar, el excedente del productor aumenta en $(c_g - c_p)x_p$ cada año y, por lo tanto, el valor privado de la empresa en manos privadas (V_{pp}) aumenta en T veces esta cantidad. El aumento de V_{pp} puede o no traducirse en un aumento de Z, dependiendo del procedimiento elegido para la venta. Lo que parece claro es que $T(c_g - c_p)x_p$ (T veces el área $c_g bdc_p$) es la ganancia de eficiencia resultante de la privatización.

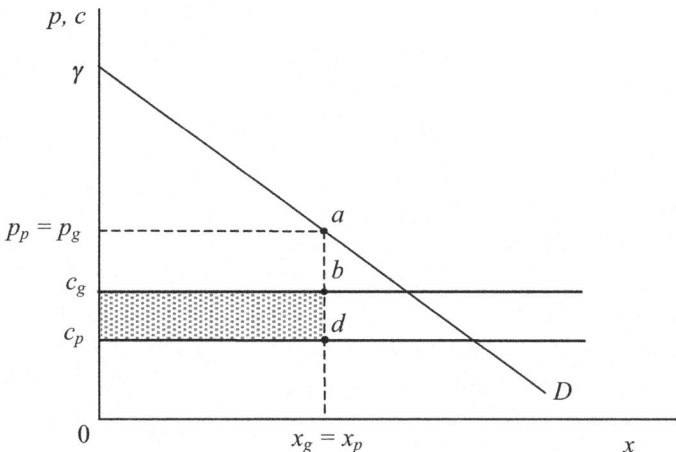

Figura 10.4. Privatización con reducción de costes.

Para evaluar el cambio en el excedente social producido por la venta de empresas públicas, podemos utilizar las siguientes expresiones:

$$\Delta SS = V_{sp} - V_{sg} + (\lambda_g - \lambda_p)Z, \tag{10.6}$$

$$V_{sp} = T\left(S_p + \lambda_p \pi_p\right),$$ (10.7)

$$V_{sg} = T\left(S_g + \lambda_g \pi_g\right),$$ (10.8)

donde ΔSS: cambio en el excedente social, V_{sp}: valor social de la empresa en manos privadas, V_{sg}: valor social de la empresa en manos públicas, S_p: excedente del consumidor cuando la empresa es privada, S_g: excedente del consumidor cuando la empresa es pública.

La expresión (10.6) muestra que el cambio en el excedente social es la diferencia entre el valor social de la empresa en manos privadas y el valor social de la empresa en manos públicas, más una proporción del precio de venta. Nótese que el precio de venta es una transferencia de renta entre el comprador privado y el gobierno (contribuyentes) y, a menos que el dinero en manos del gobierno tenga un peso más alto, el precio de venta no afecta al bienestar social.

Sustituyendo (10.7) y (10.8) en (10.6), teniendo en cuenta que como el precio se mantiene constante, $S_g = S_p = S$ (área $\gamma a p_g$), y suponiendo que la empresa se vende por el valor máximo que el comprador está dispuesto a pagar ($Z = V_{pp} = T\pi_p$), el beneficio social de la privatización puede expresarse como:

$$\Delta SS = T(S + \lambda_p \pi_p - S - \lambda_g \pi_g) + (\lambda_g - \lambda_p)T\pi_p.$$ (10.9)

Simplificando (10.9) obtenemos el máximo valor social que se puede obtener de la privatización:

$$\Delta SS = T\lambda_g(\pi_p - \pi_g).$$ (10.10)

La expresión entre paréntesis en (10.10) es igual a $c_g bdc_p$ en la figura 10.4. El valor social potencial máximo de la privatización se obtiene cuando el aumento de eficiencia alcanzado ($\pi_p - \pi_g$) se multiplica por los años T del proyecto, multiplicado por el precio sombra del dinero en manos del gobierno. Si el procedimiento de venta no transfiere las ganancias de eficiencia al gobierno, el excedente social será menor a pesar de que la ganancia anual de eficiencia siga siendo $c_g bdc_p$. El área $\gamma a p_g$ no aparece en la ecuación (10.10) porque no hay ningún cambio en el excedente del consumidor.

El gobierno tiene dos objetivos con la privatización según (10.6): vender la empresa pública al licitador que genere el máximo excedente social, y obtener el precio más alto posible de este postor.[5]

---

[5] Ciñéndonos a los cuatro tipos más comunes de subastas (inglés, holandés, de primera oferta sellada y de segunda oferta sellada), el primer objetivo puede lograrse con la inglesa y la de segunda oferta sellada, pero el segundo objetivo no está garantizado por ninguna de las cuatro y, por lo tanto, podemos esperar que en general Z sea menor que

Anteriormente se supuso que el precio no cambiaba después de la privatización y, por lo tanto, el excedente del consumidor se mantenía constante ($S_g = S_p = S$). Ahora relajamos este supuesto y consideramos el caso general en el que precios, costes y cantidades cambian después de la privatización, la tasa de descuento es positiva y la empresa privatizada devuelve al gobierno algunos de sus beneficios con el pago de impuestos.

Los valores sociales de la empresa en el sector público y en el sector privado son, respectivamente:

$$V_{sg} = \sum_{t=0}^{T} \frac{1}{(1+i)^t} [S_g(t) + \lambda_g \pi_g(t)], \tag{10.11}$$

$$V_{sp} = \sum_{t=0}^{T} \frac{1}{(1+i)^t} [S_p(t) + \lambda_p \pi_p(t) + (\lambda_g - \lambda_p) Y(t)], \tag{10.12}$$

donde $Y(t)$: impuestos posteriores a la privatización, i: tasa de descuento social (suponemos que es igual a la tasa de interés).

El cambio en el excedente social se obtiene sustituyendo (10.11) y (10.12) en (10.6):

$$\Delta SS = \sum_{t=0}^{T} \frac{1}{(1+i)^t} [S_p(t) + \lambda_p \pi_p(t) + (\lambda_g - \lambda_p) Y(t) - S_g(t) - \lambda_g \pi_g(t)] + (\lambda_g - \lambda_p) Z. \tag{10.13}$$

Operando en (10.13), y sumando y restando $\lambda_g \pi_p$:

$$\begin{aligned} \Delta SS = &\sum_{t=0}^{T} \frac{1}{(1+i)^t} \left[S_p(t) - S_g(t) + \lambda_g \left(\pi_p(t) - \pi_g(t) \right) \right] \\ &- (\lambda_g - \lambda_p) \left[\sum_{t=0}^{T} \frac{1}{(1+i)^t} \left(\pi_p(t) - Y(t) \right) - Z \right]. \end{aligned} \tag{10.14}$$

Es bastante difícil para el gobierno conseguir que el comprador pague un precio Z igual al máximo que está dispuesto a pagar, es decir, el valor privado de la empresa en manos privadas (V_{pp}). Dicho valor es igual a:

$$V_{pp} = \sum_{t=0}^{T} \frac{1}{(1+i)^t} \left(\pi_p(t) - Y(t) \right). \tag{10.15}$$

V_{pp}, especialmente cuando el número de licitadores no es elevado, lo que es común en el caso de las privatizaciones. Para un análisis de las subastas, véase Klemperer (1999).

Sustituyendo (10.15) en (10.14) y expresando las diferencias en los excedentes y beneficios como Δ, tenemos una expresión operativa para calcular los beneficios sociales de la privatización:

$$\Delta SS = \sum_{t=0}^{T} \frac{1}{(1+i)^t} \left[\Delta S(t) + \lambda_g \Delta \pi(t) \right] - (\lambda_g - \lambda_p)\left(V_{pp} - Z \right). \tag{10.16}$$

Para obtener un aumento del excedente social mediante la privatización de una empresa pública, la expresión (10.16) ha de ser mayor que cero. La interpretación económica de (10.16) es la siguiente: para el caso típico en el que $\lambda_g > \lambda_p$ y, suponiendo que el gobierno venda la empresa al precio máximo que el comprador está dispuesto a pagar ($Z = V_{pp}$), el beneficio social de la privatización es el valor de la suma del cambio en los excedentes del consumidor y del productor, multiplicado este último por el multiplicador sombra del dinero en manos del gobierno.

Examinemos más detenidamente la expresión (10.16). Para un tipo de descuento determinado y suponiendo (por simplicidad) que, después de la venta, tanto el coste como el precio son más bajos, el beneficio social máximo que se deriva de la privatización figura en la expresión entre corchetes: el aumento del excedente del consumidor y en los beneficios gracias a la reducción de los costes (este último beneficio se transfiere plenamente al gobierno cuando el precio de la venta es igual a la máxima disposición a pagar del comprador, por lo que aparece multiplicado por λ_g). Cuando el precio de venta Z es inferior a la máxima disposición a pagar del comprador (V_{pp}), el beneficio social disminuye en relación con el máximo incluido entre corchetes, en proporción a la pérdida de ingresos del gobierno con la venta con respecto al máximo posible ($V_{pp} - Z$) y al valor adicional del dinero en manos públicas ($\lambda_g - \lambda_p$).

Efectos sobre el bienestar de las regulaciones de precios

Otro elemento que afecta a los resultados es la política de precios posterior a la privatización. Cuando la empresa opera como monopolio, su precio tiende a ser regulado. Si la empresa se adjudica a un empresario privado en concesión, es habitual introducir procedimientos para la regulación de los precios. Las ganancias potenciales de eficiencia de la privatización se convierten en beneficios sociales cuando van a los consumidores o bien a través de precios más bajos, o bien a través de mayor calidad; o se convierten en un beneficio de la empresa privada; o van al gobierno como resultado de una venta bien diseñada.

Si se fija un precio igual al coste marginal ($p_p = c_p$), donde $c_p < c_g$, la eficiencia aumenta con el incremento en la cantidad vendida, con los consumidores como beneficiarios de la privatización y, a menos que el precio sombra de los fondos públicos sea lo suficientemente alto y la elasticidad de la demanda sea suficientemente baja, el bienestar mejora con relación a la situación en la que el precio no cambia.

El argumento anterior introduce un supuesto implícito que no es creíble. En primer lugar, si el comprador sabe que el precio va a ser igual al coste marginal, ¿por qué comprar la empresa? Además, ¿por qué el empresario debería intentar reducir los costes si el regulador establece un precio igual al coste resultante del esfuerzo realizado?

Un mecanismo de regulación de precios que impide este problema de incentivos perversos consiste en introducir un precio máximo (precio-límite), por ejemplo, $p_p = kp_g$, donde k es menor que uno y superior a la proporción esperada de la reducción del coste unitario. Ahora, el coste de la empresa privada no aparece en el mecanismo regulatorio, y la empresa tiene, en principio, incentivos para reducir costes porque el precio es fijo (kp_g) y, por lo tanto, si el empresario logra reducir el coste por debajo del precio regulado, aumentará su beneficio.[6]

Una combinación de regulación de precios basados en incentivos, con un diseño de subasta que maximice los ingresos gubernamentales por la venta de la empresa, es la manera de maximizar el excedente social si el mercado no es competitivo. La privatización de servicios como el suministro de agua, la electricidad o el transporte público son un buen ejemplo.

10.5. Análisis coste-beneficio de la concesión de un suministro residencial de agua

En esta sección evaluamos una política de privatización (a través de un contrato de concesión) del suministro de agua en una ciudad de tamaño medio. El objetivo es mostrar cómo se puede aplicar el marco teórico de las secciones anteriores a los datos sobre costes y precios observados en un mercado. La metodología es igualmente aplicable a cualquier otro servicio público.

Para calcular el cambio en el excedente social necesitamos calcular la expresión (10.16). Esto requiere información sobre los valores de λ_g, λ_p y V_{pp}, así como sobre la demanda de agua. Haremos los siguientes supuestos simplificadores:

(i)   El precio sombra del dinero en manos públicas y privadas es igual a uno: $\lambda_g = \lambda_p = 1$. Este supuesto elimina el último término de la expresión (10.16),

---

[6] Para un análisis del diseño de contratos de concesión y regulación de precios véase Guasch (2004). La importancia de estas cuestiones en el análisis coste-beneficio es crucial, ya que el *VAN* social que se alcance de la implementación de proyectos depende de dichos mecanismos regulatorios (véase la sección 10.6).

lo que también se obtiene suponiendo que el licitador ganador pague el máximo ($Z = V_{pp}$).

(ii) La demanda de agua es lineal y, por lo tanto, podemos aplicar la regla de la mitad para calcular el excedente del consumidor. Con este supuesto simplificador, los cambios en el excedente del consumidor y en el del productor son los siguientes:

$$\Delta S(t) = \frac{1}{2}\Big(p_g(t) - p_p(t)\Big)\Big(x_g(t) + x_p(t)\Big), \tag{10.17}$$

$$\Delta \pi(t) = \Big(p_p(t) - c_p(t)\Big)x_p(t). \tag{10.18}$$

(iii) El coste medio es menor cuando la empresa está en manos privadas ($c_p < c_g$).

(iv) El excedente del consumidor y del productor cambian anualmente a una tasa de crecimiento θ:

$$x(t+1) = x(t)\ (1 + \theta). \tag{10.19}$$

(v) No hay subvenciones. La empresa pública cubre sus costes ($p_g = c_g$), mientras que a la empresa privada regulada se le permite fijar $p_p = kc_p$, donde $k \geq 1$ es determinado por el regulador. Este supuesto se impone para abstraer el problema que nos ocupa –la evaluación del cambio de bienestar a través de un cambio de propiedad– del tratamiento de precios y subsidios óptimos, y del problema de información asimétrica.

El quinto supuesto permite determinar los niveles de precios p_g y p_p necesarios para evaluar ΔSS. Relajar este supuesto implicaría hacer supuestos adicionales sobre el nivel de subvención.

Con estos cinco supuestos podemos simplificar (10.16):

$$\Delta SS = \sum_{t=0}^{T} \frac{1}{(1+i)^t}\left[\frac{1}{2}\Big(p_g - kc_p\Big)\Big(x_g(t) + x_p(t)\Big) + (k-1)c_p x_p(t)\right], \tag{10.20}$$

donde $(k-1) \geq 0$ es el margen sobre el coste del precio regulado que la empresa privada puede fijar.

Gráficamente, con la función de demanda de agua representada en la figura 10.5, los términos entre corchetes en la expresión (10.20) están representados por el área $p_g abdc_p$. El área $p_g abp_p$ es el cambio en el excedente del consumidor, mientras que $p_p bdc_p$ representa el excedente del productor en el caso $k > 1$.

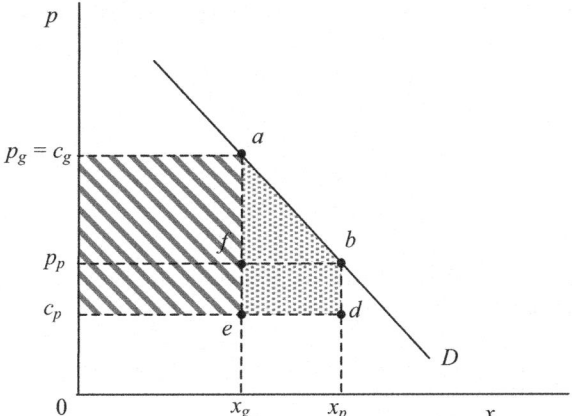

Figura 10.5. Privatización de un servicio de agua residencial.

Para evaluar el cambio en el bienestar que se deriva de la privatización, utilizando la expresión (10.20), los únicos valores nuevos necesarios son p_p, c_p, x_p, y k. Los valores de p_g y x_g son los observados en el mercado: el precio (igual al coste marginal en este caso) y el nivel de producción de la empresa pública.

El cuadro 10.6 muestra los datos básicos del proyecto consistente en privatizar la empresa pública de abastecimiento de agua. La concesión tiene una duración de 30 años, los beneficios se producen al final de cada año y el valor residual es cero. La tasa social de descuento es del 5 % e igual a la de interés. La empresa pública vende 300.000 m³ de agua al año a un precio (igual al coste marginal) de $2. El margen precio-coste regulado es del 10 %. Aunque se desconoce la reducción del coste posterior a la privatización, suponemos un rango con un máximo del 50 % y un mínimo de cero, y con el 20 % como valor más probable.

Para evaluar, hay que predecir la demanda con la privatización. Hay evidencia sobre elasticidades de la demanda de agua en zonas residenciales (véanse el metaanálisis de Espey et al., 1997; y Dalhuisen et al., 2003). Sobre la base de esta evidencia, y después de la eliminación de los valores atípicos y los valores menos probables, utilizamos una distribución de probabilidad triangular con un valor mínimo de elasticidad precio de la demanda de –0,7 y un valor máximo de –0,2, con –0,4 como el valor más probable.

Los ingresos crecen durante el período de concesión. La tasa anual de crecimiento está representada por una distribución de probabilidad uniforme con un valor mínimo del 1 % y un máximo del 3 %. También suponemos que la elasticidad renta de la demanda está dentro del rango 0,25-0,5 pero, al igual que la tasa de crecimiento, desconocemos la probabilidad de cada valor concreto, por lo que utilizamos una distribución de probabilidad uniforme.

Cuadro 10.6. Datos básicos del proyecto de suministro de agua

I	0
T	30
i	5%
x_g	300.000
Elasticidad precio de la demanda	Distribución de probabilidad triangular * (−0.7; −0.4; −0.2)
Elasticidad renta de la demanda	Distribución de probabilidad uniforme** (0,25; 0,5)
$P_g = c_g$	2
P_p	1,1 c_p
c_p	Distribución de probabilidad triangular (1; 1,6; 2). Este rango implica una reducción de costes (%) de 0-50, con 20% como valor más probable
Crecimiento anual de la renta	Distribución de probabilidad uniforme (0,01; 0,03) (cada año)

Nota: *Distribución de probabilidad triangular (mín., más probable, máx.); **distribución de probabilidad uniforme (mín., máx.).

Tenemos, por tanto, cuatro variables aleatorias en la evaluación: dos para las elasticidades de la demanda, una para la reducción de costes una vez privatizada la empresa, y otra para el crecimiento anual de la renta. Hay una diferencia importante entre la última y las otras tres. Al calcular cada *VAN* en cada iteración, el programa, de acuerdo con nuestro modelo, extrae un valor de la distribución de probabilidad de la tasa de crecimiento de la renta para cada uno de los 30 años del período de concesión, lo que implica incluir 30 variables aleatorias. Por lo tanto, para cualquier valor del *VAN*, hay 30 extracciones independientes de la distribución de probabilidad de la tasa de crecimiento de la renta. Al ser independientes, la tasa de crecimiento de la renta en un año no está correlacionada con las tasas de otros años.

Para las otras tres distribuciones de probabilidad para las que tampoco conocemos los valores de los parámetros, le pedimos al programa que elija solo un valor de cada distribución de probabilidad y mantenga dicho valor fijo para los *T* años en cualquier iteración. El programa elegirá otro valor en la siguiente iteración.

Las figuras 10.6 y 10.7 representan las distribuciones de probabilidad del *VAN* social y financiero Ambas distribuciones de probabilidad apoyan la aprobación de esta política. Los rangos de valores probables de los valores actuales netos son positivos, siendo los valores esperados de \$2,5 millones y \$0,8 millones para el *VAN* social y financiero, respectivamente.

Sin embargo, la distribución de probabilidad del excedente del consumidor, representada en la figura 10.8, muestra que, aunque el valor esperado es de \$1,7 millones, existe una probabilidad del 8,3 % de obtener un excedente del consumidor negativo, entre 1 millón y cero. La razón de este segmento de valores negativos para los consumidores resulta de la posibilidad de un margen precio-coste del 10 % combinado con una reducción de costes que oscila entre el 0 y el 50 %. Cualquier aumento del 10 % del precio, junto con una reducción insuficiente de los costes, puede producir un aumento del precio para el consumidor, que en términos del *VAN* social quede compensado parcialmente por un aumento del excedente del productor. La pérdida de eficiencia por la reducción del consumo se compensa, en este caso particular, con la ganancia en eficiencia gracias a la reducción de costes.

Una lección que puede extraerse de este caso práctico es que, al trabajar exclusivamente con los valores esperados, se pierde información valiosa. El análisis de riesgo proporciona al responsable de la toma de decisiones una imagen más completa de lo que puede ocurrir. Otra lección es que demasiada agregación oculta información útil. En este caso, la distribución de probabilidad del excedente del consumidor muestra que los consumidores pueden ser perdedores en esta privatización con una probabilidad del 8,3 %. Esto puede considerarse tolerable, o tal vez el regulador prefiera mantener fijo el precio vigente antes de la privatización.

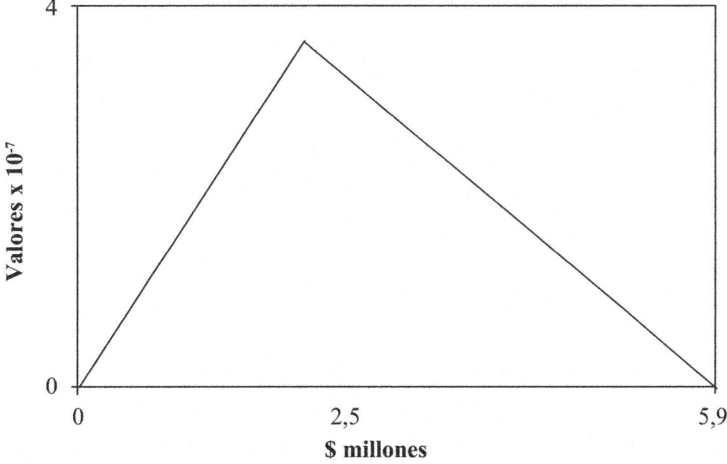

Figura 10.6. VAN social.

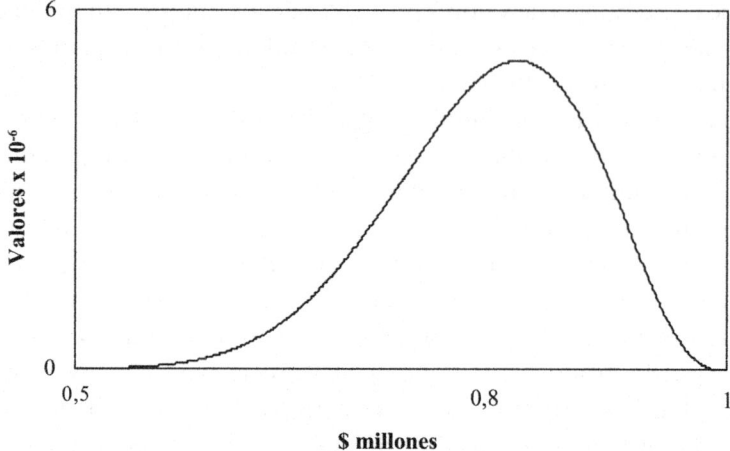

Figura 10.7. VAN financiero.

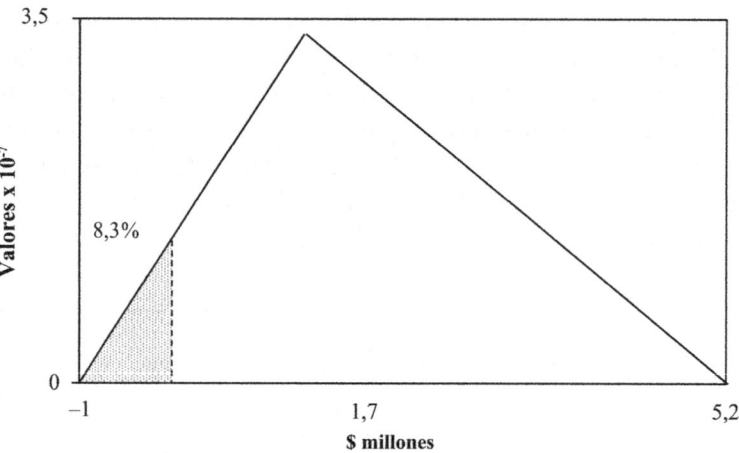

Figura 10.8. Excedente del consumidor.

10.6. Diseño institucional, contratos y evaluación económica

El desarrollo de cualquier proyecto que implique costes iniciales de inversión y costes de mantenimiento y operación en años posteriores requiere una estimación del conjunto de costes de acuerdo con los criterios que se han desarrollado en capítulos anteriores. Un beneficio social neto positivo en el análisis coste-beneficio ex-ante no garantiza la realización de este beneficio durante la vida del proyecto. Desafortunadamente, no es difícil encontrar proyectos que no deberían haber sido construidos de acuerdo con sus beneficios y costes ex-post.[7]

La explicación de la discrepancia entre los valores esperados y reales en el caso de la infraestructura radica, en parte, en la naturaleza de las obras de ingeniería. El hecho de que los beneficios esperados no se materialicen de acuerdo con el análisis coste-beneficio ex-ante se explica contemplando las características de la actividad que se está evaluando. Las infraestructuras de transporte, energía y agua tienen una vida larga (más de 30 años), tienen pocos usos alternativos, son muy caras y la demanda real tiende a desviarse de la predicha para períodos de tiempo tan largos.

Por ejemplo, las perturbaciones externas causadas por la disminución de la actividad económica o la reducción de la población de la región donde se construyó la infraestructura, afectan significativamente a la demanda de electricidad, de movilidad y de consumo de agua y, por lo tanto, al beneficio social del proyecto. También puede ocurrir que los costes en la fase de construcción y en las posteriores de mantenimiento y operación, experimenten cambios debido a aumentos inesperados en los precios y cantidades de los insumos (energía, mano de obra, etc.) necesarios para el funcionamiento normal de las infraestructuras.

Estos desajustes entre las predicciones y la realidad son comunes e inevitables durante la vida económica de un proyecto. Poco se puede hacer más allá de mejorar las técnicas de predicción y, hasta cierto punto, el uso del análisis de riesgo. Sin embargo, los errores de predicción no son la única explicación de las diferencias entre la rentabilidad económica ex-ante y ex-post. El diseño institucional y el tipo de contratos utilizados para la construcción y operación pueden cambiar el comportamiento de los agentes económicos, afectando su nivel de esfuerzo para minimizar los costes o para la selección de la tecnología adecuada.

En el presente epígrafe se discuten, en primer lugar, las consecuencias de la existencia de diferentes niveles de gobierno con intereses no alineados y, en segundo lugar, el diseño de contratos para la participación privada. La comprensión de estas cuestiones para el análisis coste-beneficio es esencial en un contexto de información asimétrica e incertidumbre de demanda y costes.

---

[7] Un megaproyecto como el Túnel del Canal parece ajustarse a esa divergencia entre lo esperado y lo que realmente ocurrió. El túnel une Gran Bretaña y el continente a 40 metros bajo el fondo del mar. Una evaluación independiente del proyecto concluye: «La evaluación coste-beneficio del Túnel del Canal revela que en su conjunto la economía del Reino Unido estaría mejor si no se hubiera construido, ya que los costes de los recursos empleados han sido mayores que los beneficios generados» (Anguera, 2006, p. 314).

Dos niveles de gobierno y sus efectos en la selección de proyectos

La inversión en la construcción de un gran proyecto de infraestructura reúne las siguientes características: indivisibilidad, irreversibilidad y alto coste. La decisión de invertir fondos públicos en la construcción de una presa o una carretera está sujeta a incertidumbre de demanda y costes. La irreversibilidad de la decisión hace que la evaluación económica del proyecto adquiera gran importancia. Por lo tanto, es razonable examinar cómo el diseño institucional afecta a la elección final en la asignación de fondos públicos a este tipo de proyectos.

Los gobiernos nacionales y supranacionales apoyan la implementación de infraestructuras clave con fondos públicos. Para comprender los efectos de este apoyo público en la decisión de inversión, es útil distinguir dos niveles en el proceso de toma de decisiones y financiación de grandes proyectos de infraestructura. El primero se refiere al diseño institucional, en el que los gobiernos supranacionales y nacionales (o gobiernos nacionales y regionales) acuerdan los proyectos que se financiarán. El segundo está relacionado con la selección de contratos para la construcción y operación de la infraestructura. Este nivel incluye la relación entre el gobierno nacional (o regional) con el operador u operadores responsables de la construcción y operación del proyecto.[8]

Podemos tipificar dos casos extremos en el menú de contratos: el *cost-plus* y el *precio fijo*. En el primer caso, la agencia responsable paga el coste total del proyecto (más un beneficio convenido), y en el segundo caso paga una cantidad fijada ex-ante. Esta caracterización de los contratos puede aplicarse a la financiación, la regulación de precios, los contratos de construcción, etc.

El problema con el mecanismo de financiación de *cost-plus* es que los fondos públicos que un gobierno nacional obtiene de la agencia supranacional, o el gobierno regional obtiene del gobierno nacional, aumentan con los costes totales de inversión y disminuyen con los ingresos netos. De ahí que este mecanismo de financiación penalice la internalización de las externalidades, conduzca a una demanda excesiva y sesgue el tamaño de la capacidad y la elección de la tecnología.

Supongamos que un país que se enfrenta a un problema de capacidad en la red de transporte está considerando proyectos mutuamente excluyentes, incluida la construcción de una nueva línea ferroviaria de alta velocidad que puede recibir el apoyo financiero de un planificador supranacional que maximiza el bienestar social. El país está gobernado por un político que debe decidir el tipo de proyecto (digamos tren de alta velocidad o mejorar el tren convencional), hace un análisis

---

[8] Este segundo nivel ha sido ampliamente analizado en la literatura económica (Laffont y Tirole, 1993; Bajari y Tadelis, 2001; Guasch, 2004; Olsen y Osmundsen, 2005).

coste-beneficio y lo presenta al planificador supranacional con el fin de recibir fondos para la construcción de la infraestructura.

Los efectos de este tipo de sistema de cofinanciación en el que una agencia supranacional paga por la infraestructura y el gobierno nacional decide sobre el tipo de proyecto a financiar, pueden modelizarse de la siguiente manera (De Rus y Socorro, 2010). Supongamos que existen sólo dos períodos. Durante el primer período se construye la nueva infraestructura ferroviaria. Durante el segundo período los ciudadanos del país la utilizan. Los costes reales de construcción son pagados por la agencia supranacional. Sabemos que el coste de inversión real no coincide necesariamente con el coste mínimo posible. Para minimizar los costes de construcción, el político debe hacer un esfuerzo, lo cual es costoso para él.

Los gobiernos nacionales suelen estar mejor informados que el organismo supranacional sobre el problema del transporte y el conjunto de alternativas disponibles y, por lo tanto, sobre el coste mínimo de inversión necesario para resolverlo. Por esta razón suponemos que el planificador supranacional no puede observar (ni verificar) el coste mínimo de inversión, ni el esfuerzo realizado por el político para ser eficiente. Además, el gobierno nacional tiene que decidir el precio que debe cobrarse por el uso de la nueva infraestructura y, en consecuencia, el número de usuarios. También hay costes de operación y mantenimiento, que se conocen de forma privada, y en muchos casos diferentes tecnologías y/o tamaños de capacidad con diferencias de costes significativas.[9]

Una vez que abandonamos el supuesto de información perfecta y admitimos que la función de utilidad del político (el gobierno nacional) depende de su propia utilidad privada (sólo se obtiene si el político está gobernando el país), podemos ir más lejos en la explicación de algunas decisiones del gobierno nacional sobre infraestructuras costosas y tarificación subóptima.[10] Cuanto mayor sea el bienestar de los votantes en el segundo período, mayor será la probabilidad de reelección. El bienestar de los electores en el segundo período es la suma de sus beneficios netos.

En un mundo con información perfecta, la agencia supranacional maximiza el bienestar social, obligando al gobierno nacional a ejercer el máximo nivel de

---

[9] Los sobrecostes son comunes en los grandes proyectos de infraestructura y se ha demostrado que las desviaciones existentes no pueden explicarse solamente por sucesos imprevistos (Flyvbjerg et al., 2003).

[10] La aplicación de los principios «el que contamina paga» y «el que utiliza la infraestructura paga», junto con la reducción del gasto público, implican costes políticos significativos (Sobel, 1998). Downs (1957), Niskanen (1971) y Becker (1983) han supuesto que los legisladores tratan de maximizar su apoyo electoral: incluso en el caso de que la reelección no sea el factor primario que rige su comportamiento, sigue siendo cierto que los legisladores reaccionan de manera predecible a los costes y beneficios electorales de sus elecciones. Por lo tanto, los legisladores favorecerán acciones que aumenten la probabilidad de reelección sobre aquellas decisiones que la reducen (Sobel, 1998; Robinson y Torvik, 2005).

esfuerzo y minimizando así los costes del proyecto e introduciendo precios iguales a los costes marginales sociales. En el mundo real, los esfuerzos y los costes marginales no son observables, y el comportamiento del gobierno nacional responde a los incentivos anidados en el mecanismo de financiación.

Con el actual mecanismo de financiación (así como con cualquier otro de tipo *cost-plus*), es costoso ser eficiente. Los gobiernos no tienen incentivos para minimizar los costes de inversión o para introducir precios óptimos. Hay un sesgo a favor de megaproyectos de última tecnología, y los precios se apartarán de los principios del que utiliza la infraestructura paga y quien contamina paga, ya que cuanto mayor sea el precio por el uso de la nueva infraestructura nacional, menor será el excedente del consumidor de los votantes y menor será la probabilidad de reelección. Como consecuencia, el político elegirá el número máximo de usuarios y no cobrará por los costes externos.

La evidencia respalda estas conclusiones. Es notable el hecho de que los gobiernos nacionales y regionales hayan promovido la construcción de proyectos costosos con demandas demasiado bajas como para pasar un análisis coste-beneficio riguroso. El error de predicción no es una explicación suficiente, detectándose una tergiversación estratégica en todo el mundo. Muchos proyectos muestran exceso de capacidad, el uso de una tecnología excesiva y costosa para el problema a resolver, sobrecostes y, en general, renegociaciones que eventualmente permiten la modificación de las condiciones del contrato, la ampliación de los períodos de construcción, el aumento de costes y precios y, por lo tanto, la ruptura de los principios básicos de contratación pública.

Estos resultados decepcionantes no son completamente inesperados. Como ya hemos discutido, los gobiernos nacionales están, en general, mejor informados que los planificadores supranacionales sobre los costes y beneficios de los proyectos de infraestructura que se construirán en sus propios países, y no necesariamente comparten los mismos objetivos. Los gobiernos pueden tener incentivos para manipular la evaluación de proyectos con el fin de obtener más fondos del planificador supranacional. En un contexto de información asimétrica y objetivos diferentes, la relación entre los gobiernos nacionales y los planificadores supranacionales no puede modelizarse en un marco convencional de análisis coste-beneficio.

En este contexto, el análisis coste-beneficio pierde su potencial original como herramienta para la toma de decisiones. La existencia de asimetrías de información y conflicto de intereses requiere un enfoque diferente en el que se incorporen explícitamente los incentivos. Un mecanismo de financiación de «precio fijo» (una ayuda fija en este caso) puede proporcionar los incentivos necesarios para reducir los costes y cobrar al usuario el precio socialmente óptimo. Además, con un mecanismo de financiación de ayuda fija, el análisis coste-beneficio es una herramienta útil para que los gobiernos asignen los fondos supranacionales de la manera más eficiente.

El mecanismo de precio fijo en este contexto es una *cantidad fija* ex-ante de financiación externa, no relacionada ni con los costes ni con los ingresos. El fin de un mecanismo de financiación de este tipo es incentivar a los gobiernos nacionales (en el caso de la financiación supranacional) o a los gobiernos regionales (en el caso de la financiación nacional), haciéndolos responsables de generar ingresos insuficientes o de las ineficiencias en costes, ya que reciben una cantidad fija de financiación y son los beneficiarios residuales del esfuerzo. El incentivo para introducir precios óptimos es ahora alto, ya que los costes de una tarificación ineficiente también son soportados por el político.

Nótese que al dar a los gobiernos nacionales (regionales) una cantidad fija ex-ante de fondos, el organismo supranacional (gobierno nacional) pierde su influencia sobre la selección de proyectos. Si los gobiernos supranacionales (nacionales) quieren establecer prioridades de inversión, una solución intermedia consiste en sustituir el método de financiación cost-plus por un sistema de financiación alternativo basado en una financiación ex-ante de cantidad fija vinculada a objetivos genéricos, como invertir en «accesibilidad» o «minimizar el coste total social del suministro de agua», etc., un mecanismo que debería desvincularse, en todo caso, de los costes e ingresos, así como de la selección de cualquier tecnología específica. El riesgo de construir una infraestructura socialmente poco rentable quedaría disociado del mecanismo de financiación pública, ya que la selección del proyecto más caro (y tal vez inapropiado) tendrá ahora un coste de oportunidad mayor para los gobiernos nacionales (regionales).[11]

Contratos, incentivos y asignación de riesgos

La participación privada para la construcción y operación de infraestructura se articula generalmente mediante contratos de concesión de plazo fijo. El objetivo del sistema de concesión es, en primer lugar, la selección del concesionario más eficiente entre los presentados al concurso y, en segundo lugar, obtener el mayor beneficio social posible a lo largo de la vida de la infraestructura, al tiempo que se permite al concesionario cubrir sus costes. Para alcanzar ambos objetivos, el sistema de selección y la regulación correspondiente deben tener en cuenta los problemas de información sobre la demanda y los costes que caracterizan las actividades objeto de concesión.

---

[11] Como es habitual con los contratos de precio fijo, puede ser necesaria una regulación de calidad.

El contrato de concesión de plazo fijo es, en teoría, un contrato de precio fijo, pero en la práctica puede fácilmente convertirse en un contrato cost-plus, dado el uso ampliamente extendido de la renegociación de este tipo de contratos en todo el mundo (Guasch, 2004). El diseño de contratos de plazo fijo asigna el riesgo de demanda al concesionario, y esto crea problemas relacionados con la selección de los licitadores más eficientes y la minimización de los costes de operación durante la vida de la concesión.

Consideremos el caso de una infraestructura con costes de construcción I_0 y gastos de mantenimiento y operación anual C_t, independientemente del número de usuarios x_t. En el contrato de concesión de plazo fijo, la concesión se adjudica al licitador que propone cobrar el precio más bajo, habiéndose anunciado[12] previamente el período de concesión T. El equilibrio financiero requiere que el valor actual de los ingresos netos sea igual al coste de inversión:

$$I_0 = \sum_{t=1}^{T} \frac{1}{(1+i)^t}(p_t x_t - C_t). \tag{10.21}$$

Una variación del contrato de duración predeterminada consiste en fijar, ex-ante, el período de concesión y el precio a cobrar, y dejar que los licitadores compitan en el pago de un canon a la agencia pública. Con información de demanda perfecta, el canon máximo que ofrecerá un licitador equivale al valor actual de los beneficios esperados a lo largo de la vida de la concesión.[13]

Todos los tipos existentes de contratos de concesión de plazo fijo[14] comparten el problema de la incertidumbre de la demanda, por lo que es habitual introducir cláusulas para garantizar ingresos mínimos, siendo las renegociaciones contractuales comunes durante la vida de la concesión. Este tipo de contrato cost-plus afecta negativamente a los incentivos para minimizar los costes, y en la materialización de los beneficios sociales estimados. Es por ello que debe ser tenido en cuenta en el análisis coste-beneficio de proyectos.

Suponiendo, por simplicidad, que la tasa de descuento es cero y que p_t, x_t y C_t son constantes en la expresión (10.21), durante la vida de la concesión (T), la participación de un empresario en el concurso requiere que el flujo de ingresos cubra, al menos, los costes totales:

---

[12] En la práctica suele utilizarse un sistema de varias variables, entre las que se incluye el precio, ponderando el peso de cada una con criterios ad hoc.

[13] Para simplificar la exposición, suponemos que los licitadores pujan con sus precios de reserva, es decir, presentan en sus ofertas lo máximo que están dispuestos a pagar, por lo que obtienen beneficios normales.

[14] Otra variación consiste en fijar el precio y otorgar la concesión al licitador que solicite el plazo concesional más corto. Este caso es una variación de la concesión de plazo fijo, ya que una vez que se determina el ganador, el plazo es tan fijo como cuando se puja con el precio (o canon).

$$pxT \geq I + CT. \tag{10.22}$$

Si los ingresos anuales *px* son mayores que los costes anuales *C*, podemos determinar el valor de *T* que permitirá al concesionario cubrir sus costes totales:

$$T_f = \frac{I}{px - C}, \tag{10.23}$$

donde T_f representa la duración de la concesión determinada ex-ante por el regulador.

Con información perfecta de demanda, el regulador establece un valor de T_f, y el concesionario (suponiendo competencia perfecta) presenta la mejor oferta (canon a pagar, precio más bajo a cobrar a los usuarios, etc.) que hace posible que la expresión (10.22) se cumpla como igualdad. La figura 10.9 muestra la situación de equilibrio.

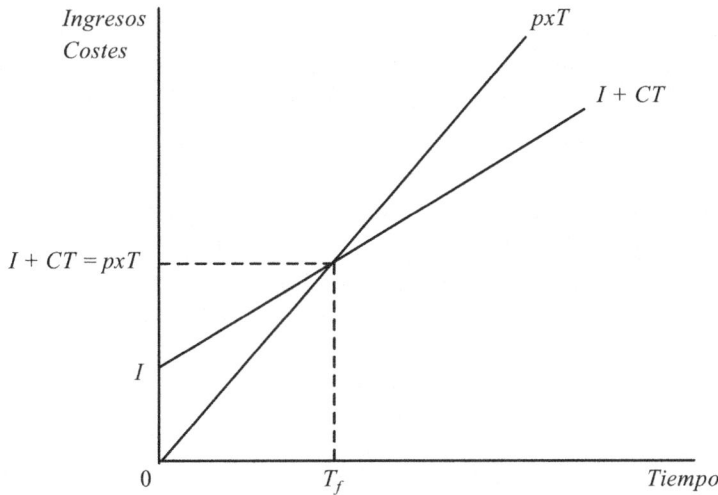

Figura 10.9. Ingresos y costes del concesionario con equilibrio financiero.

Con el plazo de concesión T_f, los costes totales están cubiertos por los ingresos comerciales. Al mismo tiempo, la figura 10.9 muestra que la compatibilidad de un período de concesión fijo y el equilibrio financiero de la empresa se basan en supuestos poco realistas: información perfecta sobre la demanda y un comportamiento eficiente por parte del concesionario.

La incertidumbre de demanda es común durante la vida de los proyectos. Se puede argumentar que es prácticamente imposible predecir la demanda con precisión para un período de 30 años. Los problemas de información también afectan a los costes. El licitador conoce sus costes, pero el regulador no (información asimétrica). Por lo tanto, si abandonamos el supuesto de información perfecta y permitimos la posibilidad de beneficios y pérdidas a lo largo de la vida de una concesión, se deben analizar las implicaciones del tipo de contrato elegido.

Supongamos que la concesión se adjudica al licitador que, con la misma calidad, ofrece cobrar a los usuarios el precio más bajo para una T_f determinada. La idea básica detrás de esta subasta es que las empresas interesadas en obtener la concesión ofrecerán el precio más bajo posible de acuerdo con sus costes. Dado que no hay información sobre los costes de las empresas rivales, el postor más eficiente (que se identifica con el subíndice i) intentará, al igual que otros, aumentar la probabilidad de ganar el contrato ofreciendo un precio que le permita recibir beneficios normales:

$$p_i = \frac{I_i + C_i T_f}{x T_f}.$$ (10.24)

En la expresión (10.24) se observa que, si se conociera el nivel de demanda x, una subasta en la que se licita con el precio a cobrar al usuario durante el plazo fijo T_f lograría su objetivo: la concesión sería ganada por la empresa con el menor coste total para implementar el proyecto. Sin embargo, dado el problema de incertidumbre de demanda, y las diversas estimaciones que las empresas pueden realizar al preparar sus ofertas, el mecanismo de adjudicación basado en el precio más bajo en una concesión de plazo fijo no garantiza que el resultado sea el mejor posible.

Debido a factores exógenos para el concesionario, la demanda puede fluctuar significativamente a lo largo de la vida de una concesión. Para simplificar, supondremos que sólo hay dos posibilidades para el número de usuarios durante la vida útil del proyecto: demanda alta (x_h) con probabilidad π, o baja (x_l) con probabilidad $1 - \pi$.

Dado que los licitadores no saben cuál será la demanda futura, trabajarán con un valor esperado de demanda (x_e), de manera que $x_e = \pi x_h + (1 - \pi) x_l$. Una vez adjudicada la concesión y construida la infraestructura, la demanda será x_h o x_l, y la empresa puede tener beneficios o pérdidas.

La figura 10.10 muestra una situación en la que, dado un plazo de concesión T_f, el equilibrio financiero se alcanza para el volumen previsto de demanda x_e, pero no para las situaciones de alta o baja demanda. En el caso de demanda alta, los ingresos son mayores que los costes en la distancia af, y si la demanda es baja, los costes no se cubren y las pérdidas son iguales a fb. En la práctica, ambos casos son comunes, y a menudo se recurre a la renegociación del contrato de concesión para restablecer el equilibrio financiero.

En el caso de demanda inelástica, si el escenario es de demanda baja y no hay garantía de ingresos mínimos, la variable de ajuste es p. Al autorizar un aumento en el precio, la función de ingresos px_lT se desplaza hacia arriba volviendo a cortar la función de costes en el punto f, por lo que se garantiza el equilibrio financiero. Otra posibilidad es extender el período de concesión a T_l, manteniendo el precio constante.

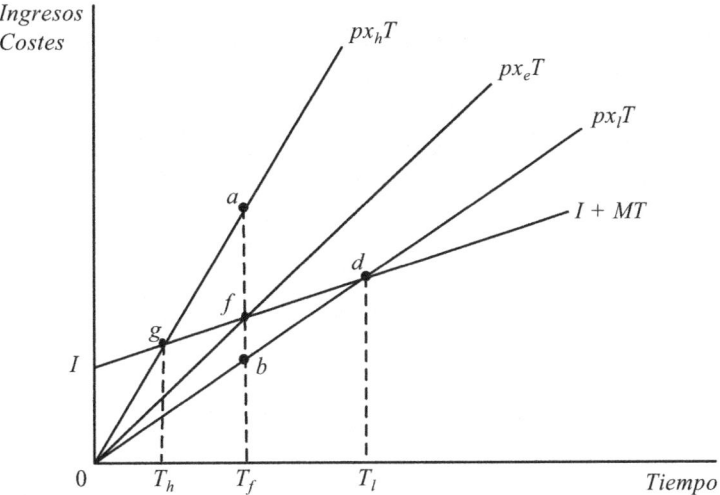

Figura 10.10. Equilibrio financiero en una concesión con demanda desconocida.

Si, por el contrario, la demanda es alta, los beneficios económicos serán políticamente incómodos, ya que se verían ante el público como una situación de privilegio injustificado, siendo la reducción del precio una respuesta fácil. La caída en el precio desplaza px_hT hacia abajo, reduciendo los beneficios a cero si dicho desplazamiento permite volver al punto f. Otra posibilidad es reducir el período de concesión a T_h.

Esto es más o menos lo que ha estado sucediendo en la mayoría de las concesiones a plazo fijo en el mundo, especialmente en los casos en que la demanda es menor a la esperada. De hecho, este contrato de concesión, con una renegociación prácticamente asegurada, se convierte en una regulación de la tasa de rendimiento de la empresa privada que ha invertido en la construcción y operación de infraestructuras, con el conocido impacto negativo en términos de incentivos para minimizar los costes.

Un problema adicional es que con la incertidumbre de la demanda es muy probable que se seleccione al licitador más optimista en lugar del más eficiente. Un licitador con altos costes podría ganar el contrato si sus creencias sobre el número de usuarios son lo suficientemente optimistas como para compensar su desventaja en costes en comparación con las otras empresas de costes más bajos. Esto puede verse con la expresión (10.24), que indica cómo las empresas hacen sus cálculos para enviar sus ofertas.

Consideremos el caso de dos empresas, i y j, que compiten en una subasta para adjudicar la concesión a la oferta que cobre el precio más bajo a los usuarios. Suponiendo que la firma i es más eficiente que j (es decir, tiene costes más bajos, $I_i + C_i\, T_f < I_j + C_j\, T_f$), dicha empresa i debería ganar el concurso. Sin embargo, es posible que la empresa j sea más optimista sobre la demanda futura, y esto la lleve a hacer una oferta con un precio más bajo ($p_j < p_i$), obteniendo así la concesión. A partir de (10.24), para que la empresa ineficiente j gane el contrato, sería suficiente que se cumpla la siguiente condición:

$$\frac{I_i + C_i T_f}{x_i^e T_f} > \frac{I_j + C_j T_f}{x_j^e T_f}, \tag{10.25}$$

o, equivalentemente,

$$\frac{x_j^e}{x_i^e} > \frac{I_j + C_j T_f}{I_i + C_i T_f}. \tag{10.26}$$

La expresión (10.26) muestra que la empresa menos eficiente puede ganar el contrato si es suficientemente optimista ($x_j^e > x_i^e$) como para compensar su desventaja en costes. La condición (10.26) puede cumplirse si la empresa ineficiente j es ineficiente en términos absolutos (tanto los costes de construcción como los de mantenimiento son mayores que los de i) o en términos relativos (su coste total $I_j + C_j\, T_f$ es mayor para una duración fija, aunque podría darse que $I_j < I_i$ o $C_j < C_i$).

Del análisis anterior se extraen tres consecuencias económicas negativas del sistema convencional de concesión a plazo fijo basado en una subasta con ofertas del precio para cobrar a los usuarios:

- En ausencia de información perfecta de demanda, este tipo de subasta no garantiza la selección de la empresa con los costes más bajos ya que la existencia de diferentes creencias sobre la demanda futura puede hacer que una empresa ineficiente y optimista obtenga el contrato.
- Si las empresas prevén que puede ser posible renegociar el contrato de concesión en el futuro debido a cambios en el número de usuarios, los incentivos para operar a un coste mínimo se debilitan, ya que los esfuerzos para operar eficientemente pueden ser sustituidos por la renegociación con el regulador para que modifique el precio con el fin de restaurar los beneficios normales.

- Con el contrato de plazo fijo y demanda inelástica, el precio se convierte en una variable de ajuste contable, que tiende a aumentar cuando la demanda es baja y disminuye cuando la demanda es alta, lo que puede conducir a un uso ineficiente de la infraestructura, contrariamente a lo que sería deseable desde una perspectiva económica. Cuando la demanda es baja, hay capacidad ociosa y no sería deseable una política de precios que desaliente el uso de la infraestructura. Por el contrario, cuando la demanda es alta y hay congestión, el precio debe subir para ajustar la demanda a la capacidad disponible.

Las tres consecuencias de este tipo de contrato reducen el *VAN* ex-post del proyecto. Los problemas de participación privada en infraestructuras a través de contratos de concesión de plazo fijo son el resultado de las características económicas de estos proyectos, y especialmente de la incertidumbre de la demanda. Los altos costes, la larga vida útil y la especificidad de los activos, junto con la dificultad de predecir la demanda durante la vida de la concesión, son los elementos que provocan la renegociación de los contratos y la pérdida de la esencia competitiva de la licitación pública.

Un contrato alternativo para evitar estos problemas es cambiar el mecanismo de ajuste financiero del sistema de concesiones. Según el análisis anterior, el problema de la incertidumbre de demanda se traduce en incertidumbre sobre los ingresos que la empresa espera de la concesión. Este es el punto fundamental que genera el riesgo de incumplimiento de concesiones (en el caso de baja demanda) o de reducciones ineficientes de precios (en el caso de la alta demanda). Una posible solución es que el gobierno fije el precio, el nivel de calidad y la tasa de descuento, y que las empresas hagan ofertas sobre los ingresos que quieren recibir durante la vida de la concesión, eliminando así la incertidumbre de ingresos, y dejando que el contrato dure el tiempo que sea necesario para obtener los ingresos incluidos en la oferta ganadora.[15]

Si se permite que el período de concesión sea variable en lugar de fijo (recuerde que T_f está predeterminado en el caso de la concesión tradicional), sería posible acomodar situaciones de alta o baja demanda sin necesidad de renegociar el contrato, o tener que hacer cambios no deseados en los precios. Por ejemplo, en la figura 10.10, en una situación de baja demanda (x_l), la duración de la concesión se extiende automáticamente a T_l, permitiendo así la recuperación de los costes to-

---

[15] Este sistema se aplicó por primera vez en Reino Unido en la construcción y operación de un puente. Más tarde, fue utilizado en la concesión de la carretera que conecta Santiago-Valparaíso-Viña del Mar en Chile. Para un análisis de contratos de concesión de plazo variable, véanse Engel et al. (2001) y Nombela y De Rus (2004). Para el análisis económico de las asociaciones público-privadas (PPP), véase Engel et al. (2014); y para el uso de PPP en infraestructuras, Engel et al. (2020).

tales. En cambio, en un caso de alta demanda, en un período T_h esa recuperación de los costes totales se habría realizado antes, de manera que la concesión termina en ese momento, evitando la aparición de beneficios extraordinarios.

Ideas para recordar

- Aun suponiendo que la privatización dé lugar a beneficios sociales netos para la sociedad, estos beneficios pueden no estar bien distribuidos. Puede ser que los productores mejoren con la privatización, pero los consumidores y los trabajadores empeoren. Por lo tanto, para evaluar un proyecto de privatización en la práctica, hay que intentar identificar ganadores y perdedores y la magnitud de las ganancias y pérdidas. Esto será necesario para diseñar los mecanismos de compensación por razones de equidad y aceptabilidad política.
- Trabajar exclusivamente con valores esperados puede ignorar información valiosa. El análisis de riesgo proporciona al responsable de la toma de decisiones una imagen más completa. Demasiada agregación puede ocultar información valiosa.
- Es imposible prever todas las circunstancias que afectarán a un proyecto a lo largo de su vida. Los valores reales de la demanda y de los costes se desviarán probablemente de los valores ex-ante. Por lo tanto, la evaluación económica del proyecto debe incorporar este hecho en sus modelos y examinar cuidadosamente los hechos que explican esta divergencia.
- La demanda real depende de algunas contingencias impredecibles, pero también, en cierta medida, de las decisiones tomadas por los agentes económicos. Los contratos asignan riesgos y afectan al nivel de esfuerzo realizado por las empresas para reducir los costes. Hay dos tipos básicos de contratos: el cost-plus y el de precio fijo, y diferentes combinaciones entre los extremos dependiendo del grado de riesgo y de los incentivos.
- Los efectos del apoyo financiero de organismos supranacionales en la decisión de inversión adoptada por los gobiernos nacionales varían según el diseño institucional que se adopte. La existencia de dos niveles de gobierno, en los que los gobiernos supranacionales y nacionales (o los gobiernos nacionales y regionales) pueden modificar los incentivos en la selección de proyectos, afecta a la utilidad del análisis coste-beneficio como herramienta para la toma de decisiones informadas.
- La participación privada requiere del diseño de contratos de colaboración. El gobierno quiere seleccionar al concesionario más eficiente y ofrecer un contrato que mantenga a la empresa interesada en minimizar los costes.

Para alcanzar sus objetivos, el gobierno y las empresas tienen que trabajar en un mundo de incertidumbre e información asimétrica. El tipo de contrato que se utilice puede tener efectos significativos sobre el valor actual neto social de los proyectos.

11. Fundamentos microeconómicos del análisis coste-beneficio[1]

> *Un verano, un colega me preguntó por qué no había comprado el permiso de estacionamiento. Le contesté que, al no tener un lugar conveniente para estacionar, era más probable que utilizase mi bicicleta. Me acusó de incoherencia: si creía en la racionalidad, debería ser capaz de elegir con acierto entre pereza y ejercicio sin necesidad de hacer trampa. Mi respuesta fue que la racionalidad es un supuesto que hago sobre otras personas. Me conozco lo suficiente como para tener en cuenta las consecuencias de mi propia irracionalidad. Pero para la mayoría de mis semejantes, de quienes sé muy poco, la racionalidad es el mejor supuesto predictivo disponible.*

> (David Friedman, 1996, p. 5)

11.1. Introducción

Este capítulo se ocupa del marco teórico básico del análisis coste-beneficio. El objetivo es obtener una visión más clara de lo que hay detrás del concepto de bienestar social y de los criterios de decisión basados en el valor actual neto. El enfoque es teórico, pero no exhaustivo ni muy técnico.

El paso desde las preferencias individuales al bienestar social es el contenido de la sección 11.2. En la sección 11.3 se aborda la medición del excedente del productor en los mercados de bienes y factores. En la sección 11.4 se analizan las tres medidas monetarias de los cambios en la utilidad individual que se utilizan con mayor frecuencia: la variación compensatoria, la variación equivalente y el excedente del consumidor. Por último, la sección 11.5 se ocupa de la incertidumbre.

---

[1] Para una revisión de la teoría básica, véase, por ejemplo, Varian (2014). Para un tratamiento más avanzado de las funciones de utilidad y beneficio, y de la justificación teórica de las mediciones de los cambios en el bienestar, véanse Just et al. (1982), Johansson (1993), Mas-Colell et al. (1995), Varian (1992) y Adler y Posner (2001).

11.2. De la utilidad individual al bienestar social

Dada la función de bienestar social en (11.1), suponiendo utilidades independientes y tomando la diferencial total, el cambio en el bienestar social (W) puede expresarse como (11.2): la suma de las variaciones en la utilidad (U) de los m individuos que forman la sociedad, ponderado por la importancia relativa que la sociedad atribuye a la utilidad de cada individuo (es decir, la utilidad social marginal: $\partial W/\partial U_i$).[2]

$$W = W(U_1, U_2, ..., U_m), \tag{11.1}$$

$$dW = \sum_{i=1}^{m} \frac{\partial W}{\partial U_i} dU_i. \tag{11.2}$$

La utilidad de los individuos depende de las cantidades de los n bienes y servicios (x) disponibles para el consumo. En el caso del individuo i:

$$U_i = U_i(x_{i1}, x_{i2}, ..., x_{in}). \tag{11.3}$$

Suponiendo que el individuo i maximiza la utilidad, sujeto a la restricción de que el gasto agregado no puede ser mayor que su renta, tenemos la siguiente expresión:

$$\underset{x_{i1}, x_{i2}, ..., x_{in}}{Max} \ U_i(x_{i1}, x_{i2}, ..., x_{in}) - \mu_i(\sum_{j=1}^{n} p_j x_{ij} - M_i), \tag{11.4}$$

donde x_{ij}: cantidad del bien j consumido por el individuo i, M_i: renta del individuo i, p_j: precio del bien j, μ_i: multiplicador de Lagrange.

Las condiciones de primer orden son las siguientes:

$$\frac{\partial U_i}{\partial x_{ij}} - \mu_i p_j = 0, \quad j = 1, ..., n, \tag{11.5}$$

$$\sum_{j=1}^{n} p_j x_{ij} - M_i = 0. \tag{11.6}$$

La interpretación económica de las condiciones de primer orden es la siguiente: para maximizar la utilidad, el individuo asigna su renta de modo que, en el óptimo y para los bienes seleccionados, la utilidad marginal de consumir la última

---

[2] Nótese que la expresión (11.2) no especifica el procedimiento para agregar los beneficios de los m individuos. Es compatible con cualquier criterio externo impuesto por el analista.

unidad del bien ($\partial U_i / \partial x_{ij}$) es igual a la desutilidad de pagar su precio ($\mu_i p_j$), ya que μ_i es la utilidad marginal de la renta. Además, el gasto en todos los bienes elegidos agota la renta del individuo.

Despejando p_j en (11.5):

$$p_j = \frac{\dfrac{\partial U_i}{\partial x_{ij}}}{\mu_i}. \tag{11.7}$$

En el óptimo, el individuo consume unidades adicionales del bien j hasta que el precio se iguala con la valoración marginal del bien (el cociente de la expresión (11.7)). Siempre que la valoración marginal del bien sea mayor que el precio, el individuo aumentará el consumo de dicho bien, mientras lo permita la restricción presupuestaria. Puede ocurrir que el precio sea más alto que la valoración marginal del bien para algunos bienes y el individuo no los consuma. En este caso, la condición de primer orden se cumple como una desigualdad estricta (solución esquina).

A partir de la diferencial total de (11.3) se obtiene la expresión (11.8), donde el cambio en la utilidad total de los individuos depende de la utilidad marginal de cada bien y de la variación en la cantidad consumida de ese bien:

$$dU_i = \sum_{j=1}^{n} \frac{\partial U_i}{\partial x_{ij}} dx_{ij}. \tag{11.8}$$

Sustituyendo la condición de primer orden (11.5) en (11.8) se obtiene la variación en el bienestar individual:

$$dU_i = \sum_{j=1}^{n} \mu_i p_j dx_{ij}. \tag{11.9}$$

La expresión (11.9) muestra el cambio en la utilidad en función de las cantidades consumidas, dados los precios de los bienes y de la renta del individuo. La variación de la utilidad del individuo i depende de la variación marginal en las cantidades de los n bienes consumidos, multiplicado por sus precios (que suponemos constante) y convertido en utilidad al multiplicar por la utilidad marginal de la renta (μ_i).

Un concepto útil para la medición monetaria de cambios en la utilidad individual es la función de utilidad indirecta. La utilidad individual expresada en su forma funcional original (11.3) es una función de las cantidades de bienes y servicios consumidos por los individuos, dados los precios y la renta. Volviendo a las condiciones de primer orden (11.5) y (11.6), y obteniendo los valores de x que maximizan la función de utilidad en función del vector de precios (P) y la renta (M), la función de utilidad indirecta es la función de utilidad expresada como $U = U(X(P, M))$, o:

$$V_i(p_1,p_2,...,p_n,M_i)=U_i\left(x_{i1}(p_1,p_2,...,p_n,M_i),x_{i2}(\cdot),...,x_{in}(\cdot)\right). \tag{11.10}$$

Añadiendo la restricción presupuestaria a (11.10) podemos utilizar la función de utilidad indirecta para expresar la maximización de la utilidad en función de los precios y de la renta:

$$V_i(p_1,p_2,...,p_n,M_i) = U_i\left(x_{i1}(p_1,p_2,...,p_n,M_i),x_{i2}(\cdot),...,x_{in}(\cdot)\right)$$
$$-\mu_i\left(\sum_{h=1}^{n}p_h x_{ih}(p_1,...,p_n,M_i) - M_i\right). \tag{11.11}$$

En el óptimo, diferenciando con respecto a p_j, y, dado que $V(P,M)=U(X(P,M))$, obtenemos cómo cambia la utilidad ante una variación infinitesimal del precio:

$$\frac{\partial V_i}{\partial p_j} = \sum_{h=1}^{n}\frac{\partial U_i}{\partial x_{ih}}\frac{\partial x_{ih}}{\partial p_j} - \mu_i\left(x_{ij} + \sum_{h=1}^{n}\frac{\partial x_{ih}}{\partial p_j}p_h\right), \tag{11.12}$$

$$\frac{\partial V_i}{\partial p_j} = \sum_{h=1}^{n}\left(\frac{\partial U_i}{\partial x_{ih}}-\mu_i p_h\right)\frac{\partial x_{ih}}{\partial p_j} - \mu_i x_{ij} = -\mu_i x_{ij}, \tag{11.13}$$

ya que en el óptimo (véase la condición de primer orden (11.5)),

$$\left(\frac{\partial U_i}{\partial x_{ih}}-\mu_i p_h\right)\frac{\partial x_{ih}}{\partial p_j} = 0; \ h = 1,2....n. \tag{11.14}$$

El resultado obtenido en (11.13) es conocido en microeconomía como la identidad de Roy. Como hemos visto, se deriva fácilmente mediante la aplicación del teorema de la envolvente.[3]

A partir de la diferencial total de (11.10) obtenemos la expresión (11.15), donde la variación en la utilidad total del individuo depende de la utilidad marginal con respecto al precio en cada uno de los bienes, multiplicado por el cambio en el precio correspondiente, más la utilidad marginal de la renta multiplicada por el cambio de la renta:

$$dV_i = \sum_{j=1}^{n}\frac{\partial V_i}{\partial p_j}dp_j + \frac{\partial V_i}{\partial M_i}dM_i. \tag{11.15}$$

Manteniendo la renta constante ($dM_i=0$) y utilizando el resultado obtenido en (11.13):

---

[3] La derivada del valor de una función objetivo en el óptimo con respecto a un parámetro exógeno es igual a la derivada de la función objetivo con respecto al parámetro. Sólo debe tenerse en cuenta el efecto directo.

$$dV_i = -\sum_{j=1}^{n} \mu_i x_{ij} dp_j. \tag{11.16}$$

Esta expresión es equivalente a (11.9) para proyectos con cambios de precio (manteniendo constantes las cantidades). En este capítulo sólo tratamos cambios en cantidades (11.9) o en precios (11.16) sin cambios en costes. En el capítulo 2 nos ocupamos de situaciones en las que los precios y las cantidades cambian simultáneamente.[4]

Las expresiones (11.9) y (11.16) muestran cómo evaluar el cambio en la utilidad individual como resultado de un cambio en las cantidades y los precios. La variación en el precio se multiplica por la cantidad y la variación en la cantidad se multiplica por el precio. Para expresar en unidades monetarias este cambio en la utilidad, necesitamos que μ_i sea constante y, a menos que esto se cumpla, no podemos asociar directamente los cambios monetarios con cambios en la utilidad. Aumentos idénticos en renta dan lugar a cambios diferentes en la utilidad si la utilidad marginal de la renta no es constante.

Con la utilidad aumentando con la renta ($\partial U/\partial M > 0$) pero menos que proporcionalmente ($\partial^2 U/\partial M^2 < 0$), a menos que conozcamos el valor de la utilidad marginal de la renta para individuos de renta diferente, no es posible convertir los cambios agregados en cantidades o precios en cambios de utilidad.

El argumento anterior es útil para comprender la lógica económica de la medición de los beneficios sociales derivados de la ejecución de un proyecto. Como la utilidad no es observable, utilizamos medidas monetarias que reflejan el cambio en la utilidad de los individuos. No se está midiendo directamente el cambio en la utilidad, sino el cambio en la disposición a pagar o a aceptar. Se trata de una medición monetaria que, a pesar de sus limitaciones, nos permite obtener valoraciones de lo que ganamos y perdemos con el proyecto.

Volviendo a la función de bienestar social (11.1) y su diferencial total (11.2), y utilizando los resultados derivados en esta sección, podemos expresar el efecto de un pequeño cambio en cantidades (11.17) y precios (11.18) en el bienestar social:

$$dW = \sum_{j=1}^{n} \sum_{i=1}^{m} \frac{\partial W}{\partial U_i} \frac{\partial U_i}{\partial M_i} p_j dx_{ij}, \tag{11.17}$$

$$dW = -\sum_{j=1}^{n} \sum_{i=1}^{m} \frac{\partial W}{\partial U_i} \frac{\partial U_i}{\partial M_i} x_{ij} dp_j. \tag{11.18}$$

---

[4] La utilidad y los beneficios también pueden verse afectados por un cambio en el nivel de un bien medioambiental (por ejemplo, la calidad del aire). Véanse los capítulos 7 y 8.

Para la interpretación económica de ambas expresiones es útil leerlas de derecha a izquierda. El proyecto puede implicar un cambio en las cantidades (con p constante) o un cambio en los precios (con x constante). En ambos casos, estos cambios se convierten en unidades monetarias, multiplicando por precio o cantidad, respectivamente.

Para que dichos cambios monetarios se conviertan en cambios en el bienestar social, hay dos tipos de ponderaciones. En primer lugar, el valor marginal de la renta para cada individuo ($\partial U_i/\partial M_i$), que depende del nivel de renta del individuo. Este peso transforma la renta en utilidad individual. El segundo peso, la utilidad social marginal ($\partial W/\partial U_i$), convierte la utilidad individual en bienestar social.

Para que la sociedad mejore con el aumento de la utilidad individual, $\partial W/\partial U_i$ debe ser positiva. La derivada parcial $\partial W/\partial U_i$ puede ser diferente para individuos diferentes. La sociedad puede dar más peso a grupos sociales con diferentes niveles de ingresos, condiciones de salud o cualquier otra característica relevante. Los dos pesos interpretados juntos son la utilidad social marginal de la renta.

Las expresiones (11.17) y (11.18) agregan el cambio experimentado por los m individuos, cambios inicialmente medidos en unidades monetarias, utilizando las ponderaciones descritas. En (11.17) y (11.18) hay una función implícita del bienestar social que determina cómo proceder con respecto a las ponderaciones. La aproximación más simple es la compensación potencial, o criterio Kaldor-Hicks, en el que los beneficios y los costes se agregan sin ponderar (es decir, se asume implícitamente que los dos pesos en (11.17) y (11.18) son iguales a uno). El criterio de compensación potencial implica que la utilidad marginal de la renta es constante, y la sociedad valora por igual los cambios de utilidad de todas las personas independientemente de su renta, estado de salud, etc.

Otros enfoques son posibles con las ecuaciones (11.17) y (11.18). Una posibilidad es corregir por la utilidad marginal de la renta y añadir los cambios en la utilidad, dando el mismo valor social a la utilidad de cualquier individuo. De esta manera, si la utilidad marginal de la renta es decreciente, los beneficios y costes de aquellos con renta más baja recibirán un peso mayor. Nótese que esta corrección no tiene ninguna base redistributiva, aunque pueda parecerlo si la comparamos con el criterio de compensación potencial.

Otra posibilidad es una función de bienestar que incorpore la aversión social a la desigualdad. En este caso, una vez que los beneficios netos de cada individuo se corrigen de acuerdo con la utilidad marginal de la renta, se introduce un peso adicional (la utilidad social marginal), que varía inversamente con la renta del individuo, en mayor o menor grado dependiendo del grado de igualitarismo.

11.3. Medición del excedente del productor

La diferencia entre los ingresos de una empresa y los costes variables de producción se denomina excedente del productor. Este excedente es el beneficio bruto, del que no se ha restado el coste fijo. Supongamos que una empresa tiene unos ingresos anuales de $100, y sus costes totales ascienden a $100, de los cuales $50 son variables y $50 fijos. Los costes variables son por definición evitables si la empresa deja de producir. Supongamos que los costes fijos son costes hundidos. Con esta información podemos afirmar que la empresa tiene beneficios nulos, siendo el excedente del productor de $50.

Supongamos que se le pregunta al propietario de la empresa lo máximo que está dispuesto a pagar para mantenerla abierta, una vez que la producción ha comenzado. Excluyendo cualquier consideración estratégica, su respuesta será de $50. Aunque la empresa obtiene un beneficio nulo, el excedente del productor indica el máximo que está dispuesto a pagar para seguir produciendo. Si se cierra pierde $50, si continúa produciendo cubre los costes, y como ha de pagar $50, pierde $50. El coste fijo podría ser mayor y la respuesta no cambiaría.

El excedente del productor es positivo, por lo que el propietario estaría dispuesto a pagar por la continuidad de la producción. Producir con un excedente positivo contribuye a la recuperación de los costes fijos. Dependiendo de la magnitud del excedente, los costes fijos podrían cubrirse parcial o totalmente, o la empresa podría incluso tener beneficios extraordinarios.

¿Qué sucede si la pregunta sobre la disposición a pagar para evitar el cierre se hace antes de incurrir en el coste fijo? ¿Seguiría siendo el excedente del productor el mayor pago potencial para evitar el cierre? La respuesta es afirmativa, y este máximo es ahora cero. Antes de iniciar la producción, todos los factores son variables y, con los números de nuestro ejemplo, el excedente es nulo. En general, si no hay costes fijos, el beneficio y el excedente del productor coinciden.

Es más común que el analista necesite conocer los cambios en el excedente del productor en lugar del valor absoluto del mismo. Por ejemplo, el cambio experimentado por una variación en los precios o en los costes de producción.

Consideremos el caso de una empresa que opera en mercados competitivos de factores y productos, que ofrece el bien x, con una función de producción bien comportada $x = x(L, K)$, con un factor de producción variable L, con precio w, y un factor fijo K cuyo precio se supone igual a uno. El beneficio de la empresa a corto plazo es igual a:

$$\pi = px(L) - wL - K. \tag{11.19}$$

Como regla de decisión para iniciar la producción, podemos afirmar que la empresa no invertirá a menos que el excedente del productor (PS) sea igual o mayor que el coste fijo:

$$PS = px(L) - wl \geq K. \tag{11.20}$$

A corto plazo, derivando (11.19) con respecto a L, obtenemos la condición de primer orden para la maximización del beneficio:

$$p\frac{dx(L)}{dL} - w = 0, \tag{11.21}$$

la cual indica que, para maximizar el beneficio, hay que aumentar la producción siempre y cuando el valor de la productividad marginal del factor variable sea mayor que el precio de ese factor.

Con un factor fijo, bajo los supuestos estándar, la productividad marginal de L acabará disminuyendo, de modo que para unos precios dados (p, w) debe alcanzarse la igualdad (11.21). La función de beneficio depende, por tanto, del precio del bien (p) y del precio del factor (w).

La ecuación de beneficios (11.19) se puede expresar como una función de valor, que depende indirectamente de p y w (utilizamos la misma idea que en el caso de la función de utilidad indirecta):

$$V(p,w) = px(p,w) - wL(p,w) - K. \tag{11.22}$$

La derivada de la función (11.22) con respecto al precio del bien (un parámetro para la empresa en competencia perfecta) muestra la variación que se produce en el beneficio de la empresa en su máximo. Por lo tanto, no debe interpretarse como una condición de primer orden, sino como el efecto sobre el beneficio de una variación del precio en el óptimo.

$$\frac{\partial V}{\partial p} = x(p,w) + p\frac{\partial x}{\partial L}\frac{\partial L}{\partial p} - w\frac{\partial L}{\partial p} = x(p,w). \tag{11.23}$$

El aumento en el beneficio de un cambio infinitesimal en el precio es igual a la cantidad vendida por la empresa (el teorema de la envolvente) ya que, como la empresa se encuentra en el nivel de producción óptimo, sabemos que:

$$\left(p\frac{\partial x}{\partial L} - w\right)\frac{\partial L}{\partial p} = 0. \tag{11.24}$$

El resultado obtenido en (11.23) es muy útil para calcular el cambio en el excedente del productor cuando el precio cambia, porque simplemente necesitamos integrar la función $x(p,w)$, que es la función de oferta de la empresa, utilizando como límites de integración los precios inicial y final:

$$\Delta PS = \int_{p_0}^{p_1} x(p,w)dp. \tag{11.25}$$

La figura 11.1 muestra el cambio en el excedente del productor cuando el precio aumenta de p_0 a p_1. Este cambio, representado por el área $p_1 b a p_0$, coincide con el cambio en el beneficio de la empresa. Nótese que para un aumento de precio muy pequeño el excedente se reduce a x_0, es decir, al resultado indicado en (11.23).

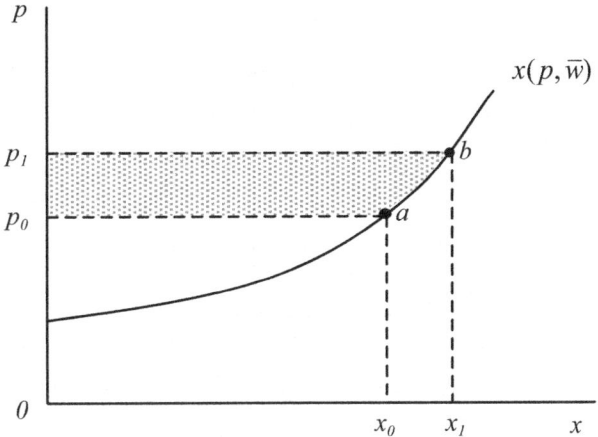

Figura 11.1. Excedente del productor en el mercado de bienes.

Derivando la expresión (11.22) con respecto al precio del factor (exógeno para la empresa), obtenemos la variación que se produce en el beneficio cuando cambia el precio del factor. Al igual que sucede con el precio de un bien, la idea no es obtener una condición de maximización, sino calcular la variación del beneficio en el óptimo cuando un parámetro cambia.

$$\frac{\partial V}{\partial w} = p \frac{\partial x}{\partial L} \frac{\partial L}{\partial w} - L(p,w) - w \frac{\partial L}{\partial w} = -L(p,w). \tag{11.26}$$

La variación en el beneficio resultante de un cambio en el precio del factor es igual a la cantidad de un factor variable (con signo negativo) utilizado por la empresa (el teorema de la envolvente) porque, dado que la empresa está maximizando el beneficio, sabemos que:

$$\left(p \frac{\partial x}{\partial L} - w \right) \frac{\partial L}{\partial w} = 0. \tag{11.27}$$

Integrando la función de demanda del factor $L(p, w)$, con un signo negativo, entre su precio inicial y final, se obtiene la siguiente expresión para el cambio en el excedente del productor:

$$\Delta PS = - \int_{w_0}^{w_1} L(p,w)dw. \tag{11.28}$$

Cambio representado por el área $w_0 a b w_1$ en la figura 11.2.

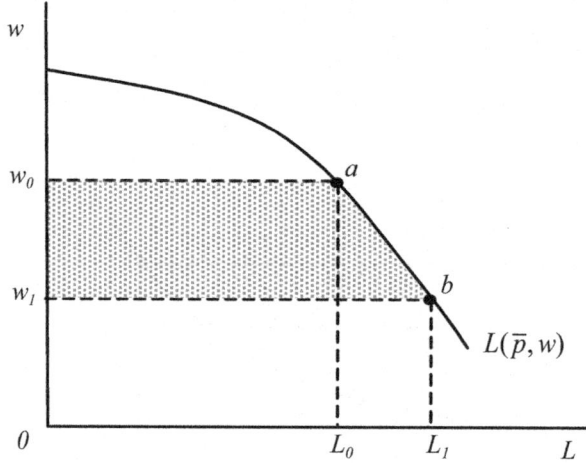

Figura 11.2. Excedente del productor en el mercado de factores.

La figura 11.1 muestra la variación del excedente del productor en el mercado del bien cuando su precio cambia, mientras que la figura 11.2 representa el cambio en el excedente del productor en el mercado del factor cuando cambia el precio de dicho factor. Alternativamente, el excedente resultante de cambio del precio del bien puede medirse en el mercado del factor, y el excedente derivado de un cambio en el precio del factor puede medirse en el mercado del bien. Las figuras 11.3 y 11.4 capturan las áreas de las figuras 11.1 y 11.2, respectivamente.

Un aumento del precio de p_0 a p_1 en el mercado del bien (figura 11.1) conduce a un desplazamiento hacia arriba de la curva de la demanda de trabajo en la figura 11.3, que representa el valor de la productividad marginal del trabajo. Como el precio de dicho factor permanece constante en w_0, la condición (11.21) no se cumple, por lo que se contratará más mano de obra hasta que se satisfaga la condición. El cambio en el excedente del productor en el mercado del factor es igual al área $bdfa$, entre las dos curvas de la demanda del factor limitadas por el precio del factor que permanece constante en el nuevo equilibrio.

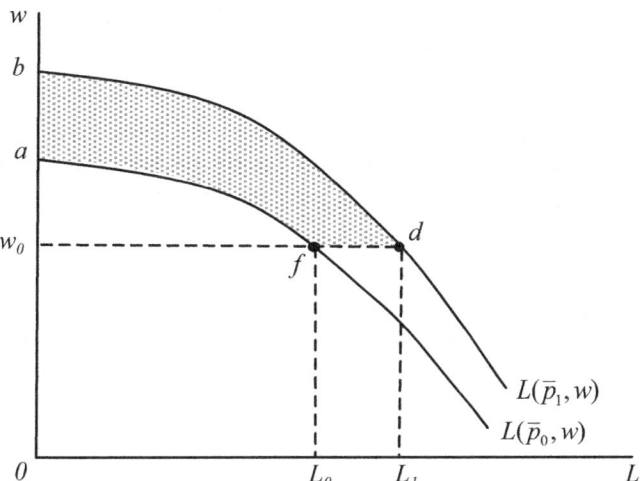

Figura 11.3. Efecto de un cambio en el precio del bien medido en el mercado del factor.

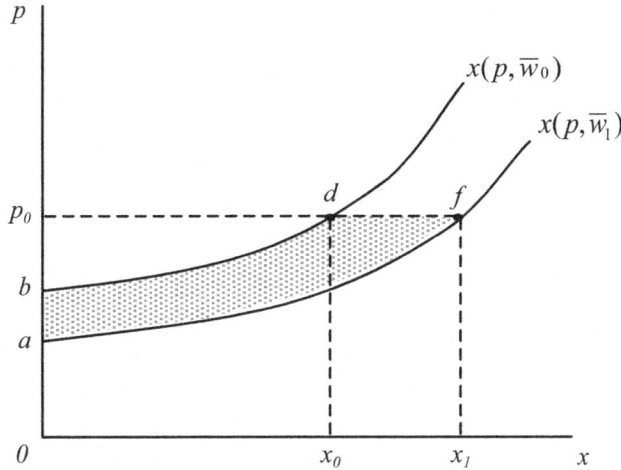

Figura 11.4. Efecto de un cambio en el precio del factor medido en el mercado del bien.

Del mismo modo, una reducción del precio en el mercado del factor (figura 11.2) da lugar a un desplazamiento hacia abajo de la curva de oferta en el mercado del bien (figura 11.4), que representa la reducción del coste marginal de producción. Como el precio del bien se mantiene constante, la reducción del coste marginal hace que sea rentable aumentar la producción. El cambio en el excedente del productor en el mercado del bien igual a la superficie *bdfa*, entre las dos curvas de oferta del bien, limitadas por el precio constante en el nuevo nivel de producción.[5]

Excedente del productor y de los propietarios de los factores de producción

El cambio en el excedente del productor como resultado de la ejecución de un proyecto no muestra quiénes son los beneficiarios finales. El excedente de productor puede ser algo confuso porque este cambio en el excedente puede representar tanto un cambio en los ingresos de los propietarios de la empresa, como de los propietarios del suelo y otros factores fijos, los contribuyentes o los trabajadores.

Supongamos que el factor L es una materia prima importada. En este caso, la reducción del coste de producción aumenta el excedente de los productores, y este es el cambio en el excedente social (dado que p no cambia, el excedente del consumidor permanece constante). En cambio, si L es mano de obra doméstica, el cambio en el excedente de trabajadores debe ser tenido en cuenta, de la misma manera que el excedente de cualquier otro agente social. Una reducción de w como resultado de la privatización de una empresa pública representa una reducción del excedente de los trabajadores, que para una x constante contrarresta el aumento del excedente de los productores, dejando el bienestar social constante.

Los trabajadores ofrecen su fuerza de trabajo si se les pagan salarios al menos iguales a sus costes de oportunidad. Es frecuente, en la evaluación económica de proyectos, no incluir el excedente de los trabajadores obtenido restando el coste de oportunidad de trabajar (por ejemplo, el valor del ocio) de los salarios, principalmente porque muchos proyectos no afectan de manera significativa al mercado laboral, permaneciendo el salario de equilibrio constante.

La figura 11.5 representa la función de oferta de trabajo $S_L(w)$. El salario mínimo de reserva es w_r, por debajo del cual nadie está dispuesto a trabajar en el mercado representado en la figura. Esto puede deberse a que hay una prestación por desempleo o a que la economía informal ofrece empleos remunerados alrededor de w_r.

El mercado de trabajo representado en la figura 11.5 está en equilibrio en el punto d, de modo que con el salario w_0, están empleados L_0 trabajadores. Si el salario sube a w_1, el cambio de d a b genera empleos adicionales (de L_0 a L_1). En el nuevo equilibrio b, los trabajadores que se incorporan están dispuestos a trabajar por su coste de oportunidad (área dbL_1L_0). Sin embargo, reciben como salarios el área abL_1L_0, lo que resulta en un excedente para los nuevos empleados igual a la

---

[5] El análisis anterior es generalizable para múltiples bienes y factores (véase Just et al., 1982).

zona *abd*. Los trabajadores existentes también se benefician del aumento salarial y su excedente cambia de w_0dw_r a w_1adw_r, es decir, el excedente de los trabajadores existentes aumenta en el área w_1adw_0.

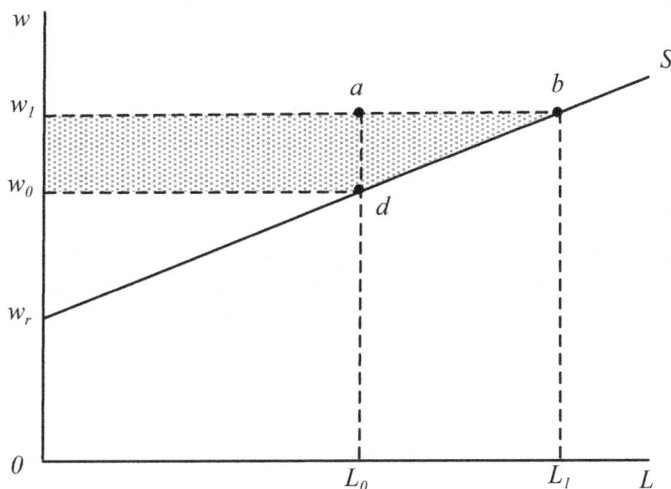

Figura 11.5. Excedente de los trabajadores.

Nótese que podríamos ignorar el concepto de excedente del productor y simplemente sumar los excedentes de los agentes sociales: propietarios del suelo, propietarios del capital, consumidores, trabajadores y contribuyentes. Aunque cualquier individuo pertenece a más de una categoría, esta clasificación funcional es útil en el análisis coste-beneficio.

En la práctica, es interesante distinguir entre factores fijos impuestos por la naturaleza, y que persisten a largo plazo, como los terrenos disponibles en una determinada zona urbana o las tierras agrícolas de características específicas; y factores fijos como consecuencia de la regulación, como algunas licencias que restringen la entrada de nuevos productores en el mercado.

Aunque sumar los excedentes de los agentes, incluidos los propietarios de factores fijos, parece la vía más directa y sencilla, el uso del excedente del productor puede ser la alternativa cuando la información es escasa y hay que trabajar con datos a un nivel muy agregado.

Por último, una llamada de atención para evitar la doble contabilización. Supongamos que la figura 11.1 representa un aumento del excedente de los agricultores como resultado del aumento de los precios agrícolas. Al evaluar el cambio experimentado en el mercado, podemos utilizar el excedente del productor representado en la figura 11.1, o los ingresos de los terratenientes si esperamos que los alquileres de las tierras se actualicen para absorber los beneficios de los agricultores, pero no ambos.

11.4. Variación compensatoria, variación equivalente y excedente del consumidor

Una reducción de precio o un aumento en la calidad de un bien permite al individuo alcanzar un mayor bienestar, un nivel más alto de utilidad. El individuo ha mejorado, aunque no sabemos la magnitud de la mejora porque la utilidad no es observable y el valor numérico que se le asigne es arbitrario.

En el análisis coste-beneficio, nuestra finalidad es ir más allá y queremos conocer el cambio en el bienestar social de las mejoras individuales, lo que requiere agregar los cambios en las utilidades individuales. Si la magnitud de las diferencias en la utilidad es arbitraria (sólo importa que la utilidad en un estado es mayor que en el otro), tiene aún menos sentido agregar los cambios en la utilidad para diferentes individuos.

Una manera de evitar estos problemas es apoyarse en la valoración monetaria que los individuos realizan del cambio experimentado en su utilidad, para posteriormente sumar dichas valoraciones individuales (nótese que la agregación de valoraciones individuales requiere, para su conversión en bienestar social, que sean ponderadas de acuerdo con la utilidad social marginal de la renta).

Las tres medidas monetarias de los cambios en la utilidad individual que se utilizan con mayor frecuencia para evaluar los cambios económicos son la variación compensatoria, la variación equivalente y el excedente del consumidor.

La *variación compensatoria* (*CV*) puede definirse como la renta que se puede quitar al individuo una vez que se produce el cambio, dejándolo en el mismo nivel de utilidad que antes del cambio.[6] La *variación equivalente* (*EV*) se puede definir como la renta que hay que dar al individuo para que alcance el mismo nivel de utilidad que hubiese alcanzado con el cambio, pero sin el cambio (es decir, la cantidad de renta equivalente al cambio). La ventaja de la *CV* y de la *EV* es que son medidas monetarias del cambio en la utilidad del individuo. El *excedente del consumidor* (*CS*) puede definirse como la suma de la disposición a pagar por cada unidad consumida del bien (el área debajo de la función de demanda entre cero y la última unidad consumida) menos el gasto total realizado para adquirir dicha

---

[6] Definir la *CV* y la *EV* como la renta que hay que quitar o dar es indiferente. Aquí se define como la cantidad de renta que hay que quitar al individuo, después del cambio, para situarlo en el nivel inicial de utilidad. Por tanto, un aumento en la utilidad resultará en una *CV* con signo positivo, mientras que una pérdida de utilidad vendrá asociada a una *CV* con signo negativo.

cantidad del bien. Por lo tanto, la variación en el *CS* es la diferencia de dicho excedente con y sin el proyecto.

Para ver la justificación teórica de estas medidas de utilidad, comenzamos por minimizar el gasto de un individuo sujeto a un nivel constante de utilidad (por simplicidad de notación omitimos el subíndice *i*):

$$\underset{x_1,\dots,x_n}{Min} \sum_{j=1}^{n} p_j x_j - \mu\big(U(x_1,\dots,x_n) - \bar{U}\big). \tag{11.29}$$

Las condiciones del primer orden son:

$$p_j - \mu \frac{\partial U}{\partial x_j} = 0, \quad j = 1,\dots,n. \tag{11.30}$$

$$U(x_1,\dots,x_n) = \bar{U}. \tag{11.31}$$

A partir de (11.30) y (11.31) obtenemos los valores x_j que minimizan (11.29), resultando una función de gasto en el óptimo $e(p, \bar{U})$ donde *P* es el vector de precios $(p_1,\dots, p_n)$:

$$e = \sum_{j=1}^{n} p_j x_j(P,\bar{U}) - \mu[(U(x(P,\bar{U})) - \bar{U}]. \tag{11.32}$$

Derivando esta función de valor con respecto a p_j:

$$\frac{\partial e}{\partial p_j} = x_j(P,\bar{U}) + \sum_{h=1}^{n} p_h \frac{\partial x_h}{\partial p_j} - \mu \sum_{h=1}^{n} \frac{\partial U}{\partial x_h} \frac{\partial x_h}{\partial p_j} = x_j(P,\bar{U}). \tag{11.33}$$

La expresión (11.33) muestra que la variación en el gasto ante un cambio infinitesimal en el precio de un bien es igual a la $x_j(P,\bar{U})$ porque, en el óptimo, según (11.30):

$$\left(p_h - \mu \frac{\partial U}{\partial x_h}\right) \frac{\partial x_h}{\partial p_j} = 0, \, h = 1,2\dots,n. \tag{11.34}$$

La función de demanda $x_j(P,\bar{U})$ se denomina demanda compensada o Hicksiana, donde la utilidad es constante, a diferencia de la demanda de mercado $x_j(P,\bar{M})$, donde es la renta la que es constante. La función de demanda compensada muestra cómo cambia la cantidad demandada cuando cambia el precio del bien, ajustándose la renta para que la utilidad permanezca constante.

Utilizando la función de utilidad indirecta $V(P,M) = \bar{U}$, donde $\bar{U}$ es el nivel de utilidad que minimiza el gasto en (11.32), y dos niveles de utilidad para $\bar{U}$, el anterior al cambio U^0 y el obtenido después del cambio U^1, vemos que el individuo mejora cuando el signo de (11.35) es positivo y empeora cuando es negativo:

$$V(P^1, M^0) - V(P^0, M^0). \tag{11.35}$$

La expresión (11.35) informa sobre el signo del cambio, pero no ofrece información alguna sobre su magnitud.[7] En el análisis coste-beneficio no basta con saber que algunos individuos mejoran y otros empeoran. Si los contribuyentes pierden \$1.000 con el proyecto, no basta con que el responsable de la toma de decisiones sepa que los trabajadores, los productores y los consumidores mejoran con dicho proyecto. Lo que necesita saber es la magnitud de dichas mejoras para compararla con los costes incurridos, y saber si los beneficios de los beneficiarios del proyecto son lo suficientemente altos como para compensar los costes de los perjudicados.

Necesitamos mediciones monetarias de los cambios en la utilidad. La variación compensatoria es una de ellas (véase Jara-Díaz y Farah, 1988). Supongamos que la renta se mantiene constante y los precios bajan. En la expresión (11.36) vemos cómo la CV mide la mejora, expresada en términos monetarios, experimentada por el individuo:

$$U^0 = V(P^0, M^0) = V(P^1, M^0 - CV). \tag{11.36}$$

Con los precios y renta iniciales (P^0, M^0), la utilidad es igual a U^0 (estamos en el punto de partida, antes del cambio). La expresión (11.36) muestra la renta que hay que quitar (CV) al individuo con el fin de dejarlo en el nivel de utilidad inicial una vez que el cambio se ha producido. Si el cambio fuese un aumento de los precios, la CV sería negativa (habría que dar renta al individuo). Invirtiendo (11.36):

$$M^0 = e(P^0, U^0) \qquad \text{y} \qquad M^0 - CV = e(P^1, U^0), \tag{11.37}$$

de manera que CV puede expresarse como:

$$CV = e(P^0, U^0) - e(P^1, U^0), \tag{11.38}$$

---

[7] Nótese que cualquier transformación monótona creciente de la función de utilidad original también es válida. Si una función de utilidad, que representa las preferencias de un individuo antes de que se implemente el proyecto, tiene un valor de $U^0 = 1$ y después del proyecto $U^1 = 3$, sabemos que el individuo ha mejorado. Si transformando la función original, los nuevos valores son $U^0 = 1$ y $U^1 = 9$, la interpretación económica no ha cambiado. La clasificación de la cesta de bienes del individuo es idéntica. En U^1 el individuo está mejor que en U^0, pero no sabemos la magnitud del cambio porque la escala es arbitraria.

que en el caso de bienes independientes puede formularse como:

$$CV = \sum_{j=1}^{n} \int_{p_j^1}^{p_j^0} x_j(P,U^0) dp_j. \tag{11.39}$$

En la ecuación (11.38) la *CV* aparece como la diferencia entre el gasto mínimo necesario para alcanzar el nivel de utilidad U^0 dados los precios iniciales y finales. Si la diferencia es positiva, el individuo ha mejorado (ya que hay que reducir su renta para dejarlo en el mismo nivel de utilidad). Si la diferencia es negativa, el individuo ha empeorado porque hay que darle renta para compensarle tras el cambio.

La *CV* en (11.39) es válida para el caso de bienes independientes, y utiliza el resultado en (11.33) donde la derivada del gasto en el óptimo con respecto al precio es la función de demanda compensada $x_j(P, U^0)$. Si integramos la función de demanda compensada, utilizando los precios iniciales y finales como límites de integración, obtenemos un área igual a la *CV*, ya que la demanda compensada no incorpora el efecto renta.

Podemos proceder de la misma manera con la variación equivalente

$$U^1 = V(P^1, M^0) = V(P^0, M^0 + EV). \tag{11.40}$$

Con la renta constante y los precios finales (P^1, M^0), la utilidad es igual a U^1 (el nivel de utilidad después del cambio). Supongamos que en este nivel de utilidad U^1 el individuo ha mejorado porque los precios P^1 son inferiores a P^0. La expresión (11.40) muestra que la *EV* consiste en dar renta al individuo, con los precios iniciales (P^0), de manera que, sin el cambio, alcance el nuevo nivel de utilidad U^1, correspondiente al cambio. Si el cambio fuese un aumento de los precios, la *EV* sería negativa (habría que quitar renta al individuo). Invirtiendo (11.40):

$$M^0 = e(P^1, U^1) \qquad \text{y} \qquad M^0 + EV = e(P^0, U^1), \tag{11.41}$$

y la *EV* puede expresarse como:

$$EV = e(P^0, U^1) - e(P^1, U^1), \tag{11.42}$$

que en el caso de los productos independientes puede expresarse como:

$$EV = \sum_{j=1}^{n} \int_{p_j^1}^{p_j^0} x_j(P,U^1) dp_j. \tag{11.43}$$

En la expresión (11.42), la *EV* aparece como el aumento de renta que hay que dar al individuo para que alcance el nivel de utilidad U^1 con los precios iniciales. Si la diferencia es positiva, el individuo ha mejorado (ya que un aumento en su renta equivale al cambio en precios que conduce a un mayor nivel de utilidad). Si la diferencia es negativa, el individuo ha empeorado, ya que el cambio es equivalente a una pérdida de renta.

Del mismo modo que con la CV, la expresión (11.43) sólo es válida para bienes independientes, y utiliza el resultado en (11.33) donde la derivada del gasto en el óptimo con respecto al precio es la función de demanda compensada, aunque ahora en un nivel diferente de utilidad $x_j(P, U^1)$. Integrando la función de demanda compensada, para un nivel de utilidad U^1, y utilizando el precio inicial y final del bien j como límites de integración, se obtiene un área igual a la EV.

La CV y la EV no tienen por qué coincidir, y es esperable que en general no coincidan. Ambas miden los cambios, en términos monetarios, en la utilidad del individuo, con respecto al nivel de utilidad inicial en el caso de la CV y al final en el caso de la EV.

La figura 11.6 representa, en la parte superior, las curvas de indiferencia y la restricción presupuestaria de un consumidor que elige entre el bien x_1 (en el eje vertical) y otros bienes, o la renta (en el eje horizontal). Inicialmente, el individuo se encuentra en el punto b, donde la curva de indiferencia U^0 es tangente a la restricción presupuestaria zM_2. Su nivel de renta es igual a M_2, que es la cantidad máxima de otros bienes que el individuo podría consumir si no consume x_1. Supongamos que baja el precio de x_1, desplazando la restricción presupuestaria a hM_2, eligiendo ahora el individuo el punto l. La CV es la renta que hay que quitar al individuo de tal manera que, una vez que el precio de x_1 ha cambiado, vuelva al mismo nivel de utilidad que tenía en b. El individuo se sitúa ahora en el punto d, lo que se logra mediante la reducción de la renta en $M_2 - M_1$. En el caso de la EV, hay que dar renta al individuo, con el precio inicial, para que obtenga el mismo nivel de utilidad que en el punto l (punto f), que se logra con un incremento de renta $M_3 - M_2$.

La figura 11.6 permite vincular los cambios de renta de la CV y la EV en la parte superior de la figura con cambios en la utilidad, y su representación como áreas, en la parte inferior. Veamos esto con más detalle.

Como puede observarse, los cambios en la renta representados en el eje horizontal son distintos: $(M_2 - M_1) < (M_3 - M_2)$. Sin embargo, los cambios en la utilidad son idénticos: de U^1 a U^0 en la CV, y de U^0 a U^1 en la EV. Si los cambios en la utilidad son iguales, ¿por qué los cambios en la renta no lo son? En el eje vertical de la parte inferior de la figura se mide la utilidad marginal de la renta, y en el eje horizontal la renta. El área comprendida ente dos niveles de renta y la curva, que representa la utilidad marginal de la renta, es el cambio en la utilidad total derivado del cambio en la renta.

Bajo el supuesto de que la utilidad marginal de la renta es decreciente, una renta más baja se corresponde con una utilidad marginal de la renta mayor, y a medida que la renta aumenta, su utilidad marginal decrece. Las áreas A y B deben ser iguales, porque estas áreas representan el cambio en la utilidad de U^1 a U^0 y de U^0 a U^1 (integral definida de la curva de utilidad marginal de la renta para los valores correspondientes de renta). La magnitud de la compensación en renta es menor cuando el individuo se mueve a un nivel de renta inferior (de M_2 a M_1) que cuando se mueve a uno más alto (de M_2 a M_3).

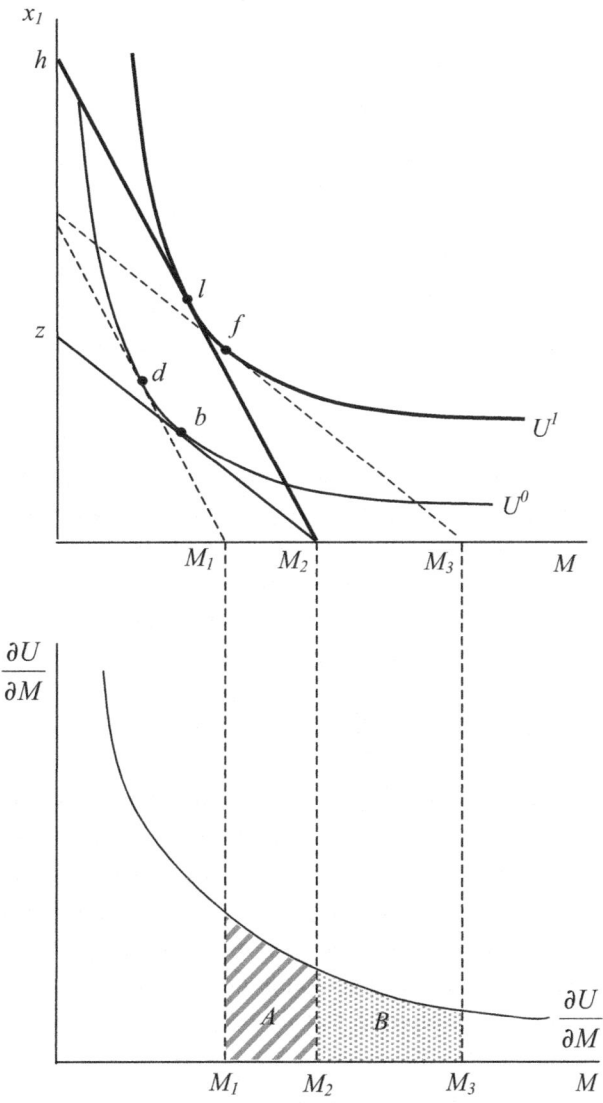

Figura 11.6. ¿Por qué no coinciden la CV y la EV?

La figura 11.7 muestra una función de demanda compensada y una reducción en el precio del bien x_j de p_0 a p_1. El área comprendida entre los dos precios y la demanda compensada podría ser tanto la variación compensatoria como la variación equivalente dependiendo del nivel de utilidad que se utilice como referencia (inicial o final, respectivamente). En este caso de efecto renta nulo, el área es común para la CV, la EV y el cambio en el CS, que abordamos a continuación.

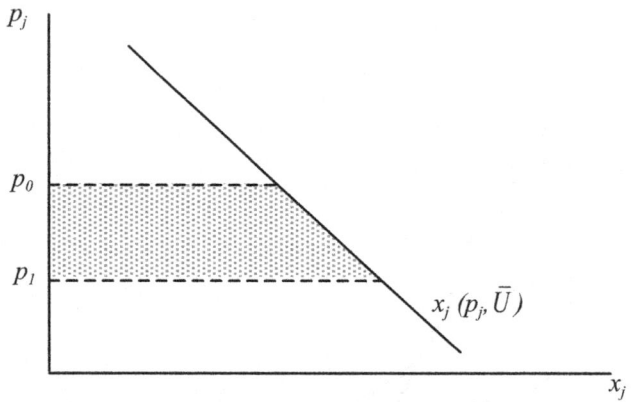

Figura 11.7. Valoración de un cambio de precio con demanda compensada.

A partir de la función de demanda de mercado $x_j(P, \bar{M})$ podemos calcular el cambio en el excedente del consumidor resultante de un cambio en el precio de uno o varios bienes. Siendo p_0 el precio inicial de bien j, y p_1 el precio final, y partiendo de que el excedente del consumidor es la diferencia entre lo que los individuos están dispuestos a pagar y lo que realmente pagan, el cambio en el CS como resultado del cambio en los precios es igual a:

$$\Delta CS = \sum_{j=1}^{n} \int_{p_j^1}^{p_j^0} x_j(P, \bar{M}) dp_j. \qquad (11.44)$$

El cambio en el excedente del consumidor presenta varios problemas. Por ejemplo, no siempre se obtiene un único valor, porque si varios precios cambian, o cambian precios y renta, el resultado depende de la ruta de integración. Otro inconveniente de la expresión (11.44) es que, aunque el excedente del consumidor tenga un resultado único, independientemente del orden de integración, dicho valor no mide los cambios en la utilidad a menos que la utilidad marginal de la renta sea constante.[8] Veamos este último punto con más detalle. Por (11.13) sabemos que

---

[8] Para a un análisis riguroso de las limitaciones del excedente del consumidor como medida monetaria de los cambios en la utilidad, véanse, por ejemplo, Just et al. (1982) y Varian (1992), Para un tratamiento claro y conciso, Jara-Díaz y Farah (1988).

$$x_j = -\frac{\frac{\partial V}{\partial p_j}}{\mu}. \tag{11.45}$$

Sustituyendo en (11.44):

$$\Delta CS = -\sum_{j=1}^{n} \int_{p_j^1}^{p_j^0} \frac{1}{\mu} \frac{\partial V}{\partial p_j} dp_j. \tag{11.46}$$

Nótese que, para relacionar los cambios en el *CS* con los cambios en la utilidad, es necesario que la utilidad marginal de la renta (μ) sea constante. Si μ no lo es, puede incluso suceder que el cambio en el *CS* tenga un signo diferente al cambio en la utilidad, si los cambios de precios tienen signos diferentes (véase Just et al., 1982). La representación gráfica de la expresión (11.44) para el cambio en un precio es el área comprendida entre el precio inicial y el precio final y la función de demanda de mercado (véase la figura 11.8).

Demanda de mercado y demanda compensada

En la mayoría de las evaluaciones económicas de los proyectos se requieren funciones de demanda de mercado. La demanda de mercado nos permite calcular los cambios en el excedente del consumidor e incluso el excedente total si disponemos de información para aproximar el precio máximo de reserva. El uso de la función de demanda de mercado para estimar el cambio en el bienestar de los individuos tiene la desventaja de incluir el efecto renta.

La demanda de mercado es la suma horizontal de las demandas individuales. La figura 11.8 representa a un consumidor maximizando su utilidad, con el bien *x* en el eje horizontal y los otros bienes (o renta) en el eje vertical. Situado inicialmente en el punto *a*, consume la cantidad x_a del bien *x* y M_1 de los otros bienes, alcanzando un nivel de utilidad U^0, representado por la curva de indiferencia. La parte inferior de la figura muestra la función inversa de demanda de mercado del bien *x*, $x(P, M^0)$. El punto *a* en la parte inferior de la figura muestra que con el precio p_0 el consumidor demanda la cantidad x_a.

Nótese que, como resultado de realizar un proyecto público, el precio del bien *x* cambia de p_0 a p_1, que se representa en la figura 11.8 reduciendo la pendiente de la restricción presupuestaria (que va de (1) a (2)) mientras se mantiene la misma ordenada en el origen (el precio de otros bienes no cambia).

¿Cómo ha mejorado el individuo con el cambio? Una manera de responder a esta pregunta es preguntar al consumidor cuánto dinero estaría dispuesto a pagar para dejarlo en el nivel de utilidad en el que se encontraba antes del cambio de precio (curva de indiferencia U^0). Recuérdese que este concepto es la variación compensatoria.

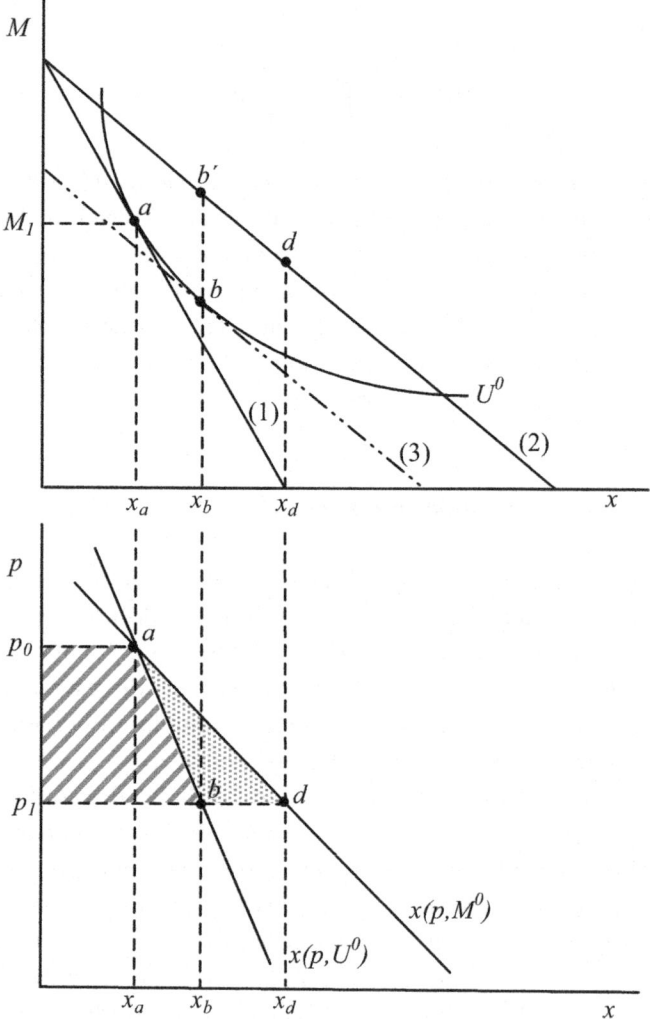

Figura 11.8. Demanda de mercado y demanda compensada.

El problema con la pregunta anterior es que las curvas de indiferencia no son observables. Es difícil y costoso obtener la información a través de encuestas a los consumidores, especialmente si se dispone de una función de demanda ordinaria observable en el mercado con la que podemos estimar la mejora. ¿Puede medirse la mejora con la demanda de los consumidores observada en el mercado? Consideremos dos posibles equilibrios (d y b') una vez que se produce el cambio de precio y el consumidor ajusta su cesta de consumo. La razón por la que el individuo elige el punto d o b' depende enteramente de sus preferencias, ya que ambos puntos satisfacen la restricción presupuestaria.

Supongamos que d es el punto en el que la nueva curva de indiferencia es tangente a (2), aumentando el consumo del bien x hasta x_d y reduciendo el consumo de otros bienes. En la parte inferior de la figura, la función de demanda de mercado muestra el cambio de a a d como resultado de la reducción del precio a p_1. El cambio en el excedente del consumidor es igual al área $p_0 adp_1$. Comparemos este excedente con la variación compensatoria, quitando renta al individuo en la parte superior de la figura para dejarlo indiferente a la situación sin el proyecto (punto b y cantidad x_b), quedando sólo el efecto sustitución (línea de restricción presupuestaria (3) paralela a (2)) eliminando el efecto renta. La función de demanda que va de a a b es la demanda compensada (sin efecto renta), midiendo el área $p_0 abp_1$ la variación compensatoria. ¿Qué representa el área adb?

Para responder a esta pregunta, imaginemos que la nueva curva de indiferencia tangente a (2) se situó en b' en lugar de d. La cantidad elegida es ahora x_b. Para obtener la variación compensatoria llevamos al individuo al punto b (el mismo que arriba), pero ahora vemos que las funciones de la demanda de mercado y la demanda compensada coinciden. La explicación está en el efecto renta. Cuando el individuo se encuentra en b, después de quitarle renta (independientemente de si procede de d o b'), la mejora experimentada por el individuo como resultado de la reducción de precio se mide por el área $p_0 abp_1$.

Esta es la mejora que queremos medir, y no en lo que el consumidor va a gastarse esta mejora. Cuando el individuo elige b' el efecto renta, derivado de la mejora, es totalmente destinado al bien M (el efecto renta del bien x es nulo). Pero si el individuo gasta parte de la mejora representada en el área $p_0 abp_1$ *en* consumir más de x (en el punto d con cantidad x_d), el área de la función de demanda $p_0 adp_1$ sobreestima el cambio en el bienestar del individuo en el área adb, que es simplemente parte del área $p_0 abp_1$ gastada en el bien x en lugar de en otros bienes. Incluirla sería doble contabilización.

La magnitud del error

En la práctica del análisis coste-beneficio es inusual trabajar con la función de demanda compensada. Afortunadamente, se ha demostrado que el sesgo resultante de utilizar la curva de demanda ordinaria puede ser poco significativo cuando los gastos en los bienes afectados por el proyecto no representan un alto porcentaje del presupuesto del individuo. En dichas circunstancias, el excedente del consumidor estimado con la demanda ordinaria es una buena aproximación en la mayoría de los casos (véase Willig, 1976).

Por otro lado, no hay que olvidar que en la evaluación del proyecto sólo conocemos precios y cantidades iniciales. Por lo tanto, la reducción de precios y la respuesta a la demanda son sólo estimaciones. Los errores asociados con una mala calidad de los datos son probablemente más importantes que los derivados del cálculo del cambio en la utilidad del consumidor en términos monetarios con la demanda de mercado en lugar de la demanda compensada.

Analicemos brevemente por qué se puede utilizar el excedente del consumidor como medida monetaria de los cambios en el bienestar. Volviendo a la figura 11.8, donde se representa la demanda ordinaria $x(P, M^0)$, queremos evaluar la mejora experimentada por el consumidor después de que el precio del bien baje de p_0 a p_1. El cambio en el excedente del consumidor (CS) es igual al área $p_0 a d p_1$ y la variación compensatoria es igual al área $p_0 a b p_1$. La diferencia entre las dos áreas es adb. Esta es la sobreestimación de los beneficios si utilizamos CS en lugar de CV. ¿Cuál es la magnitud de este error?

El área adb es triangular, y para pequeños cambios de precio es aproximadamente igual al área $1/2 \Delta p \Delta x$, donde Δp es el cambio en el precio y Δx es consecuencia del efecto renta (cambio de x_b a x_d).

La elasticidad de la demanda con respecto a los ingresos es:

$$\eta = \frac{dx}{dM} \frac{M}{x}.$$
(11.47)

Para cambios pequeños:

$$\Delta x = \eta \, x \frac{\Delta M}{M},$$
(11.48)

y también $\Delta M \approx \Delta CS$. Sustituyendo en (11.48):

$$\Delta x = \eta \, x \frac{\Delta CS}{M},$$
(11.49)

el área adb es igual a:

$$\frac{1}{2} \Delta p \Delta x = \frac{1}{2} \eta \, \Delta CS \, x \frac{\Delta p}{M}.$$
(11.50)

La CV es igual al cambio en el excedente del consumidor menos la sobrestimación representada por el área adb. Sabemos que para un pequeño cambio en el precio $\Delta CS \approx x \Delta p$. Resolviendo para Δp y sustituyendo en (11.50):

$$CV = \Delta CS - \frac{\eta}{2M} (\Delta CS)^2.$$
(11.51)

Operando en (11.51):

$$\frac{CV - \Delta CS}{\Delta CS} = -\frac{1}{2}\eta\frac{\Delta CS}{M}.$$

(11.52)

De acuerdo con (11.52), el error relativo de utilizar *CS* en lugar de *CV* es bajo si η o $\Delta CS/M$ son lo suficientemente bajos. Por ejemplo, con una elasticidad renta de la demanda alta ($\eta = 2$) y $\Delta CS/M \leq 0,05$, o para $\eta = 1$ y $\Delta CS/M \leq 0,1$, el error es menor o igual al 5 %.

En el caso de los bienes para los que no hay mercado, las variaciones compensatorias y equivalentes son bastante útiles y su estimación se lleva a cabo encuestando a los individuos, preguntando la disposición a pagar, o a aceptar, por un impacto que cambia la utilidad del individuo.

Estas mediciones no adolecen de los problemas del excedente del consumidor. Sin embargo, las respuestas que los individuos dan al entrevistador no son necesariamente la *EV* o *CV*, si el individuo no tiene preferencias bien establecidas sobre este tipo de bienes (es incapaz de concretar la compensación en renta por el impacto), o el individuo sospecha que su respuesta puede influir en el resultado de la evaluación. Además, estamos suponiendo implícitamente que el individuo comprende plenamente las preguntas de la encuesta, y que lo que se le pregunta refleja exactamente lo que queremos saber, entre otros problemas (véanse los capítulos 7 y 8).

11.5. Incertidumbre

Suponiendo que los consumidores y productores maximizan su utilidad, sus decisiones las toman en función de las consecuencias asociadas con estas decisiones. El problema es que, a menudo, hay varios resultados potenciales asociados a la misma decisión. Por ejemplo, la compra de acciones de una sociedad puede producir beneficios o pérdidas para los accionistas en función de los «estados de la naturaleza», es decir, de circunstancias exógenas que afectan a la rentabilidad de las acciones y en las que el accionista no puede intervenir.

La incertidumbre[9] está asociada a la existencia de diferentes estados posibles de la naturaleza. Si el individuo compra un activo financiero cuya rentabilidad depende del estado de la naturaleza, el riesgo está presente en sus decisiones. La cuestión ahora es analizar la toma de decisiones que implican riesgo.

A la mayoría de los individuos no les gusta la variabilidad en los resultados. Son aversos al riesgo, y normalmente compran seguros para garantizar un pa-

_____
[9] Para la distinción entre riesgo e incertidumbre, véase el capítulo 9.

trón estable de consumo (o beneficios) no sujeto a los estados inciertos de la naturaleza.

Una acción sujeta a riesgo es, por ejemplo, invertir en infraestructuras. La especificidad de los activos, su larga vida útil, los costes hundidos y la demanda incierta hacen que el valor actual neto de estas inversiones sea muy difícil de predecir. Si la demanda es alta o baja durante la vida del proyecto de inversión, la rentabilidad puede cambiar drásticamente.

Existen una serie de conceptos útiles para el análisis y la comprensión de las consecuencias económicas de la incertidumbre: utilidad marginal decreciente, valor esperado, utilidad del valor esperado, utilidad esperada y equivalente cierto. La figura 11.9 puede ayudar con las definiciones y su explicación.

La utilidad total (U) representada en la figura 11.9 es positiva y creciente, es decir, la renta (M en el eje horizontal) genera utilidad (U en el eje vertical) y una renta mayor está asociada a mayor utilidad. La concavidad de la curva de utilidad total implica un supuesto adicional: la utilidad aumenta con la renta, pero menos que proporcionalmente, es decir, la utilidad marginal de la renta es positiva y decreciente.

Utilidad total positiva y creciente significa que cuanto mayor sea la renta más feliz será el individuo. Utilidad marginal positiva y decreciente significa que cuando el individuo recibe renta adicional, su felicidad aumenta más cuando es «pobre» que cuando es «rico». Supongamos que al individuo cuya curva de utilidad está representada en la figura 11.9 se le propone, gratuitamente, el siguiente juego:[10] se lanza una moneda al aire, si sale cara gana un millón de dólares, si sale cruz no gana nada. Antes de lanzar la moneda, se le ofrece una cantidad de dinero por no jugar. El individuo puede abandonar el juego y aceptar el dinero o rechazar el dinero y jugar.

El valor esperado del juego es igual a medio millón de dólares (½ 0 + ½ 1) pero si el individuo opta por lanzar la moneda, este resultado nunca ocurrirá. El resultado será cara y gana un millón, o cruz y gana cero. El valor esperado (medio millón) es el resultado aproximado que se produciría si el juego se repite un número suficientemente grande de veces, pero nótese que el individuo juega sólo una vez. ¿Cuál es la cantidad mínima que debemos ofrecerle para que decida no jugar?

El mínimo que tendríamos que ofrecerle (su precio de reserva por no jugar) debe corresponderse a un nivel de utilidad igual a la alcanzada si acepta el juego. Esto es, la cantidad de renta que lo deje indiferente entre jugar y no jugar. Este nivel de renta varía entre individuos y está relacionado, además de con el nivel de renta del individuo, con su grado de aversión al riesgo.

---

[10] Aunque el individuo entra en el juego con un nivel positivo de ingresos y un nivel positivo de utilidad total, suponemos por simplicidad, como muestra la figura 11.9, que $U(0)$ es el punto correspondiente a su posición original antes de jugar el juego, igual a 0.

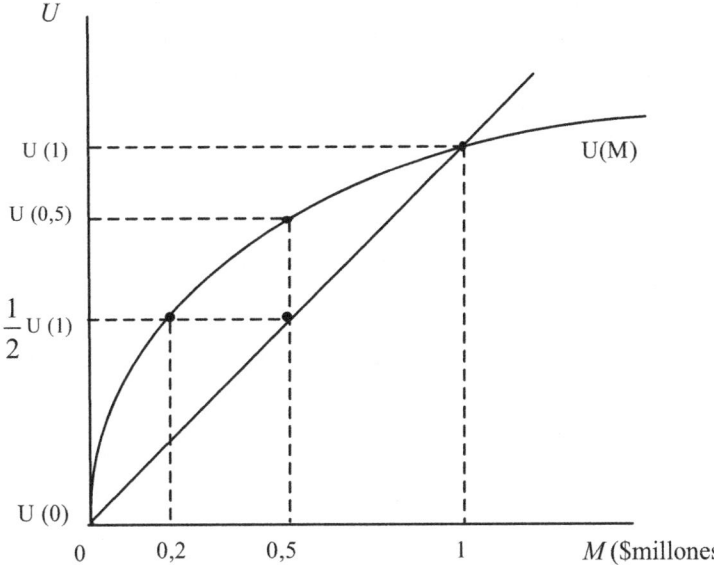

Figura 11.9. Incertidumbre.

Las personas con renta similar pueden tener diferentes precios de reserva. En el caso del individuo en la figura 11.9, el precio de reserva es de $200.000. Si se le ofrece una cantidad menor por no jugar, la rechazará y jugará. El valor 0,2 en el eje horizontal corresponde a un nivel de utilidad que es idéntico al nivel que alcanzaría si acepta el juego.

Nótese que la utilidad asociada a aceptar el juego es esperada ($\frac{1}{2}U(0) + \frac{1}{2}U(1)$). Esta utilidad esperada corresponde a la opción «aceptar el juego» y no a la utilidad obtenida después de jugarlo, que es o bien $U(0)$ o $U(1)$. El individuo es indiferente entre jugar el juego con la misma probabilidad de obtener el nivel de utilidad $U(0)$ o $U(1)$, y no jugar si la oferta es, al menos, $200.000. Esta cantidad de renta, que se asocia al mismo nivel de utilidad que el que corresponde (ex-ante) a jugar el juego, se denomina el «equivalente cierto».

Obsérvese que la aversión al riesgo del individuo hace que la utilidad del valor esperado $U(0,5)$ sea mayor que la utilidad esperada ($\frac{1}{2} U(0) + \frac{1}{2} U(1)$). Este individuo estaría dispuesto a pagar un máximo de $800.000 por un seguro a todo riesgo antes de jugar. Si se asegura el millón de dólares sea cual sea el resultado de lanzar la moneda, siempre ganará el nivel de utilidad 0,2. Si sale cara, gana 1 millón, menos la prima de 0,8, su renta es de 0,2. Si sale cruz, la ganancia es cero, pero el seguro le compensará con 1, y este 1 menos la prima de 0,8 es de nuevo 0,2.

Como el valor esperado es lo que obtendría el individuo si el juego se repitiera muchas veces, una compañía de seguros podría ofrecer una póliza de seguro a cada individuo (suponemos que son idénticos) de al menos 0,5 (que se denomina prima justa[11]), y un máximo de 0,8. Otra opción es un acuerdo entre un grupo muy elevado de individuos, consistente en que todos acepten jugar y se repartan las ganancias.

---

[11] Suponiendo que la compañía de seguros no tiene costes operativos, ni que tampoco hay costes de transacción para que los individuos lleguen a un acuerdo y lo respeten.

Referencias bibliográficas

Adamowicz, W.J., J. Louviere y J. Swait (1998), *Introduction to Attribute-Based Stated Choice Methods*, Final Report to National Oceanic y Atmospheric Administration (NOAA), US Department of Commerce, Washington, DC: National Oceanic y Atmospheric Administration.

Adler, M.D. y E.A. Posner (2001), «Implementing cost-benefit analysis when preferences are distorted», en M.D. Adler y E.A Posner (eds.), *Cost-Benefit Analysis: Legal, Economic and Philosophical Perspectives*, Londres: University of Chicago Press.

Angrist, J.D., y J-S. Pischke (2014), *Mastering 'Metrics: The Path from Cause to Effect*. Princeton University Press.

Anguera, R. (2006), «The Channel Tunnel – an ex post economic evaluation», *Transportation Research Part A*, 40 (4), 291-315.

Arrow, K.J. y A.C. Fisher (1974), «Environmental preservation, uncertainty, y irreversibility», *Quarterly Journal of Economics*, 88 (2), 312-19.

Arrow, K.J. y R.C. Lind (1970), «Uncertainty y the evaluation of public investment decisions», *American Economic Review*, 60 (3), 364-78.

Asian Development Bank (2017), *Guidelines for the Economic Analysis of Projects*. Manila.

Athey, S. y G.W. Imbens (2017): «The State of Applied Econometrics: Causality y Policy Evaluation». *Journal of Economic Perspectives* – 31, 2: 3-32.

Atkinson, A.B. y J.E. Stiglitz (2015*)*, *Lectures on Public Economics:* Updated Edition, Princenton University Press.

Bajari, P. y S. Tadelis (2001), «Incentives versus transactions costs: a theory of procurement contracts», *RAND Journal of Economics*, 32 (3), 387-407.

Bazelon, C. y K. Smetters (1999), «Discounting inside the Washington D.C. Beltway» *The Journal of Economic Perspectives*, 13, 4, 213-228.

Becker, G.S. (1983), «A theory of competition among pressure groups for political influence», *The Quarterly Journal of Economics*, 98 (3), 371-400.

Becker, G.S. (2001), «A comment on the conference on cost-benefit analysis», en M.D. Adler y E.A Posner (eds.), *Cost-Benefit Analysis: Legal, Economic and Philosophical Perspectives*, Chicago: University of Chicago Press.

Bergstrom, T.C. (2006), «Benefit-cost in a benevolent society», *American Economic Review*, 96 (1), 339-51.

Bernstein, P.L. (1996), *Against the Gods: A Remarkable Story of Risk*, Toronto, Canada: Wiley.

Boadway, R. (1974), «The welfare foundations of cost-benefit analysis», *Economic Journal*, 84 (336), 926-39.

Bonnafous, A. (1987), «The regional impact of the TGV», *Transportation*, 14 (2), 127-37.

Bradford, D.F. (1975), «Constraints on government investment opportunities y the choice of discount rate», American Economic Review, 65 (5), 887-99.

Brealey, R.A. y S.C. Myers (1996), *Principles of Corporate Finance*, 5.ª edición, Nueva York: McGraw-Hill.

Carson, R., N. Flores y N. Meade (2001), «Contingent valuation: controversies y evidence», *Environmental and Resource Economics*, 19 (2), 173-210.

Collier, P, y A.J. Venables (2018), «Who gets the urban surplus?», *Journal of Economic Geography* 18, 523-38.

Cropper, M.L., S.K. Aydede, y P.R. Portney (1992), «Rate of time preference for saving lives», *American Economic Review* (Papers y Proceedings), 82 (2), 469-72.

Dahlby, B (2008), *The marginal cost of public funds. Theory and applications*. MIT Press.

Dalhuisen, J.M., J.R. Florax, H.L. de Groot y P. Nijkamp (2003), «Price and income elasticities of residential water demand: a meta-analysis», *Land Economics*, 79 (2), 292-308.

De Rus, G. (2008), «The economic effects of high-speed rail investment», Joint OECD ITF Transport Research Centre, Discussion Paper 2008-16.

De Rus, G. (2009), «Interurban passenger transport: economic assessment of major infrastructure projects», Joint OECD ITF Transport Research Centre, Discussion Paper, 2009-18.

De Rus, G. y G. Nombela (2007), «Is investment in high speed rail socially profitable?», *Journal of Transport Economics and Policy*, 41 (1), 3-23.

De Rus, G. y M.P. Socorro (2010), «Infrastructure investment and incentives with supranational funding», *Transition Studies Review*, 17 (3), 551-67.

De Rus, G. (2011), «The BCA of HSR: Should the government invest in high speed rail infrastructure?». *The Journal of Benefit-Cost Analysis*, 2(1): 1-28.

Desvousges, W.H., F.R. Johnson, R.W. Dunford, S.P. Hudson, K.N. Wilson y K.J. Boyle (1993), «Measuring natural resource damages with contingent valuation:

tests of validity and reliability», en J.A. Hausman (ed.), *Contingent Valuation: A Critical Assessment*, Ámsterdam: Noord-Holland, 91-164.

Diamond, P.A. y J.A. Hausman (1994), «Contingent valuation: is some number better than no number?», *Journal of Economic Perspectives*, 8 (4), 45-64.

Dixit, A.K. y R.S. Pindyck (1994), *Investment under Uncertainty*, Princeton, NJ: Princeton University Press.

Domenich, T. y D. McFadden (1975), *Urban Travel Demand: A Behavioral Analysis*, Ámsterdam: Noord-Holland.

Downs, A. (1957), *An Economic Analysis of Democracy*, Nueva York: Harper & Row.

Drèze, J. y N. Stern (1987), «The theory of cost-benefit analysis», en A.J. Auerbach y M. Feldstein I (eds.), *Handbook of Public Economics*, Vol. II, Ámsterdam: Noord-Holland, 909-89.

Duranton, G. y D. Puga (2004), «Micro-foundations of urban agglomeation economies», en J.V. Henderson y J.-F. Thisse (eds.), *Handbook of Urban and Regional Economics, Vol. 4: Cities and Geography*, Noord-Holland: Elsevier, 2063-117.

EFTEC (2003), *The Thames Tideway: Stated Preference Survey*, Report to Thames Water, plc, Londres: EFTEC.

Engel, E., R. Fischer y A. Galetovic (2001), «Least-present-value- of-revenue auctions and highway franchising», *Journal of Political Economy*, 109 (5), 993-1020.

Engel, E., R. Fischer y A. Galetovic (2014), *The Economics of Public-Private Partnerships*. Cambridge University Press.

Engel, E., R. Fischer y A. Galetovic (2020), *When and how to use public-private partnerships in infrastructure: lessons from the international experience*. NBER working paper 26766.

Espey, M., J. Espey y W.D. Shaw (1997), «Price elasticity of residential demand for water: a meta-analysis», *Water Resources Research*, 33 (6), 1369-74.

European Commission (2015), *Guide to Cost-Benefit Analysis of Investment Projects: Economic appraisal tool for cohesion policy 2014-2020*. Directorate General Regional Policy, Bruselas: EU.

Evans, D. (2007), «Social discount rates for the European Union: new estimates», en M. Florio (ed.), *Cost-Benefit Analysis and Incentives in Evaluation: The Structural Funds of the European Union*, Cheltenham, UK y Northampton, MA, EE. UU.: Edward Elgar.

Ferraro, P.J. y L.O. Taylor (2005), «Do economists recognize an opportunity cost when they see one? A dismal performance from the dismal science», *Contributions to Economic Analysis and Policy*, 4 (1).

Fisher, A.C. y W.M. Hanemann (1987), «Quasi-option value: some misconceptions dispelled», *Journal of Environmental Economics and Management*, 14 (2), 183-90.

Flyvbjerg, B. (2014), «What You Should Know about Megaprojects and Why: An Overview,» *Project Management Journal*, 45, 2, 6-19.

Flyvbjerg, B., N. Bruzelius y W. Rothengatter (2003), *Megaprojects and Risk: An Anatomy of Ambition*, Cambridge: Cambridge University Press.

Fogel, R.W. (1962), «A Quantitative Approach to the Study of Railroads in American Economic Growth: A Report of Some Preliminary Findings», *The Journal of Economic History* 22(2), 163-197.

Frank, R.H. y B. Bernanke (2003), *Principles of Microeconomics*, Nueva York: McGraw-Hill/Irwin.

Frederick, S., G. Loewenstein y T. O'Donoghue (2002), «Time Discounting and Time Preference: A Critical Review». *Journal of Economic Literature*, 40, 2. 351-401.

Frederick, S.W. y B. Fischhoff (1998), «Scope (in)sensitivity in elicited valuations», *Risk, Decision, and Policy*, 3 (2), 109-23.

Freeman III, A.M. (2003), *The Measurement of Environmental and Resource Values. Theory and Methods*, Washington DC: Resources for the Future.

Friedman, D. (1996), *Hidden Order. The Economics of Everyday Life*, Nueva York: HarperBusiness.

Glaeser, E.L. y J. D. Gottlieb (2009), The Wealth of Cities: Agglomeration Economies and Spatial Equilibrium in the United States. *Journal of Economic Literature*, 47 (4), 983-1028.

Graham, D. (2014), *Causal influence for ex post evaluation of transport interventions*. Discussion Paper 2014-13, ITF, OECD, París.

Graham, D. y Melo, P.C. (2011), «Assessment of Wider Economic Impacts of High-Speed Rail for Great Britain». *Transportation Research Record*: 2261, 15-24.

Graham, D.J. (2007), «Agglomeration, productivity and transport investment», *Journal of Transport Economics and Policy*, 41 (3), 317-43.

Guasch, J.L.(2004), *Granting and Renegotiating Infrastructure Concessions: Doing it Right*, Washington, DC: WBI Development Studies, The World Bank.

Hanemann, W.M. (1991), «Willingness to pay and willingness to accept: how much can they differ?», *American Economic Review*, 81 (3), 635-47.

Hanemann, W.M. (1994), «Valuing the environment through contingent valuation», *Journal of Economic Perspectives*, 8 (4), 19-43.

Harberger, A.C. (1964), «Techniques of project appraisal», paper presented at the Conference on Economic Planning, reprinted in A.C. Harberger, *Project Evaluation (Collected Papers)* (Midway Reprint Series), Chicago: University of Chicago Press.

Harberger, A.C. (1965), «Survey of literature on cost-benefit analysis for industrial project evaluation», paper prepared for the Inter-Regional Symposium in Industrial Project Evaluation, reprinted in A.C. Harberger, *Project Evaluation (Collected Papers)* (Midway Reprint Series), Chicago: University of Chicago Press.

Harberger, A.C. (1976), *Project Evaluation (Collected Papers)*, Chicago: Midway Reprint, University of Chicago Press.

Heal, G. (1997), «Valuing our future. Cost-benefit analysis of sustainability», United Nations Development Programme, Discussion Papers Series, 13.

Henry, C. (1974), «Investment decisions under uncertainty: the irreversibility effect», *American Economic Review*, 64 (6), 1006-12.

Hirshleifer, J. y J.G. Riley (1992), *The Analytics of Uncertainty and Information*, Cambridge: Cambridge University Press.

HM Treasury (2018), *The Green Book. Central Government Guidance on Appraisal and Evaluation*, Londres: Stationery Office Books.

Horowitz, J. y K. McConnell (2002), «A review of WTA/WTP studies», *Journal of Environmental Economics and Management*, 44 (3), 426-47.

Jara-Díaz, S.R. y M. Farah (1988), «Valuation of users' benefits in transport systems», *Transport Reviews*, 8 (3), 197-218.

Johansson, P.-O. (1991), *An Introduction to Modern Welfare Economics*, Cambridge: Cambridge University Press.

Johansson, P.-O. (1993), *Cost-Benefit Analysis of Environmental Change*, Cambridge: Cambridge University Press.

Johansson, P.-O. y G. de Rus (2019), «On the Treatment of Foreigners and Foreign-owned Firms in the Cost-benefit Analysis of Transport Projects», *Journal of Transport Economics and Policy*, 53, (3), 199-211.

Johansson, P.-O. y B. Kriström (2009), «A blueprint for a cost-benefit analysis of a water use conflict. Hydroelectricity versus other uses», Working Paper.

Johansson, P.-O. y B. Kriström (2016), *Cost-Benefit Analysis for Project Appraisal*, Cambridge University Press.

Jones, C. (2002), «The Boadway Paradox revisited», School of Economics, Australian National University, Working Paper, 42.

Jones, L.P., P. Tandon y I. Vogelsang (1990), *Selling Public Enterprises: A Cost-Benefit Methodology*, Cambridge, MA: MIT Press.

Jones-Lee, M.W. (1992), «Paternalistic altruism and the value of statistical life», *The Economic Journal*, 102 (410), 80-90.

Just, R.E., D.L. Hueth y A. Schmitz (1982), *Applied Welfare Economics and Public Policy*, Kahneman Cliffs, NJ: Prentice Hall.

Kahneman, D. y A. Tversky (eds.) (2000), *Choices, Values and Frames*, Cambridge: Cambridge University Press.

Klemperer, P. (1999), «Auction theory: a guide to the literature», *Journal of Economic Surveys*, 13 (3), 227-86.

Krugman, P.R. (1991), «Increasing Returns and Economic Geography», *Journal of Political Economy*, 99, 3, 485.

Krugman, P.R. y A.J. Venables (1996), «Integration, specialization and adjustment», *European Economic Review*, 40 (3-5), 959-67.

Krugman, P.R. y R. Wells (2004), *Microeconomics*, Nueva York: Worth Publishers.

Laffont, J.J. y J. Tirole (1993), *A Theory of Incentives in Procurement and Regulation*, Cambridge, MA: MIT Press.

Lancaster, K. (1966), «A new approach to consumer theory», *Journal of Political Economy*, 74 (2), 132-57.

Landsburg, S.E. (1993), *The Armchair Economist*, New York: The Free Press.

Lind, R.C. (1982), «A primer on the major issues relating to the discount rate for evaluating national energy options», en R.C. Lind, K.L. Arrow y G.R. Corey (eds.), *Discounting for Time and Risk in Energy Policy*, Baltimore, MD: Johns Hopkins University Press, 21-94.

Little, I.M.D. y J.A. Mirrlees (1974), *Project Appraisal and Planning for Developing Countries*, Londres: Heinemann.

Lypsey, R.G. y K. Lancaster (1956), «The general theory of second best», *Review of Economic Studies*, 24 (1), 11-32.

Mankiw, N.G. (2003), *Principles of Economics*, Cincinnati, OH: South-Western College Publishing.

Mas-Colell, A., M.D. Whinston y J.R. Green (1995), *Microeconomic Theory*, Nueva York: Oxford University Press.

Mensink, P. y T. Requate (2005), «The Dixit-Pindyck and the Arrow-Fisher-Hanemann-Henry option values are not equivalent: a note on Fisher (2000)», *Resource and Energy Economics*, 27 (1), 83-8.

Miller, T.R. (2000), «Variations between countries in values of statistical life», *Journal of Transport Economics and Policy*, 34 (2), 169-88.

Nash, C.A. (2009), «When to invest in high-speed rail links and networks?», Joint OECD ITF Transport Research Centre, Discussion Paper 2009-16.

National Oceanic and Atmospheric Administration (1993), «Report of the NOAA panel on contingent valuation», *Federal Register*, 58 (10), 4602-14.

Niskanen, W.A. (1971), *Bureaucracy and Representative Government*, Chicago: Aldine-Atherton.

Nombela, G. y G. De Rus (2004), «Flexible-term contracts for road franchising», *Transportation Research A*, 38 (3), 163-247.

OECD (2007), «Macro-, meso- and micro-economics planning and investment tools», JTRC, Round Table 140.

Olsen, T. y P. Osmundsen (2005), «Sharing of endogenous risk in construction», *Journal of Economic Behavior and Organization*, 58 (4), 511-26.

Pearce, D.W, G. Atkinson y S. Mourato (2006), *Cost-Benefit Analysis and the Environment: Recent Developments*, París: OECD Publishing.

Pearce, D.W. y R. Turner (1990), *Economics of Natural Resources and the Environment*, Baltimore, MD: Johns Hopkins University Press.

Pearce, D.W. y D. Ulph (1999), «A social discount rate for the United Kingdom», en D.W. Pearce (ed.), *Economics and Environment: Essays on Ecological Economics and Sustainable Development*, Cheltenham, UK and Northampton, MA, EE. UU.: Edward Elgar.

Pindyck, R.S. (1991), «Irreversibility, uncertainty, and investment», *Journal of Economic Literature*, 29 (3), 1110-48.

Puga, D. (2002), «European regional policies in light of recent location theories», *Journal of Economic Geography*, 2 (4), 373-406.

Ramsey, F.P. (1927), «A contribution to the theory of taxation», *The Economic Journal*, 37 (145), 47-61.

Robinson, J.A. y R. Torvik (2005), «White elephants», *Journal of Public Economics*, 89 (2-3), 197-210.

Samuelson, P. y W. Nordhaus (2004), *Economics*, Nueva York: McGraw-Hill/Irwin.

Savvides, S. (1994), «Risk analysis in investment appraisal», *Project Appraisal*, 9 (1), 3-18.

Shane, F., G. Loewenstein y T. O'Donoghue (2002): «Time Discounting and Time Preference: A Critical Review». *Journal of Economic Literature*, 40, 2: 351-401.

Sobel, R.S. (1998), «The political costs of tax increases and expenditure reductions: evidence from state legislative turnover», *Public Choice*, 96 (1-2), 61-80.

Stigler, G. (1988), *Memoirs of an Unregulated Economist*. Basic Books, Inc., Publishers. Nueva York.

Sunstein, C.R. (2014), *Valuing Life: Humanizing the Regulatory State*. The University of Chicago Press, Chicago.

Varian, H.R. (1992), *Microeconomic Analysis*, Nueva York: W.W. Norton & Co.

Varian, H.R. (2014), *Intermediate Microeconomics: A Modern Approach*, edición novena. Nueva York: W.W. Norton & Co.

Venables, A.J. (2007), «Evaluating urban transport improvements. Cost-benefit analysis in the presence of agglomeration and income taxation», *Journal of Transport Economics and Policy*, 41 (2), 173-88.

Venables, A.J. (2019), «Transport Appraisal: Wider Economic Benefits». *CBA Workshop on the assessment of large-cross border transport projects*. Innovation and Networks Executive Agency (INEA). European Commission.

Venables, A.J. y M. Gasoriek (1999), *The Welfare Implications of Transport Improvements in the Presence of Market Failure*, Londres: Department of the Environment, Transport and the Regions.

Viscusi W.K. (2018), «Pricing Lives: International Guideposts for Safety». *Economic Records*, 94, Junio, 1-10.

Viscusi, W.K. (1993), «The value of risk to life and health», *Journal of Economic Literature*, 31 (4), 1912-46.

Weitzman, M.L. (2001), «Gamma discounting», *American Economic Review*, 91 (1), 260-71.

Willig, R. (1976), «Consumer's surplus without apology», *American Economic Review*, 66 (4), 589-97.

Zerbe, R.O. (2018), «The concept of standing in benefit-cost analysis», en S. Farrow (ed.), Teaching benefit-cost analysis, Edward Elgar, 58-68.

Zhao, J. y C. Kling (2001), «A new explanation for the WTP/WTA disparity», *Economics Letters*, 73 (3), 293-300.